近世起請文の研究

大河内千恵著

吉川弘文館

目次

Ⅱ　大名家の起請文

III 江戸幕府起請文と牛玉宝印

挿図・表　目次

序章　本書の問題関心について

起請文は、確言（確約）と自己呪詛文言からなる、平安時代後期には成立したとされる古い文書様式の一つで、中世後期までの起請文については、すでに優れた先行研究の集積がある。[1]研究の視点も多岐にわたり、政治史はもちろんのこと、神文・料紙・書式・儀礼の検討など古文書学・社会史的視点からの研究も数多い。しかし、それらは主として中世後期までの起請文を中心とした研究であり、近世、とくに江戸時代の起請文については部分的に触れられることはあっても、体系的に論じられたことは今までなかったように思われる。

その一方で、しばしば江戸時代の起請文は、中世後期の起請文との比較という形で引き合いに出され、詳細な検討がなされないまま、時代を通した全体的な評価をなされることが多かった。たとえば、法制史の研究者である石井良助氏は『新編江戸時代漫筆　上』の中で（幕臣や大名の役職就任時の起請文・駕籠誓詞などを例として）「いずれも形式的のものに過ぎず、実際上、たいして意味のあるものではありませんでした」と述べ、また、起請文血判の先駆的な研究を行った荻野三七彦氏は「古文書に現れた血の慣習」で（井原西鶴『好色二代男諸艶大鑑』中の血判作法を指して）「血判そのものに戦国時代程の神聖味は考えられず、またその確実性も欠けて、ただ形式化してしまった」（書き継ぎ起請文を指して）「血判誓紙の形式化したものと見られて、江戸時代では既に血判には特殊な重大な意義があるということを一般世人が忘れてしまった一つの証拠となるだろう」と述べておられる。[2]石井・荻野両氏の主張の根拠は、役職就任起請文や駕籠誓詞、文学作品上の事例や書き継ぎ起請文についての感想ということになるが、それら個々の起請文について、両氏ともとくに具体的な検討を行った形跡はない。さらに近世史研究の北島正元氏は、「このような様式（書き継ぎ起請文で、自筆でないもの）は、起請行為そのものが儀礼化したことを示すといえなくはない」として、近世起請文の儀礼性を指摘されている。(3)

石井・荻野・北島各氏はいずれも法制史・古文書学・近世史の優れた研究者であったため、「近世起請文は形式的・儀礼的なもので意味がない」との評価がほぼ定説となり、歴史研究の素材として顧みられることが少なくなったと思われる。

その後八〇年代に入ると、千々和到氏による近世起請文と神仏の呪縛の関係を検討する研究(4)や、本間修平氏・深谷克己氏らによる近世起請文が果たした役割の研究(5)などがみられてくるものの、こうした視点からの研究が深化し、広がるまでにはいたらなかった。現在も一般的には「形式的」「儀礼的」で、中世の起請文に比べて「衰退した」(6)ことが、近世起請文の特質として理解されているといってよいだろう。

こうした、近世起請文に対する一般的な評価には、いくつかの問題があるように思われる。たとえば、江戸期の起請文は、確かに村レベルでは徐々に書かれなくなる傾向はあるが、武士の社会では幕末まで大量に書かれており、量的な点でいえば、「衰退」はまったくあたらない。江戸期の起請文が形式的である、とする指摘は書き継ぎ起請文を根拠とすることが多い。書き継ぎ起請文は前書（誓約内容）や神文を省略する簡便で形式的な起請文様式だから、というのがその理由だが、書き継ぎ起請文を学術的に検討した先行研究は今までいったいあっただろうか。そうした状況の中で、書き継ぎ起請文を簡便で形式的な書式と言い切ってしまってよいものだろうか。また、幕府や藩に起請文を提出する際は一定の儀式をともなうが、そのことを指して「儀礼的」と評しているのであろうか。もしそうであるとすれば、本来起請文はさまざまな「所作」をともなうものであり、中世に行われた一揆結成の際の「一味神水」は、起請文の「儀式」であり、何らかの儀式は、起請文の世界では江戸期以前から行われてきたものである。(7)重要なのは、先行研究の中で明らかにされてきた中世後期以来の「所作」「儀式」と、江戸期の起請文「所作」「儀式」がどのように異なるのか、という点であり、そこが明らかになって初めて江戸期起請文の「所作」「儀式」は「儀礼的」である、といえるのではないだろうか。

以上のように、先行研究の中での「衰退した」「形式的」「儀礼的」という江戸期の起請文に対する評価は、正しいとしても少なくともあまり実証的なものではなかったことがわかる。本書では、江戸期起請文のどこが形式的・儀礼的なのかを、実例に即して具体的に検討したい。そしてそのうえで、江戸時代ほぼ全期間を通じて幕府・大名家の中で形式的・儀礼的な起請文がなぜかくも大量に書かれ続けたのか、という点を考えてみたい。

なお、この点については、深谷克己氏が岡山藩初期の藩主池田光政の事例を中心として検討され、一連の成果を上げておられる。氏は「近世初期の光政の誓詞徴収は、神罰冥罰の強さよりも藩主の政治的意思の強さを表現し、家臣の心を自分の側に掌握する手段として機能していた」と述べたうえで「近世の誓詞は、そもそも神文の部分よりも前書の内容こそが政治的に重要であった。法の効果を上げる形式として、誓詞が用いられている」「近世政治の一つの実効手段に転形しているのである」(「法神習合の近世誓詞」四五頁)とし、起請文は「法的支配の下支え」である、と結論付けておられる(同書四六頁)。

深谷氏の一連の研究は、近世起請文のある一群(岡山池田家家中起請文)を一つのまとまりとして学術的に検討した初めての研究ともいうべきものであり、近世起請文に「形式的」「儀礼的」というような抽象的な評価ではなく、具体的な検討の末の評価を付した画期的なものである。しかしながら、氏の結論は、池田光政という非常に個性的で強力な政治力を持った人物による岡山藩の政治と起請文の関係を検討した結果であり、検討した時期も江戸時代初期という、いまだ豊臣政権の影響が残る時期であった。氏の見解が江戸中・後期の幕府・大名家の起請文にもあてはまるかどうかについては、あらためて検討する必要があろう。また、起請文が幕府や大名家にとっても「法的支配の下支え」を果たしただろうということは誤りではなく、否定するものではないが、江戸時代全期間を通して起請文が書かれ続けた理由はこのほかにもあるように思われる。

深谷氏は池田光政が起請文を書かせた事情を中心に検討をされたが、本書では、幕府に提出された起請文と、各大名家の家中起請文を書式や制度の面から比較検討し、起請文が幕府・藩の政治上どのような役割を果たしたのか、という点を考えることにしたい。そのため、まずは大名や幕臣から幕府に提出された起請文（幕府起請文）と大名家家中起請文の史料収集を行い、第Ⅰ部・第Ⅱ部として書式や制度について検討を行った。次いで、なぜ起請文制度は江戸時代全期間という長い期間存続し続けたのか、という問題を考えるために、起請文制度を支えたものとして料紙熊野牛玉宝印に注目し、第Ⅲ部としてその配布・流通について検討した。

註

（1） 中田薫氏「起請文雑考」（『法制史論集　第三巻下』岩波書店、一九四三年、初出一九三二年）、相田二郎氏「起請文の料紙牛玉宝印について」（『相田二郎著作集　一』名著出版、一九七六年、初出一九四〇年）、荻野三七彦氏『古文書に現れた血の慣習』（『日本古文書学と中世文化史』吉川弘文館、一九九五年、初出一九三八年）、千々和到氏「誓約の場の再発見―中世民衆意識の一断面―」（『日本歴史』四二二号、一九八三年）・「中世民衆の意識と思想」（『一揆　4』東京大学出版会、一九八一年）、入間田宣夫氏「庄園制支配と起請文」（初出一九八〇年）・「起請文の成立」（初出一九八五年）、ともに『百姓申状と起請文の世界』（東京大学出版会、一九八六年）など。

（2） 石井良助氏「起請文のこと」（『新編　江戸時代漫筆　上』朝日選書、一九九一年、一九七九年初版）一四九～一五〇頁、荻野三七彦氏（1）論文、一一三・一二〇頁。

（3）北島正元氏『日本古文書学講座　第六巻　近世編Ⅰ』（雄山閣出版、一九七九年）二六三頁。
（4）「中世民衆の意識と思想」（『一揆　4』東京大学出版会、一九八一年）。
（5）本間修平氏「江戸幕府目付に関する一考察―誓詞制度・柳之間寄合制度―」（『法学新法』第九一巻八・九・一〇合併号、一九八五年）、深谷克己氏「法神習合の近世誓詞」（岡山藩研究会『藩世界と近世社会』岩田書院、二〇一〇年）・「近世政治と誓詞」（早稲田大学大学院『文学研究科紀要』第四八輯、二〇〇二年）・『近世人の研究』（名著出版、二〇〇三年）。
（6）佐藤雄基氏「日本中世前期における起請文の機能論的研究―神仏と理非―」（『史学雑誌』第一二〇編第一一号、二〇一一年）一頁。
（7）たとえば、峰岸純夫氏は保延六年（一一四〇）閏五月二十五日、園城寺で決議され寺門の起請の場での一連の所作を、一山集会の場で誓約内容と神文が読み上げられる→満寺の衆徒が唱和する→園城寺の鐘がつき鳴らされる、と描写しておられる（「誓約の鐘―中世一揆史研究の前提として―」〈『人民学報』一五四、一九八二年〉）。また、荻野三七彦氏は前掲（1）論文で、上杉家文書の十一月十八日付武田勝頼書状（『上越市史　別編2　上杉氏文書集二』一七一八）中の「染身血、取御榊」の文章を引用して、「血判はこのような重要性を含むものであったから、これを行うにも神聖な場所や或いは神聖・荘厳な行事が伴っていたのである」（一一二頁）と述べておられ、戦国時代の起請文提出の際、何らかの神事にまつわる行事が行われていたことを指摘されている。そして、千々和到氏の「中世の誓約の作法」（『戦国織豊期の社会と儀礼』吉川弘文館、二〇〇六年）は、まさに戦国時代の起請文の作成やとりかわしの儀礼、作法の意味を論じたものである。

I

江戸幕府起請文の資料論

第一章　将軍代替り誓詞の再検討

はじめに

江戸時代、将軍の代始めに際して大名が忠誠を誓う起請文を提出したことはよく知られている。これは代替り誓詞と呼ばれ、三代将軍家光代始めから最後の将軍慶喜代始めの誓詞まで、その存在を確認することができる。代替り誓詞は幕府に提出されたあとどのように保管されていたか明らかではなく[1]、現在正文は、内閣文庫多聞櫓文書所蔵の慶応三年（一八六七）の誓詞群以外にはほとんど確認できない。しかし、江戸時代中期までには代替り誓詞は三通用意して一通は控として手元に残しておく慣行が成立していたため、多くの大名家に代替り誓詞の写・控が残っている。それらから誓詞の形式・内容を確認することができる。そして、代替り誓詞は、将軍の代始めという盛儀に藩主自ら提出した起請文であるため、各藩で留書が作成されることが多く、提出前後の事情や起請文作成の様子を物語る関連史料が比較的多く残るのが特徴である。このような事情から、本章では大名家の歴代当主・嫡子から幕府に提出された起請文（幕府起請文）のうち、代替り誓詞を検討の素材とする。なお、本章で示す個々の誓詞のうち、慶応三年の誓詞以外はすべて写である。

現在確認できる代替り誓詞控や慶応三年の代替り誓詞はその大半が前書と神文の二紙からなっており、神文の料紙として熊野牛玉宝印を使用している。そしてこれらはほとんどすべて、「起請文前書」と書かれた端作り文言（起請文冒頭の事書）、箇条書きの前書、御成敗式目に用いられた神文（式目神文）、という書式で書かれており、紙の大きさも紙質もだいたい同じである。このため代替り誓詞は江戸時代当初からこのような書式であったかのような印象を与えることになり、儀礼的な文書として従来さほど研究者たちの注目を集めてこなかったように思われる。先行研究をみても、神文について中田薫氏が部分的に言及されているほかは、浅井潤子氏・児玉幸多氏がそれぞれ、『概説古文書学　近世編』・『国史大辞典』(2)の中で概説的に説明されているに過ぎなかった。しかし、平野明夫氏が二〇〇一年、「徳川将軍家代替わりの起請文」(3)を発表され、初めて代替り誓詞の詳細な分析と史料の網羅的収集がなされた。ただ、平野氏の論文は代替り誓詞と関連史料の紹介に重点が置かれているため、代替り誓詞個々の事例についてはあまり触れられていない。そこで、本章では先行研究の成果を踏まえたうえで個々の代替り誓詞の再検討を行ってみたい。

一　先行研究の成果と検討課題

代替り誓詞について、先行研究によって指摘されていることは次にあげる六点である。

① 幕府書札礼が立案されたあと、書き出しは必ず「起請文前書」となる。代替り誓詞は書札礼によって捧呈しなければならなかった（浅井氏『概説古文書学　近世編』三七頁）。

② 前書の大意はどの家も徳川氏に対して表裏なく報告することや、一門中で公儀に不義をする者があっても同心しないこと、などである。大意があっていれば文言は自由でよい（児玉氏『国史大辞典』「大名誓詞」、平野氏「徳川将軍家代替わりの起請文」一五八頁）。

③　罰文は大多数が御成敗式目罰文である（中田薫氏「起請文雑考」[4]九九八頁、平野氏「徳川将軍家代替わりの起請文」一五八頁）。

④　寛永九年の代替誓詞は幕府から雛型が出されている。このことは幕府の提唱によって起請文が出されたことを示している（平野氏「徳川将軍家代替わりの起請文」一四四頁）。

⑤　御成敗式目に使われた罰文を採用することによって、江戸幕府は鎌倉幕府の正当な後継者であることを示したものと考えられる（平野氏「徳川将軍家代替わりの起請文」一五九頁）。

⑥　家康の起請文における御成敗式目罰文の選択が、江戸幕府誓詞罰文の定式化の端緒だったことは疑いない（千々和到氏「徳川家康の起請文」[5]一五〜一六頁）。

これら六点の先行研究の成果に再検討の必要性があるかどうか考えた結果、次のようになった。

①については、浅井氏の意見に従えば「書札礼に基いて代替り誓詞は書かれているから、同じ書式になる」ということになるだろう。しかし、浅井氏は幕府書札礼や代替り誓詞個々の事例について具体的に検討されていない。書札礼と代替り誓詞の関係については、もう少し丁寧な検討作業が必要であろう。

②については、代替り誓詞の数例をみても児玉氏、平野氏の述べておられるとおりである。「前書が各大名家ごとに異なる」ことは明らかであり、このこと自体を再検討する必要性はない。

③については、江戸幕府に提出された起請文の神文の多くが「御成敗式目神文」であったことは、半ば常識化しているほどよく知られたことである。しかし、代替り誓詞神文には、江戸時代を通して式目神文だけ用いられたといえるのだろうか。平野氏は「大多数」と表現されているが、具体的に個々の事例を確認し、時期的な差異があるかないか、明らかにする必要があろう。

④については、平野氏は、江戸幕府において誓詞雛型を示した場合、誓詞はどのように書かれるか、という点について言及されていない。この点を明らかにしたうえで、寛永九年の代替り誓詞に雛型が提型されたのかどうか、検討する必要がある。また、幕府の提唱によって誓詞が提出されたのかどうかも、史料に基づいて確認する必要がある。

⑤については、「御成敗式目に使われた罰文を採用する事によって、江戸幕府は鎌倉幕府の正当な後継者である事を示した」のだとすれば、いつから式目神文が幕府公式神文として使用されたか、また、どのようにして式目神文を大名たちに徹底させたのか、などの点が重要な問題となってくる。これらの事柄をはじめとして平野氏はとくに根拠をあげていないため、検討が必要と思われる。

⑥については、千々和氏は江戸幕府の役職就任起請文神文についてのみこう述べておられ、代替り誓詞神文については言及されていない。しかし、千々和氏の指摘は示唆的である。江戸時代以前、式目神文に似た神文を使用した大名は多いが、一言一句違わぬ形で使用した大名はそう多くはない。式目神文を外交用に用いた家康と代替り誓詞神文との関連性は十分考えられ、検討する必要があると思われる。

以上のことから、五点の検討課題を設定することとした。五点の検討課題は以下のとおりである。

検討課題a　幕府書札礼に従って代替り誓詞が書かれているか。

検討課題b　寛永九年に代替り誓詞雛型が提示されたといえるか。

検討課題c　江戸時代を通して御成敗式目神文が公式神文であったか。

検討課題d　御成敗式目神文を使うことが鎌倉幕府後継者であると示すことになるのか。

検討課題e　家康の起請文と代替り誓詞神文との関連性。

検討課題a〜cは代替り誓詞を個々に検討することで答えが出ると思われる。また、d・eについては今回は見通しを述べるにとどめたい。

なお、本章では代替り誓詞の神文について言及することが多いので、文中で使用する神文に関わる用語の確認を行っておきたい。使用する各神文の呼称と本章における定義は以下のとおりである。

【霊社上巻起請文神文】

豊臣政権末期の文禄四年（一五九五）～慶長三年（一五九八）にかけて豊臣政権が公式起請文の神文とした、とされるもの。(6) おびただしい数の仏神の名を書き連ねるところに特徴がある。七枚の牛玉宝印を貼り継いで書かれることが多かったところから豊臣政権以降では、「七枚ノ誓辞」、「七枚之起請」などとも呼ばれる。

【霊社起請文神文(7)】

一般的には「霊社起請文」の文字を端作り文言に含む起請文の総称であり、神文にはさまざまな種類がある。豊臣政権や近世の島津家では「霊社上巻起請文」を「霊社起請文」と呼ぶことも多かった。(8) 表1「神文」の項の「霊社起請文」とした起請文神文は、江戸幕府が慶長十九年に提示した「霊社起請文」神文を指す。

【式目神文(9)】

御成敗式目末尾に記された神文。江戸時代の公式神文といわれていた。現在明らかにされている起請文で多少の文字の違いがあったり語句の欠落があっても、神名の加除がなければ式目神文と認定した。

【準式目神文(10)】

「梵天帝釈四大天王」から始まり、式目神文と共通する神名が多いが、式目神文に含まれる神名がなかったり、含まれない神名が書かれている神文を仮にこう呼ぶ。表1の参考・慶長十九年十月十九日付上杉景勝誓詞神文（勧請されている神々は「日本国中大小神祇、八幡大菩薩」のみ）や表1―21島津光久代替り誓詞神文（式目に勧請されている神々に

表1　家光～家宣・慶喜代替り誓詞一覧（参考から30まではすべて写。31～34のみ正文）

代始めの将軍名	番号	年月日	西暦	大名氏名	端作り文言	前書	神文	宛所	出典
大坂の陣	参考	慶長一九・九・七	一六一四	鍋島信濃守勝茂	敬白天罰霊社起請文前書之事	三ヶ条	不明	本多佐渡守・酒井雅楽頭	『佐賀県近世史料　第一編第二巻』
〃	参考	〃	〃	（島津家久）	〃	〃	霊社起請文	〃	『鹿児島県史料　旧記雑録後編四』
〃	参考	〃	〃	松平長門守秀就（毛利）	敬白天罰霊社起請文前書事	〃	〃	〃	『大日本古文書　毛利家文書之四』一四二五
〃	参考	慶長一九・一〇・一九	〃	米沢中納言景勝（上杉）	敬白起請文之事	〃	準式目	〃	『上杉家御年譜　四　景勝公』
家光	1	寛永九・二・一	一六三二	鍋島信濃守勝茂	敬白天罰霊社起請文前書之事	一つ書きではない	不明	酒井雅楽頭・土井大炊頭・酒井讃岐守	『佐賀県近世史料　第一編第二巻』
〃	2	寛永九・二・三	〃	松平長門守秀就（毛利）	敬白天罰起請文前書之事	五ヶ条	霊社起請文	不明	東京大学史料編纂所架蔵写真帳「萩藩毛利家史料」『大日本古文書　毛利家文書之四』一四二五
〃	3	（寛永九）・二・一四	〃	立花飛騨守・左近将監	敬白天罰霊社起請文前書之事	三ヶ条	不明	酒井讃岐守	柳川古文書館所蔵立花家文書『御宝蔵文書目録』二一〇―二
〃	4	寛永九・五・二	〃	（島津家久・光久）	敬白天罰起請文前書之事	五ヶ条	〃	不明（取次酒井雅楽頭）	『鹿児島県史料　旧記雑録後編五』
〃	5	寛永九	〃	（池田光政）	敬白起請文前書之事	三ヶ条	〃	不明	池田家文庫（岡山大学附属図書館所蔵・マイクロフィルムｙｃｆ―〇〇五・コマNo.七九）
〃	6	慶安四・五・一〇	一六五一	〃	〃	〃	式目	松平和泉守・阿部豊後守・酒井雅楽頭（？）	〃
家綱	7	慶安四・六・二	〃	亀井能登守（茲政）	起請文前書	〃	〃	不明	『近世の武家社会』（国立歴史民俗博物館・一九九四年）

代始めの将軍名	番号	年月日	西暦	大名氏名	端作り文言	前書	神文	宛所	出典
〃	8	慶安四・六・七	〃	(立花忠茂)	敬白天罰霊社起請文前書之事	三ヶ条	式目	阿部豊後守	柳川古文書館所蔵立花家文書『御宝蔵文書目録』二〇九―一
〃	9	慶安四・六・九	〃	上杉喜平次實勝	不明	〃	不明	松平伊豆守・阿部豊後守	『上杉家御年譜　五　綱勝公』
〃	10	慶安四・六・一八	〃	島津光久・綱久	敬白天罰霊社起請文前書之事	〃	霊社上巻	阿部豊後守	『鹿児島県史料　旧記雑録追録一』
〃	11	慶安四・六・一三	〃	松平千代熊丸(毛利綱広)	敬白起請文前書之事	一つ書きではない	式目	松平伊豆守・阿部豊後守・松平和泉守	『毛利十一代史　巻之一』泰厳公記
〃	12	慶安四・六・一八	〃	鍋島甲斐守直澄・紀伊守元茂・丹後守光茂	再拝々々敬白天罰起請文事	〃	〃	阿部豊後守・松平和泉守	『佐賀県史料集成　十五巻』白石鍋島家文書七
〃	13	慶安四・一一・一三	〃	鍋島信濃守勝茂	〃	〃	〃	松平伊豆守・松平和泉守・阿部豊後守	『佐賀県史料集成　十五巻』白石鍋島家文書八
〃	14	慶安四カ	〃	(伊達忠宗)	敬白起請文前書	三ヶ条	〃		
綱吉	15	延宝八・五・一三	一六八〇	(伊達綱村)	起請文前書	〃	不明	酒井雅楽頭・稲葉美濃守・大久保加賀守・土井能登守・堀田備中守	『大日本古文書　伊達家文書之十』三三一三
〃	16	延宝八・五・一九	〃	上杉彈正大弼(綱憲)	敬白起請文之事	〃	式目	〃	『上杉家御年譜　六　綱憲公』
〃	17	〃	〃	丹羽若狭守長次	起證文前書之事	〃	不明	酒井雅楽頭・稲葉美濃守・大久保加賀守・土井能登守・堀田備中守、大目付某	『二本松藩史』
〃	18	延宝八・五・二六	〃	田村右京大夫宗永	〃	〃	式目	酒井雅楽頭・稲葉美濃守・大久保加賀守・土井能登守・堀田備中守	『大日本古文書　伊達家文書之十』三三三九
〃	19	〃	〃	(鍋島光茂カ)	御誓詞前書	〃	〃	(酒井)雅楽頭殿・(稲葉)美濃守殿御四人之御老中	『佐賀県史料集成　二十四巻』『五番御掛硯誓詞書写二』一三三

〃	20	延宝八・八・二	〃	池田信濃守(政言)	起請文前書之事	〃	〃	酒井雅楽頭・稲葉美濃守・大久保加賀守・土井能登守・堀田備中守	池田家文庫(岡山大学附属図書館所蔵・マイクロフィルムycf―〇〇五・コマNo.一三五)
〃	21	延宝九・五・二五	一六八一	松平大隅守光久(島津)	起請文前書	〃	準式目	稲葉美濃守・大久保加賀守・堀田筑前守・板倉内膳正・阿部豊後守	東京大学史料編纂所所蔵島津家文書一八―一一―一一
〃	22	延宝九・五	〃	(毛利綱広)	不明	不明	不明		『毛利十一代史　巻之一』泰巌公記
家宣	23	宝永六・二・五	一七〇一	松平薩摩守(島津吉貴)	起請文前書	三ヶ条	式目	土屋相模守・小笠原佐渡守・秋元但馬守・本多伯耆守・大久保加賀守・井上河内守	『鹿児島県史料　旧記雑録追録二』
〃	24	宝永六・二・六	〃	酒井親愛	〃	二ヶ条	〃	〃	姫路市立城郭研究室所蔵酒井家文書A一一六〇
〃	25	宝永六・二・九	〃	内藤能登守(義孝)	〃	三ヶ条	〃	〃	明治大学博物館所蔵内藤家文書三―二三―五―一四
〃	26	宝永六・二・一三	〃	上杉民部大輔	敬白起請文之事	〃	〃	老中六人充。	『上杉家御年譜　七　吉憲公記』
〃	27	宝永六・四・一九	〃	南部通信					
〃	28	宝永六・四・二三	〃	松平陸奥守吉村(伊達)	起請文前書	三ヶ条	式目	土屋相模守・小笠原佐渡守・秋元但馬守・本多伯耆守・大久保加賀守・井上河内守	『大日本古文書　伊達家文書之十』三三七九
〃	29	〃	〃	松平(忠周)	〃	〃	不明	〃	上田市博物館所蔵林家文書六六
〃	30	宝永六・七・二三	〃	松平忠雄					
慶喜	31	慶応三・三・二三	一八六七	細川若狭守	起請文前書	三ヶ条	式目	板倉伊賀守・井上河内守・稲葉美濃守・松平周防守・小笠原壱岐守・戸川伊豆守	多聞櫓文書〇一二三五〇
〃	32	慶応三・四・三	〃	片桐主膳正	〃	〃	〃		多聞櫓文書〇一二三四七
〃	33	〃	〃	京極飛騨守	〃	〃	〃	板倉伊賀守・井上河内守・稲葉美濃守・松平周防守・小笠原壱岐守・戸川伊豆守	多聞櫓文書〇一二三四八
〃	34	〃	〃	京極佐渡守朗徹	〃	〃	〃	〃	多聞櫓文書〇一二二五八

「堅牢地神」と「其外神社」が加わっている）がこれに該当する。

二　江戸幕府代替り誓詞の具体相

1　前　史――三ヶ条誓詞と大坂の陣誓詞

三ヶ条誓詞

江戸幕府では二代将軍秀忠の将軍就任時の誓詞は現在確認されておらず、家光代始めの寛永九年（一六三二）の代替り誓詞が初見といえる。しかし幕府では慶長十六年（一六一一）四月十二日、同十七年正月五日に諸大名に対し家康・秀忠への忠誠を誓わせている。これは「三ヶ条誓詞」と呼ばれ、松平太郎氏が「大名誓詞の初とすべし」（『〈校訂〉江戸時代制度の研究』八二頁）とされてから、これを「忠誠を誓う大名誓詞の初め」とすることがほぼ通説となっている。しかしながら「三ヶ条誓詞」には神文がなく、厳密な意味では起請文とはいえない。[11]神文をともなった幕府への忠誠を誓わせる起請文で最も早いものは、代替り誓詞ではないが、慶長十九年（一六一四）二月十四日付酒井雅楽頭等連署起請文である（『御当家令条』三四、『大日本史料』慶長十九年二月十四日条）。これは、『慶長年録』六（『大日本史料』慶長十九年二月十四日条）に「二月十四日江戸年寄衆幷江戸老中、町奉行、御留守居、奉起請文」とあり、大久保忠隣改易に際して酒井雅楽頭ら忠世八名が家康・秀忠に忠誠を誓ったものである。ただしこの起請文も「右條々於相背者」以下が略されており、どのような神文が書かれていたのかはわからない。[12]神文が確認できる幕府への忠誠を誓わせる誓詞で最も早いものは、代替り誓詞ではないが、慶長十九年大坂の陣に際して大名が提出した誓詞、ということになる。

大坂の陣誓詞

慶長十九年の大坂の陣に際しての誓詞（以下「大坂の陣誓詞」と呼ぶ）は鍋島・毛利・島津・上杉の誓詞が残っている（『佐賀県近世史料　第一編第二巻』・『大日本古文書　毛利家文書之四』〈以下『毛利家文書』〉一四二五・『鹿児島県史料　旧記雑録　後編四』〈以下『旧記雑録』〉五四六頁・『上杉家御年譜』慶長十九年十月十九日条）。このうち鍋島・毛利・島津の三氏の誓詞はすべて九月七日付で端作り文言・前書・神文にいたるまでほぼ同文であるが、上杉景勝の誓詞は十月十九日付であり、前書は三氏と同文ながら神文は異なる。『伊東家譜』祐慶の項に「慶長十九年、江戸ニ参勤ス、九月七日、諸侯ト共ニ酒井讃岐守（雅楽頭カ）邸ニ会シ、両御所ニ對シ、別心ナキ誓書ヲ上ル」（『大日本史料』慶長十九年九月七日条）、『當代記』九に「九月、此比於江戸、上方諸大名及五十人献起請文、是代対将軍不可粗略トノ儀也、併依貴命也」（同）とあり、慶長十九年九月七日に西国の大名五十人余が酒井雅楽頭邸に集められ、いっせいに誓詞を提出させられたことが明らかである。鍋島・毛利・島津三氏の誓詞はこのとき提出したものと考えられる。これに対し上杉景勝の誓詞は日付、神文が異なるし、また「西国」の大名ではないので、西国の大名五十人余とは別の形で誓詞が提出されたものと思われる。つまり、大坂の陣に際して幕府は西国と東国の大名に対し異なった形で誓詞を要求したことになる。

では、最初に西国大名からの誓詞がどのように出されたか検討してみよう。参考のため毛利秀就の誓詞をあげてみる。

敬白　天罰霊社起請文前書事

一奉對　両御所様、不可致別心表裏事、

一對背上意輩、一切不可申談事、
一被仰出御法度以下、毛頭不可相背申之事、
右条々、若於致違背者、忝茂上者梵天・帝釈・四大天王、廿八宿、下者堅牢地神、地之三拾六禽、別而伊豆箱根両所権現、三嶋大明神、熊野三所権現、稲荷、祇園、賀茂下上大明神、松尾、平野大明神、諏訪、熱田大明神、正八幡大菩薩、天満大自在天神、愛宕大権現、総而日本国中六十余州大小神祇殊氏神部類眷属、各罷蒙神罰・冥罰深厚、於今生者、受白癩黒癩重病於四十二骨、於来世者、令堕無間地獄、浮世更不可有之者也、依起請文如件、
慶長拾九年九月七日　松平長門守秀就
本多（正信）佐渡守殿
酒井（忠世）雅楽頭殿

鍋島・毛利・島津三氏の誓詞の中で、鍋島勝茂の誓詞だけが「神文略之」とあって神文は不明であり、また島津家久の誓詞には署名が略されているが、そのほかの部分は三通とも端作り文言・前書・日付・宛名・神文がすべて右の誓詞と同じである。これだけ同じ誓詞が書かれたということは大坂の陣誓詞には幕府から雛型が提示され、諸大名はそれに基づいて一言一句違わぬように忠実に書いたということになる。そして、大坂の陣誓詞の雛型ではないかと思われる案文が内閣文庫蔵『諸法度』起請文案（慶長十九年九月七日付）である。文言は以下のとおりである。

敬白　天罰霊社起請文前書事
一奉對　両御所様、不可致別心表裏事、

一對背　上意輩、一切不可申談事、
被仰出御法度以下、毛頭不可相背事、
右條々、若於致違背者、
――――罰文
慶長十九年九月七日
諸大名血判
本多佐度殿
酒井雅楽殿

二木謙一氏はこの案文を提示して、大坂の陣に際して西国五十家が幕府に提出した起請文の内容であるとしている。(13)この案文と鍋島・毛利・島津の誓詞はほぼ同文である。相違点は三氏の誓詞が三ヶ条にわたって書かれているのに対し、案文は三ヶ条めの「一」の字が抜けて二ヶ条書きになってしまっていること、『諸法度』案文では宛所の「守」「頭」の字が抜けていること、の二点だけである。(14)これらの相違点はいずれも『諸法度』編者が書き落した可能性があり、『諸法度』案文は大坂の陣誓詞雛型と考えてよいと思う。以上のことから、大坂の陣に際しては幕府から誓詞雛型が出されたことが確認できた。

このように、江戸幕府において諸大名に雛型が提示された場合、「大意が同じ」程度の同一性ではなく、ほぼ完全な同一性が求められたと考えられる。さらに大坂の陣誓詞は幕府からの強制によって諸大名が書かされた誓詞であった。慶長十九年九月十四日、毛利秀就は父輝元に手紙を送っているが（『毛利家文書之四』一四二四）、書状には「（略）去七日ニ、御意ニ而、酒井雅楽助殿神文仕候、各大名衆被仕候、（以下略）」とあり、誓詞提出が「御意」すなわち幕府の指示であったことがわかる。また慶長十九年（一六一四）十月三日、細川忠興は子忠利に宛てた手紙の中で「一其地諸大名衆誓紙被仰付候由、左様ニ可有之と存而候事」と記しており（『細川家記』〈『大日本史料』慶長十九年九月七日条〉）、大坂の陣に際しての誓詞は「仰付けられた」誓詞であったことがわかる。細川家では寛永九年（一六三二）二月の家光代替り誓詞については「諸大名衆、我等罷居候内、大方此方より年寄衆迄起請を書上被申候」[15]と記しており、慶長十九年の大坂の陣に際しては幕府の指示によって、寛永九年の前将軍秀忠死去に際しては自主的に、誓詞が提出されたことを書き分けている。以上のことから大坂の陣に際しての誓詞は、幕府からの指示によるものであったことは間違いない。

そして大坂の陣誓詞の雛型として幕府が提示した神文は式目神文ではなく、「霊社起請文神文」であったことを確認しておきたい。先にあげた『諸法度』案文には「罰文」とだけ書かれているのみであるが、毛利・島津両氏の神文はまったく同じものであり、これが雛型で示された神文であったと思われる。この神文は『本光国師日記』寛永九年二月二十四日条末尾にもまったく同文で「起請文之案」として記されている。検討を進めるうえでの重要な史料の一つであるので、以下引用する。

起請文之案

敬白　天罰霊社起請文前書事

一奉對　将軍様不可致別心表裏事、

一對背　上意輩一切不可申談事、

一被　仰出御法度以下毛頭不可申相背事、

右條々若於致違背者、忝茂

上者梵天・帝釈・四大天王、廿八宿、下者堅牢地神地之三十六禽、別而伊豆箱根両所権現、三嶋大明神、熊野三所権現、稲荷、祇園、賀茂下上大明神、松尾、平野大明神、諏訪、熱田大明神、正八幡大菩薩、天満大自在天神、愛宕大権現、総而日本国中六十餘州大小神祇、殊氏神部類眷属、各罷蒙神罰冥罰・深厚、於今生者受白癩黒癩重病、於四十二骨、於来世者令堕無間地獄、浮世更不可有之者也、依起請文如件、

年號

月日　　　　判

この史料については寛永九年の家光代始めの誓詞を検討する際にあらためて触れることとするが、この『諸法度』案文、『本光国師日記』案文の両起請文案に書かれた神文は、江戸幕府にとって「霊社起請文」と名付けられた、一つの形式であったと考えられる。

一般的には「霊社起請文」は「霊社起請文」の文字を端作り文言に含むことが多い起請文の総称であり、神文にはさまざまな種類があった。しかし、大坂の陣誓詞雛型として提示して以来、江戸幕府では「霊社起請文」の神文を一つの形式として確立し、書き上げる神名を固定化していた可能性があることを指摘しておこう。

では、次に上杉景勝の誓詞について検討してみたい。

『上杉家御年譜』慶長十九年十月十九日の記事は以下のとおりである。

今般大坂御進発ニ付テ、公御別心ナキ旨　両将軍ニ對シ盟誓シ玉フ、其御詞云、

敬白起請文之事

一奉對　御所様不可致別心表裏事、

一對背　上意輩一切不可申談事、

一被　仰出御法度以下毛頭不可申違背事、

右条々、若於違背者、日本國中大小神祇、八幡大菩薩、蒙神罰、永可汚武名者也、仍如件、

米澤中納言

慶長十九年十月十九日　景勝

本多佐度守《(ママ)》殿

酒井雅楽頭殿

大坂の陣に際して東国の大名にも西国の大名と同じような形で誓詞が要求されたかどうかは、今のところ確認できない。この上杉景勝の誓詞にしても、景勝の意思で出したものか、幕府からの要求によって出したものか、『御年譜』の記事からは判断できない。しかし、景勝の誓詞前書は鍋島・毛利・島津の誓詞前書とほぼ同文であるから、幕府から雛型の提示があった可能性が高い。ただし西国大名に対しては霊社起請文神文が雛型として提示されたのに対し、景勝の神文はごく短い神文である。この神文もまた雛型として提示されたのかどうか、書かれた経緯は不明であるが、大坂の陣誓詞として受理されたことだけは明らかである。東国の大名が大坂の陣に際して書いた誓詞は景勝のもの以外には今のところ見当たらないため、今回系統的に検討することはできないが、大坂の陣誓詞では西国の大名と東国の大名では異なった神文が用いられていたことは留意しておきたい。

以上慶長十九年の大坂の陣に際しての誓詞について検討を行ったが、西国の大名が提出した大坂の陣誓詞について確認できたことは以下の四点である。

①　幕府からの強制によって書かれた。

②　雛型が提示された。

③　雛型が提示された場合は、一言一句違わぬように書く。
④　提示された神文は江戸幕府において「霊社起請文」と呼ばれる形式であった。

2　始期　寛永九年（一六三二）の代替り誓詞（三代家光代始め）

この時期の代替り誓詞として確認できるのは鍋島勝茂（表1―1。以下数字は表の番号を示す）、毛利秀就（2）、立花宗茂・忠茂（3）、島津家久・光久（4）、池田光政（5）の誓詞五通である。このうち、立花宗茂・忠茂の誓詞（3）と池田光政の誓詞（5）はこの時期に代替り誓詞がどのように書かれたかを知る手がかりとなると思われるので、それぞれ全文引用してみたい。

【3　立花宗茂・忠茂の誓詞】

敬白天罰霊社起請文前書之事
一奉對　将軍様、不可致別心表裏候、
相國様已来御取立、殊更両　御所様方々　御成御伴ニ被召加、別而　御心安
致御奉公承　御重恩之儀、少も忘却仕間敷候事、
一於背　上意輩者、親子兄弟縁者知音至る迄一切不可申談候、拙者式新敷申上候儀却而如何
御座候へ共、左近若輩之儀候、末々迄守此旨御奉公仕候様、為可致加判申上候事、
一被　仰出御法度、万事　御下知不可相背候事、
右條々若於致違背者、忝茂
申二月十四日

酒井讃岐守殿　　御持参二月廿二日　御持参

3は無年号、無署名であるが、寛永九年の立花宗茂・忠茂による代替り誓詞と推定され、宛名の酒井讃岐守は忠勝である。(16)

誓詞の文言にもこのことを裏付ける個所がある。一ヶ条めに「相國様已来御取立、殊更両　御所様方々　御成御伴ニ被召加、別而　御心安致御奉公承　御重恩之儀、少も忘却仕間敷候事」とあるが、これは『寛政重修諸家譜』巻百十二「立花宗茂」の項に記載されている「(元和)八年十二月二十七日仰によりて飛驒守にあらたむ。この後、台徳院殿御相伴の列に加へられ、御成毎に陪従し、」の事実を踏まえての文言と考えられるのである。

次に、池田光政の誓詞(5)について若干の説明を試みたい。

【5　池田光政の誓詞】

敬白起請文前書之事

一奉對　将軍様《大納言様》不可致別心表裏事、

一對背　上意輩○《縦縁者親類たりと云共》一切不可申談事、

一被　仰出御法度以下毛頭不可相背事、

右條々私曲偽於申上者、

本紙ハ台徳院さま御他界之時仕、うた殿へ指上候前書也、

右こかきハ此度書加也、

此奥熊野牛王ニ式条ノ起請文書也、尤血判、
あて所
　　松いつミ殿
　　[redacted]殿（墨消）　此通豊後殿さしつ、とのと書上も
　　あべ豊後殿　　御好也、
　　　松いつ殿
慶安四年
　五月十日
　　右之前書酒讃州へも持参申候事、

5は包紙上書に「寛永九慶安四年も有　起請文前書」とあり、正確にいえば慶安四年（一六五一）五月十日に池田光政が四代家綱代始めに際して提出した誓詞の草稿である。しかし、註記に「本紙ハ台徳院さまご他界之時仕、うた殿指上候前書也、右こかきハ此度書加也」とあり、「大納言様」「縦縁者親類たりと云共」と書かれた「こかき」以外の部分は池田光政の寛永九年代替り誓詞前書と同文であったことがわかる。

この前書は端作り文言も含めて、慶長十九年の大坂の陣誓詞の文言とほぼ同じである。相違点は端作り文言に「霊社」の文字がないこと、「右條々…」以下の文言が異なること、の二点だけで、それ以外の前書はすべて大坂の陣誓詞と同文である。つまり、池田光政の寛永九年の代替り誓詞は、大坂の陣誓詞に基づいて書かれたことが確認できる。神文については触れられていないので、霊社起請文神文が書かれたかどうかは不明である。しかし、註記の中に「此奥熊野牛王ニ式条ノ起請文書也、尤血判」とある。この註記は慶安四年の代替り誓詞に際しての変更点を記したものである可能性が高く、そう考えれば池田光政の寛永九年の代替り誓詞神文は霊社起請文神文であったのかもしれない。

池田光政が大坂の陣誓詞に基づいて寛永九年の誓詞を書いたという事実を念頭に置きながら、もう一度3の立花宗茂・忠茂の誓詞をみてみよう。

3は大坂の陣誓詞と同じく、三ヶ条にわたって書かれているが、一ヶ条ずつが長い。しかし、各ヶ条の冒頭部分はきわめて大坂の陣誓詞文言に似ている。端作り文言、「右之條々…」以下「忝茂」まではほぼ同文である。そして、二ヶ条めに以下のような文言がある。

「拙者式新敷申儀却而如何御座候へ共、左近若輩之儀候、末々迄守此旨御奉公仕候様、為可致加判申上候事」

「拙者式新敷申儀」とは一、二ヶ条め大坂の陣誓詞前書以外の文言を付け加えたことを指す。すなわち一ヵ条めの「相國様已来御取立」とは宗茂が慶長八（一六〇三）年十月二十五日、家康（文中では「相國様」）・秀忠から陸奥国棚倉一万石を与えられ、さらに秀忠治世の元和六年（一六二〇）、再び柳河に領地を与えられたことを指すと思われるし、「両　御所様方々　御成御伴ニ被召加」の部分は元和八年、御成御伴に加えられたことなどを指すと思われる。「親子兄弟縁者知音」（二ヶ条め）などを書き加えたことも「新敷申儀」にあたると考えられ、立花宗茂・忠茂もまた、大坂の陣誓詞を参考にしたうえで将軍家からの個人的な恩顧の事例を書き加え、寛永九年の代替り誓詞を作製したことがわかるのである。

これで立花氏（3）、池田氏（5）の代替り誓詞は、大坂の陣誓詞と非常に関連性があることが明らかになったが、では他の寛永九年（一六三二）の代替り誓詞（1・2・4）についてもみてみよう。

寛永九年には立花・池田氏以外に鍋島（1）、毛利（2）、島津（4）の各氏が代替り誓詞を提出している。端作り文言は鍋島（1）が「敬白天罰霊社起請文前書之事」、毛利（2）・島津（4）が「敬白天罰起請文前書之事」となっており、「霊社」の文言があるものとないものが入り混じっている。前書は一つ書きではないものが鍋島（1）、五ヶ条にわたるものが毛利（2）・島津（4）である。文言はいずれも立花・池田両家の場合ほど似ているわけではないものの、大坂の陣誓詞前書との類似性は随所にみられる。また、毛利（2）が個人的な将軍家の恩顧の事例を書き加えているところは立花（3）と同じである。神文は、毛利（2）が大坂の陣誓詞と同じ霊社起請文神文であったことがわかっているが、それ以外は不明である。

寛永九年の代替り誓詞五件を検討してみると、いずれも大坂の陣誓詞を参考にして書かれた、ということがわかった。しかしこれは諸大名が「参考にした」ということであって、「雛型」として幕府から提示されたわけではないだろう。なぜならば、すでに検討したように幕府から雛型の提示があった場合は一言一句違わぬように書く、ということが原則であったからである。前述したように、寛永九年家光代始めの誓詞は幕府からの強制ではなかった。そのため大名側としても、どのような形式でどのような文言で書くかが問題になったことであろうが、大方の大名は大坂の陣誓詞を基本形として誓詞を作製した。大坂の陣誓詞が幕府から示された初めての誓詞雛型であれば、諸大名が参考にしようとしたのはごく自然なことであるし、老中なども大名から問い合わせがあれば大坂の陣誓詞を参考にして書くよう助言したのではないかと思われる。たとえば『本光国師日記』寛永九年二月二十四日条末尾には大坂の陣誓詞と同じ文言の起請文案が記されている。ただしこの起請文案では一ヶ条めが「一奉對　将軍様」となっており、「諸法度」案文一ヶ条め「一奉對　両御所様」の部分を寛永九年の状況にふさわしく書き直したものと思わる。『本光国師日記』には代替り誓詞に関する記載がなく、なぜこの案文が寛永九年二月二十四日条末尾に記されているか不明である。しかし、実際に寛永九年の代替り誓詞が大坂の陣誓詞を基本に書かれていること、本光国師は老中をはじめ細川氏など大名との親交が活発であったこと、などを考え合わせると、本光国師が寛永九年の代替り誓詞としてふさわしい形式を老中に指し示した案文の控として書き留めておいたか、あるいは諸大名や老中から問い合わせとして送られてきた代替り誓詞案文を書き留めておいたものか、のどちらかであると思われる。

大名自身が老中や本光国師に代替り誓詞の書式を問い合わせたか、大名個人で考えたか、あるいは大名同士の情報交換によってそう決めたか、経緯はわからないが、いずれにしても現存する寛永九年の代替り誓詞は大坂の陣誓詞を参考にして書かれていることがわかった。こう考えると、寛永九年の代替り誓詞五通の神文は大坂の陣誓詞と同じ霊社起請文であった可能性が高い。言い換えると、寛永九年までは大坂の陣で霊社起請文神文を書いた大名から幕府に提出される起請文神文は「霊社起請文神文」が適当である、とする考え方が幕府の姿勢であったともいえるのである。

以上、寛永九年家光代始めに際して出された代替り誓詞五通を検討してきたが、明らかになったことは以下の四点である。

① 大坂の陣誓詞を参考にして書かれているが、前書の文言は同じではない。

② 誓詞に関して大名は老中や本光国師に問い合わせたり指示を受けている可能性が高い。

③ 寛永九年当時、西国の大名から幕府に提出される起請文は「霊社起請文神文」が適当、とする考え方が幕府の姿勢であった可能性が高い。

④ 幕府からの強制ではなく、大名が自発的に提出した。

3　慶安四年（一六五一）の代替り誓詞（四代家綱代始め）

この時期の代替り誓詞として確認できるのが6～14までの九通である。端作り文言はばらばらで「敬白起請文前書之事」（6池田・11毛利）「起請文前書」（7亀井）「敬白天罰霊社起請文前書之事」（8立花・10島津）「再拝々々敬白天罰起請文事」（12・13ともに鍋島）、「敬白起請文前書」（14伊達）となっている。前書は三ヶ条にわたって書くもの（6～

10・14）と一つ書きではないもの（11〜13）に分かれ、どちらの書き方にしても文言はそれぞれ異なっている。代替り誓詞は将軍に対して忠誠を誓う内容であるから、大坂の陣誓詞と共通する文言ももちろんあるが、7亀井、9上杉、14伊達の三通の前書は大坂の陣誓詞の影響は認められない。とくに大坂の陣誓詞を参考にして書いた、とは思えない内容である。例として7亀井茲政の誓詞をあげてみよう。

起請文前書

一従　権現様御代、私祖父亀井武蔵守御奉公仕、奉蒙御恩　台徳院様御代ニ私三歳之時、親豊前守跡職無相違被仰付、大猷院様御代ニ私召仕候者、公事仕候處、私奉願通ニ可申付与被　仰出、御代々旁御厚恩難有忝奉存候段、忘却仕間敷事

一奉対　当上様江、表裏別心仕間敷事、

一従　上様被　仰付候儀、不依何事乍恐粗略不奉存、御奉公相勤可申候事、

右条々於相背者、

梵天・帝釈・四大天王、惣日本國中六十餘州大小神祇、殊伊豆箱根両所権現、三嶋大明神、八幡大菩薩、天満大自在天神、部類眷属神罰・冥罰可罷蒙者也、依起請如件、

慶安四年

六月二日　　亀井能登守

このほか9上杉実勝(17)（後の綱勝）の誓詞前書は実勝が幼少であるという事情の説明に重点が置かれているし、14伊達忠宗の誓詞前書は「表裏別心」の文言が大坂の陣誓詞と共通するのみで、あとはまったく異なる文言で書かれている。したがってこれら亀井・上杉・伊達の三氏は大坂の陣誓詞の文言にこだわらず、各家ごとに自由に前書を作成し

たことがわかる。では寛永九年に大坂の陣誓詞を参考にして誓詞を書いた鍋島、毛利、立花、島津、池田の誓詞前書はどのような文言で書かれているのだろうか。

鍋島勝茂（13）・毛利千代熊丸（綱広）（11）の誓詞はともに寛永九年のときとは文言がかなり変化し、大坂の陣誓詞と共通する文言は「仰出之御法度」（毛利・鍋島）「表裏別心」（毛利）など断片的な文言だけである。したがって慶安四年（一六五一）の代替り誓詞作製にあたっては鍋島も毛利も先にあげた三家同様、大坂の陣誓詞にこだわることなく自由に前書を書いたと思われる。一方、池田光政（6）・立花忠茂（8）は寛永九年のときと同じように大坂の陣誓詞に個々に受けた恩顧の話を付け加えた前書となっている。しかし島津光久・綱久（10）の誓詞前書はほとんど大坂の陣誓詞と同じである。相違点はわずかに二ヶ条め「一切不可申談候事」が島津（10）では「一切結徒黨間敷事」、三ヶ条め「毛頭」が島津（10）では「聊」となっているのみである。寛永九年の代替り誓詞前書の文言は島津が鍋島・毛利に比べて大坂の陣誓詞から一番遠い文言であったが、慶安四年の誓詞では最も大坂の陣誓詞に近い前書となっている。

神文は6〜14のうち、上杉実勝の誓詞（9）を除いてすべて確認できる。島津光久・綱久の誓詞前書の案文（10）には「但七枚之起請文ニ而候」との註記があり、霊社上巻起請文神文が書かれていたことがわかる。[18]上杉・島津以外の大名の神文はすべて式目神文である。つまり、神文が判明している誓詞八通中七通が式目神文であり、寛永九年時には霊社起請文神文を書いた、または書いていた可能性が高い大名家のうち、島津氏以外は慶安四年にいたってすべて神文を式目神文に変更したことになる。これだけいっせいに変わったということは、慶安四年の代替り誓詞提出に際し大名に対して「代替り誓詞神文は式目神文が望ましい」というような、幕府の意向が示されたとみるべきであろう。ただし、幕府の意向はあくまでも「意向」であって、大坂の陣誓詞にみるような強制ではなかった。なぜならば島津光久・綱久は霊社上巻起請文神文を用いた誓詞を提出し、受理されているからである。

以上、慶安四（一六五一）年家綱代始めに際して出された代替り誓詞九通を検討してきたが、明らかになったことは以下の四点である。

① 端作り文言、前書は大名家ごとに自由に書かれた。

② 神文には式目神文と霊社上巻起請文神文の二種類が使われている。

③ 神文については式目神文が望ましい、との幕府の意向が示された可能性がある。

④ 幕府の意向に強制力はなかった。

4 延宝八年（一六八〇）の代替り誓詞（五代綱吉代始め）

この時期の代替り誓詞として確認できるのが15〜22までの八通である。この時期になると端作り文言、前書を三ヶ条にわたって書くこと、神文が、かなり統一されてくる傾向がある。

端作り文言は「起請文前書」（15伊達・21島津）、「敬白起請文事」（16上杉）、「起請文前書之事」（17丹羽・18田村・20池田）、「御誓詞前書」（19鍋島）となっている。

前書は寛永九年、慶安四年と、大坂の陣誓詞と似た文言を用いていた大名家でも、延宝八年からは大坂の陣誓詞とは異なる文言を使い始める（19鍋島・20池田・21島津）。八通はすべて三ヶ条にわたって書かれているが、文言はすべてばらばらで大名家ごとに自由に書く、という流れは変わらない。

神文は島津光久（21）以外はすべて式目神文となる。島津光久の神文も式目神文に「堅牢地神」と「其外神社」などが付け加わっただけのきわめて式目神文に近い神文である。

延宝から端作り文言、前書の書式、神文が、これだけ統一されてくると、この時期に幕府から雛型が出されたのではないかという疑問が当然出てくる。しかし、雛型の提示はなかったと考えられるので、以下簡単にこのことについて述べておきたい。

『佐賀県史料集成　古文書編　第二十四巻』所収『五番掛硯誓詞書写二』一三七は代替り誓詞に対する幕府の意向を記す、数少ない史料の一つである。一三七は無年号の書状であるが、『佐賀県近世史料　第一編第三巻』所収『綱茂公年譜上』延宝八年六月朔日条・九月十三日条から延宝八年十一月二十一日の書状であることがわかる。この書状は延宝八年六月の綱吉代始めにあたり、鍋島家嫡子綱茂が誓詞を提出したが、その経緯を江戸の家臣が国元に報告するため作製された。一三七によれば、延宝八年十月二十七日、鍋島綱茂は老中大久保加賀守忠朝に面会し「誓詞前書は案文を事前に見せるのかどうか、またこちらで書いてしまってよいのかどうか」と質問している。それに対する老中大久保加賀守の答えは「案詞之儀者あなたより可被進」であり、案詞は綱茂のほうで書いてそれを見せるように、と指示している。さらに大久保加賀守は翌日綱茂に手紙を寄越し、「前書之儀者御銘々御心次第之由、何も被申候、乍然、手前ニ誓詞之控御座候付、可然文言御座候付而、書写為御心入差進候、罰文之儀者、御国元より被差上候通ニ而能御座候」と重ねて書いており、基本的には「代替り誓詞前書はそれぞれの判断で書けばよい」と述べていることになる。幕府が代替り誓詞の案文を雛形として各大名に提示していたとしたら、このような返答にはなりえなかっただろう。これらのことから、延宝八年にも雛型の提示はなかったと考えられる。

以上、延宝八年（一六八〇）綱吉代始めに際して出された代替り誓詞八通を検討してきたが、明らかになったことは以下の四点である。

①　端作り文言・前書の書式（三ヶ条の箇条書き）・神文、がかなり統一されてくる。(19)

② 神文はほぼすべて式目神文である。

③ ただし、幕府からの雛型によって統一されたのではない。

④ 幕府は誓詞の書式については各大名家ごとの書き方を重視するが、聞かれれば誓詞の案文（控）を提示した。

5 宝永六年（一七〇一）およびそれ以降の代替り誓詞（六代家宣代始め以降）

宝永六年以降の代替り誓詞として私が現在確認しているのは約百三十通である。端作り文言「起請文前書」、前書を三ヶ条にわたって書くこと、式目神文の三点は、ほぼ統一されている。[20] 最後の代替り誓詞である慶応三年（一八六七）の誓詞約五十六通は、二通だけ端作り文言が「起請文」「起請文前書之事」とあるのみで、あとはすべて「起請文前書」となっている。また、前書は二通のみ二ヶ条にわたって書かれているほか、あとはすべて三ヶ条である。神文はすべて式目神文で統一されている。前書については今までと同じく、各家ごとにばらばらで、まったく同じ文章を使っている大名は少ない。しかしよくみてみると、「就御代替」「公儀御奉公」「後闇儀」「御法度之趣相守」など、使用されている文言は共通していて、文言の組み合わせや何番目の条目で使うか、などの非常に細かい部分での使い方が各家ごとに異なっているだけである。あたかも大名同士で同文になるのを意図的に避けたかと思わせるようである。

宝永六年～最後（慶応三年）までの代替り誓詞について明らかになったことは以下の二点である。

① 延宝六年の代替り誓詞で確認された、端作り文言は「起請文前書」であること、前書を三ヶ条にわたって書くこと、式目神文をほぼすべての誓詞が使っていること、の三点が同じように確認できた。

② 前書で使われている文言は共通するものが多いが、同文であるものはほとんどなく、各大名家ごとに異なって

いる。

三　検討課題についての見解

寛永九年（一六三二）から慶応三年（一八六七）までの代替り誓詞の端作り文言・前書・神文を概観してきたが、この結果を踏まえて最初に設定した検討課題a～eについての見解を述べていきたい。

検討課題aについて「幕府書札礼に従って代替り誓詞が書かれているか」

浅井氏は端作り文言を「起請文前書」と書くと記されている「書札抜用集」を例として、「幕府書札礼が立案されたあと、書き出しは必ず「起請文前書」となる。代替り誓詞は書札礼によって拝呈しなければならなかった」（『概説古文書学　近世編』三七頁）と述べておられるが、今までみてきたように端作り文言は必ずしもすべてが「起請文前書」ではない。たとえば上杉家では代替り誓詞の書式がほぼ統一される延宝八年以降も「敬白起請文之事」という端作り文言を最後まで使い続けている。また、慶応三年の誓詞群にはさまざまな書札礼の影響がみられ、大名たちが参考にした書札礼が多岐にわたることがわかる。[21]これらのことは「書札礼によって拝呈しなければならなかった」といえるほど幕府の書札礼が統一的に整備されていたわけではなかったことを物語る。したがって「幕府書札礼」が代替り誓詞の書式統一化の主たる原因とは考えにくく、書式の統一化についてはもっと別のところに原因があると思われる。

検討課題bについて「寛永九年に代替り誓詞雛型が提示されたといえるか」

寛永九年には雛型は提示されていない。すでに史料に基づいて確認したように、寛永九年の誓詞は大名側から自発的に提出したものである。また、寛永九年の代替り誓詞五通はばらばらな書式なので、大坂の陣に際して示されたような雛型はなかったと考えられる。

検討課題cについて「江戸時代を通して御成敗式目神文が公式神文であったか」

家光代始めの寛永九年の場合、西国大名の代替り誓詞は、幕府も大名も大坂の陣誓詞の書式が適当と考えたようである。断言はできないが、神文が不明である寛永九年の四通の代替り誓詞神文も、霊社起請文神文である可能性は高い。したがって寛永九年までは式目神文を公式神文化しようとする幕府の意図は認められないといえる。しかし、次の家綱代始めの慶安四年（一六五一）になると、多くの大名の誓詞前書から大坂の陣誓詞と共通する文言が少なくなり、神文も寛永九年に霊社起請文神文を書いた大名が式目神文に変更するなど、大坂の陣誓詞の影響がみられなくなる。したがって慶安四年の段階で、代替り誓詞に対する幕府の考え方に何らかの変化が起きた可能性がある。そしてその変化とは、「前書は必ずしも大坂の陣誓詞に準拠しなくともよい」「神文は式目神文が適当である」という事柄であり、代替り誓詞に関する問い合わせがあれば、この幕府の意向は大名たちに示されたと思われる。ただしこうした幕府の意向はさほど強制力を持たず、島津家のように霊社上巻起請文を書いて提出したとしても受理する、というものであった。しかし徐々に式目神文を適当とする幕府の意図は浸透し、五代将軍綱吉の代始めの延宝八年（一六八〇）以降にはほぼ式目神文に統一されていくことになった。

検討課題dについて「御成敗式目神文を使うことが鎌倉幕府後継者であると示すことになるのか」

本章では代替り誓詞を書式から検討する手法をとったので、この問題については十分な検討をすることができなかった。しかし、今回明らかになった「式目神文は江戸幕府始期から使われたのではない」ということは、この問題を考えるうえで重要な点である。なぜならば、もし式目神文に鎌倉幕府後継者の意味が含まれていたとしたら、幕府は当初は鎌倉幕府後継者との意識は持たず、慶安四年（一六五一）以降からこうした意識を持ち始めたことになるからである。このように考えると、「御成敗式目神文を使用することが鎌倉幕府後継者であることを示すことになるかどうか」という問題はむしろ「なぜ式目神文が選ばれたのか」という問題の中で考えるべきことであろう。

検討課題eについて「家康の起請文と代替り誓詞神文との関連性」

この問題もd同様本章の検討方法以外での検討が必要である。代替り誓詞の視点からのみとなり不十分ではあるが、今回確認できたことをまとめておきたい。

前述したように式目神文とまったく同じ神文を使用した大名はもともとそう多くなく、そうしたなかで式目神文を外交用に使用した家康には何らかの意図があった可能性がある。千々和氏はその意図について「外交文書には自分の領域の神仏の名よりも、普遍的な信仰に裏打ちされた神仏、ことに、この五社のように、貞永式目の起請文に勧請された神々を勧請する事がふさわしいであろう」（「徳川家康の起請文」一五頁）と述べている。千々和氏は家康が一大名であった時期に取り交わされた起請文についてのみ、このように述べておられるので、この指摘が江戸幕府を開いてからの家康にもそのまま当てはまるかどうか、あらためて検討しなければならないだろう。

豊臣秀吉・前田利家が亡くなったあとの家康の起請文は三通確認できるが、神文は二通が式目神文で、残り一通は「日本国中大小神祇、別而八幡大菩薩」を記しただけのごく短い神文である。(22)当時の神文に対する思想として、勧請する神名が長ければ厚礼、短いほど薄礼、という意識があった可能性があるから、(23)この時期家康にとって式目神文は、屈服させた大名に対して自己が用いるべき「薄礼」の神文、という意味合いもあったのではないだろうか。このほか、大坂の陣誓詞で西国大名に書かせた起請文罰文は式目神文ではなく、霊社起請文であったこと、さらに式目神文の公式化の動きは慶安四年から始まったこと、などを考え合わせると、少なくとも家康自身に式目神文公式化の意図や、式目神文を使わせることに鎌倉幕府後継者としての象徴的な意味を持たせる意図はなかったと考えられる。

ただし、「家康ゆかりの罰文」として式目神文の公式化を幕府が図った、という可能性は考えられる。二木謙一氏の『武家儀礼格式の研究』[24]によれば、家光期ごろから嘉祥・玄猪・八朔・毎月二十八日出仕などの儀礼の由来を家康ゆかりの行事として喧伝する傾向があったという。新井白石はこれらの行事と家康との関係を『新安手簡』(国書刊行会『新井白石全集　第五巻』)に記している。しかしその一方で白石には「起請文考證」(『新井白石全集　第五巻』)という小文もあり、式目神文にも触れているが家康の話題は何も出てこないのである。曽我流書札礼にも式目罰文と家康との関係を説いたものはなく、水戸光圀が「一誓詞を認むるに、貞永式目の文を用ひ、梵天帝釈、四天王を始とし、殊に伊豆・箱根ノ権現三島八幡、天満天神等書きつらね起請文とす。これは鎌倉執政の時信仰して誓紙を用る所也。後世に至りて、いづれの時代にても、皆鎌倉の式に依るは固滞の教也」(『西山公随筆』[25])、荻生徂徠が「一　誓詞ノ文言ニ「別シテハ伊豆・箱根両所権現」ト書クコト文盲ノ至リ也。是ハ貞永式目ニ有事ヲ書札者ノ手本ニ書出シタルヲ何ノ詮議モナク用タル也(略)伊豆・箱根ノ権現ヲバ平生ハ信ゼヌニ、日本国中何方ニテモ如此書コト、埒モナキ事也」(『政談』[26])など、式目神文の使用を非難していることからしても、後世に式目神文が「家康ゆかりの神文」という意味合いを持たされた可能性はきわめて低いのではないかと考える。このように考えると江戸時代、式目神文と家康とをことさら結びつけて考える思想はなかった可能性が高い[27]。

四　代替り誓詞をめぐる問題

1～4まで先行研究の成果の再検討を行ってきたが、検討の作業の中で「なぜ式目神文が幕府公式神文に選ばれたのか」「どのように書式が統一されたのか」の二点について考える必要があることに気がついた。最後にこの二点について述べておきたい。

1　なぜ式目神文が幕府公式神文に選ばれたのか

繰り返し述べているように、式目神文に含まれる思想的な背景について今は述べることができないが、式目神文が誓詞提出の儀式を速やかに行いたい幕府にとって大変都合がよかったことは確かである。

代替り誓詞提出の儀式は、通常、老中宅に数人から数十人単位で提出者が集められ、順番に誓詞の読み上げ、血判が行われ、ただちに退出、という過程を繰り返すというものである。この儀式が将軍代替り期には毎日ではないにせよ数年にわたって一日に何度も行われるのである。平野氏によれば、吉宗代始めの享保元年（一七一六）五月十九日から六月十二日にかけての計七回にわたる誓詞提出の際にはそれぞれ各回二十五・二十・十九・四十四・五十一・二十二・十八人の大名が誓詞の儀式に臨んでいる。（「徳川将軍家代替わりの起請文」表7、一八五頁）家重代始めの延享二年（一七四五）十二月二十七日に代替り誓詞を提出した大岡越前守忠相の場合、同席者は十名であった（『大岡越前守忠相日記』[28]）。また、家慶代始めの天保八年（一八三七）五月十八日、島津斉彬の誓詞提出の際は総勢二十人（欠席者が二名いたので実質的には十八名）（『旧記雑録追録八』六頁）であった。

現在残されている各大名・旗本家の誓詞留書類には「（正徳六年〈一七一六〉六月七日）御血判被成候處、石見守様御取候而河内守様江被差上御覧被届候、即御禮被成、御立被成候、大勢ニ而諸事急成事ニ而、御挨拶なと被成間茂無之程ニ而、御挨拶茂不被成候、」（『旧記雑録追録三』二六八頁）、「相濟候者、御老中江禮いたし、直ニ引キ申候」（「寶暦十一年巳正月　燕都在府中日記覚」宝暦十一年〈一七六一〉三月十一日条、『豊田史料叢書　松平太郎左衛門家文書一』）、「（天明七

年〈一七八七〉五月十四日）御一人様宛御入被遊、周防守様と大御目附との間位御向側ニ御着座被遊、御用人御誓紙を持出御側ニ而讀候之、讀終而　御前江直シ置此時大御目附　御側へ被参刻、御血判被遊段、大御目附御受取被申、周防守様御側へ持行一寸有御覧、直ニ御誓紙ハ大御目附御脇手へ持参、御用人へ被相渡、右周防守様御一覧之時一通り御会釈迄被遊、直ニ御退去被遊候事」（「御誓紙之御留書」国文学研究資料館所蔵蜂須賀家文書九一）、といった表現が多々みられ、機械的にどんどん誓詞提出が行われていったことや、大名自身も人数が多いのですばやく終わらせなければならない、という意識を持っていたことがわかる。

そして、上記の三つの史料はもちろん、他の大名家の誓詞留書の類（「誓詞一件手留」国文学研究資料館所蔵久松家文書一九九など）にもすべて例外なく誓詞を読み上げる旨が記載されており、血判とともに「読み上げる」行為が誓詞の必須の儀礼であったことがうかがえる。だとすれば多人数の誓詞を同時に行う場合、霊社起請文のような長い神文では膨大な時間がかかってしまい、都合が悪かったと考えられる。さらに「読み上げる」行為は代替り誓詞の場合、月番老中の公用人が務めたが、神文が各地方の氏神を含む複雑な神々の名が並ぶものであったなら、数十人分もの誓詞を間違いなく読み上げることは難しかったのではないだろうか。(29)

また、式目神文は一つしか存在しないから、指示も出しやすかったに違いない。「霊社起請文神文」は本来さまざまなパターンがあり、大坂の陣誓詞を提出していない大名の場合、「霊社起請文神文」と指示されてもどのような神文を書いたらよいかわからなかっただろう。あるいは書札礼に詳しい大名家の場合、「霊社起請文」の定義に関する大名家独自の故事があり、神文が多岐にわたってしまう可能性があるのである。その点式目神文は「式目古案」「式条ノ起請」などと指示すれば間違うことなくお互いすぐに理解できるのである。このような、実務上での扱いやすさが式目神文の公式化の主たる理由でないにしても、一つの要因にはなったと思われる。

2　どのようにして書式は統一されたか

基本的に雛型は示されず、大名家個々の書き方を尊重した代替り誓詞がなぜ、端作り文言、前書が三ヶ条にわたって書かれること、神文など、書式においてあれほど画一化したのだろうか。

高木昭作氏は参勤交代の時期や大名妻子の在江戸制度は、各大名から幕府年寄衆への内々の伺いへの返答、という形で伝達され、それが大名同士の情報交換という形で広まっていった、と述べておられる。(30)「人脈を辿って伝えられた情報を人々がそれとなく察知し、それにもとづいて行動する、というのは当時のパターンのひとつであったようである」（一五八頁）ということであるが、代替り誓詞についても同じことがいえる。

代替り誓詞に関する留書類や大名家の家譜・日記をみると、各大名は大老・老中に問い合わせ、また同じ大名同士で盛んに情報を交換しあっている様子がわかる。たとえば慶安四年（一六五一）四月二十三日、池田光政は大老酒井讃岐守忠勝に誓詞提出について伺いを出し、翌日老中阿部豊後守忠秋、松平和泉守乗寿と相談するように指示を受けている（『池田光政日記』）。池田光政の慶安四年五月十日付の代替り誓詞草稿（6）には註記として「此通豊後殿さしつ（指図）」「右の前書酒讃州へも持参申候事」などと書き込まれており、老中阿部豊後守忠秋、大老酒井讃岐守忠勝による細かい指導があったことがわかる。また、すでに述べたように延宝八年（一六八〇）十月二十七日、鍋島綱茂は老中大久保加賀守忠朝に誓詞の書き方について問い合わせ、誓詞案文を受け取っている（『五番掛硯誓詞書写二』一三七、『佐賀県史料集成　古文書編　第二十四巻』）。延宝九年（一六八一）五月二十五日付島津光久代替り誓詞では「一　御神文奥之御充書御老中之御名・御名乗・御判迄も此方ニ而御調、御血判計あなたニ而被遊可然由、雅楽守殿御差圖之由候得共」（『旧記雑録追録一』七〇四頁）とあり、光久は大老酒井雅楽頭忠清から細かい指図を受けている。また、大名でなく旗本の例ではあるが、交代寄合旗本松平太郎左衛門は宝暦十一年（一七六一）三月十一日の代替り誓詞提出に際して、大目付池田筑後守正倫から案文を受け取っている（『寶暦十一辛歳三月　御代替誓詞願記録』、『豊田史料叢書　松平太郎左衛門家文書一』）。このほか宝暦十年の誓詞提出者を記録した幕府の記録である「御移替御代替ニ付誓詞留」（内閣文庫二二〇―〇一五〇）には大名が老中に対しさまざまな御伺いを立てた記録が残っており、これらの事例から代替誓詞提出に際して大名たちがしばしば老中などに誓詞について問い合わせ、彼らから指示や案文を得ていたことが確認できる。大老・老中たちがたとえ「参考に」といって誓詞案文を大名たちに示したとしても、大名たちはそれをそのままお手本として書き写したはずである。そしてその誓詞は前例としてその大名家に代々受け継がれ、次の代替り誓詞の案文となったことだろう。

さらに大名たちのいわば「横並び」を好む意識も代替り誓詞の画一化を促したのかもしれない。池田光政が大老酒井讃岐守忠勝に誓詞提出について伺いを出したときは鳥取藩主池田相模守光仲と一緒だったし（慶安四年〈一六五一〉四月二十三日『池田光政日記』）、鍋島綱茂は誓詞提出後自分の誓詞を池田綱政に見せるため案文を渡している（延宝八年十月二十七日、『五番掛硯誓詞書写二』一三七、『佐賀県史料集成　古文書編　第二十四巻』）。島津家では正徳六年（一七一六）六月、島津継豊の誓詞願いの出し方について伊達・前田家に問い合わせ、同じ方法で誓詞願いを出すことにしている（『旧記雑録追録三』二六七頁）。また、延享二年（一七四五）十二月二十七日、大岡越前守忠相は、山名豊就、本多正珍と申し合わせて誓詞の際の花押の形を三人一緒に改めている（『大岡越前守忠相日記』延享二年十二月二十七日条）。上杉式部大輔、彈正大弼は天明八年（一八三七）五月二日の代替り誓詞提出の際、血判を据えるのに今まで使っていた「糸巻ノ針」で指を突くのをやめ、他の同席者と相談して小刀を使うことにした、と『上杉家御年譜』天明八年五月二日条に記している。このように、誓詞を出す際、大名たちはお互いに連絡を取り合い相談し合った形跡がある。異質な書式があった場合、突出することを恐れて自主的に改められていき、徐々に書式は統一化されていったのではないだろうか。

ま　と　め

今回の検討作業で明らかになったことをまとめてみると次のようになる。

一　代替り誓詞は統一された形式であるととらえられてきたが、それは延宝八年の綱吉代始め以降のことであり、初期の段階では統一された形式とはいえなかった。

二　神文については、幕府は寛永九年（一六三二）家光代始めの段階では、霊社起請文神文が西国大名から提出される誓詞神文として適当だと判断していたと考えられる。

三　慶安四年（一六五一）家綱代始めにいたり、幕府公式神文は式目神文がふさわしい、との意志表示がなされた。

四　代替り誓詞は基本的には各大名の家ごとの書き方が重視され、幕府からの強制によって書かされることはなかった。

本章では、代替り誓詞の端作り文言、前書、神文という書式にこだわって検討を進めてきたが、この手法だけでは代替り誓詞の本質を明らかにできないことがよくわかった。また、今回は史料が残されていない、ということもあって東国の大名の代替り誓詞について検討を除外せざるをえなかった。東国の大名の代替り誓詞は今のところ寛永九年（一六三二）のものは確認できず、確認できるのは慶安四年（一六五一）からである。東国の大名は大坂の陣で霊社起請文神文とは異なる神文を書いた可能性があるから、東西の大名がともに代替り誓詞を書くにいたって式目神文公式化の動きが生まれた、とも考えられる。しかし、これは今の段階では推測に過ぎない。大坂の陣以降、東国の大名がどのような誓詞を幕府に提出したのか、きめ細かな史料の掘り起こしが必要である。

註

（1）『大日本近世史料　幕府書物方日記』享保元年（一七一六）六月八日条に「御家門方　御老中・若年寄中誓詞一箱、河内守殿御封印ニ而、長門守殿御渡シ被成候、新御蔵十番長持江納、張紙いたし置候」との記述があるので、享保元年ごろには御家門・老中・若年寄の代替り誓詞はまとめて箱に収められ、紅葉山文庫新御蔵に保管されていたことがわかる。また、多聞櫓文書の慶応三年代替り誓詞正文は小藩の大名の誓詞がほとんどであることを考え合わせると、享保以降、代替り誓詞は大名の家格ごとにまとめられ、保管されていた可能性がある。

（2）浅井潤子氏「大名誓詞」（『概説古文書学　近世編』吉川弘文館、一九八九年）、児玉幸多氏「大名誓詞」（『国史大辞典第八巻』吉川弘文館、一九八七年）。

（3）平野明夫氏「徳川将軍家代替わりの起請文」『國學院大學日本文化研究所紀要』第八八輯（二〇〇一年）。のち同氏『徳川権力の形成と発展』（岩田書院、二〇〇七年）。

（4）中田薫氏「起請文雑考」『法制史論集　第三巻』（岩波書店、一九四三年）。

（5）『史料館研究紀要』第三一号（二〇〇〇年）。

（6）千々和到氏「霊社上巻起請文─秀吉晩年の諸大名起請文から琉球中山王起請文へ─」（『國學院大學日本文化研究所紀要』第八八輯、二〇〇一年）。

（7）「忝茂・上者梵天・帝釈・四大天王廿八宿、下者堅牢地神、地之三十六禽、別而伊豆箱根両所権現、三嶋大明神、熊野三所権現、稲荷・祇園・賀茂下上大明神、松尾平野大明、神諏訪熱田大明神、正八幡大菩薩、天満大自在天神、愛宕大権現、総而日本国中六十餘州大小神祇、殊氏神部類眷属各罷蒙神罰・冥罰深厚於今生者受白癩黒癩重病於四十二骨、於来世者令堕無間地獄浮世更不可有之者也、依起請文如件」（『新訂本光国師日記　第七』続群書類従完成会、一九七一年、寛永九〈一六三二〉年二月二十四日条）。

（8）平野氏初出論文所収の「表1代替大名誓詞目録」を基礎として、何点かの代替り誓詞を付け加え、さらに新たな項目を設けて作り直した。今回とくに重点的に検討する、寛永九年（一六三二）～宝永六年（一七〇九）と、慶応三年（一八六七）の代替り誓詞の一部のみ掲載した。

（9）「梵天・帝釋・四大天王、総日本國中六十餘州大小神祇、別伊豆筥根兩所権現、三嶋大明神、八幡大菩薩、天満大自在天神、部類眷属神罰・冥罰於各可罷蒙也、依起請如件」（佐藤進一氏編『中世法制史料集　第一巻鎌倉幕府法』三〇頁）。

（10）「奉始上者梵天・帝釈・四大天王、下者堅牢地神、惣而日本國中六十餘州大小神祇、殊者伊豆箱根兩所権現、三島大明神、八幡大菩薩、天満大自在天神、其外神社御部類眷属各神罰・冥罰可罷蒙者也、依起請文如件」（表1―21島津光久代替り誓詞）。

（11）松平太郎氏『〈校訂〉江戸時代制度の研究』（柏書房、一九七八年）。

（12）「御当家令條三十四」所収に起請文の端作り文言は「公事裁許役人起請文前書」となっているが、慶長十九年当時のものとは思えない。根岸茂夫氏のご教示によれば、「御当家御三代御制法」（松平忠房編ヵ、根岸茂夫氏蔵）では端作り文言は「天罰起請文前書」となっている。

（13）二木謙一氏『大坂の陣』（中公新書、一九八三年）三一～三二頁。

（14）『諸法度』案文、鍋島・毛利・島津の誓詞は「之」「候」「申」の文字についてのみそれぞれ異同がある。

（15）寛永九年二月晦日付島津家久宛書状（『大日本近世史料　細川家史料十六』一五二六）。

（16）3は二通包紙に包まれていたうちの一通であり、包紙の上書に「好雪様御隠居の時の起請文下書」とある。そのため柳川市教育委員会による『平成十～十三年度柳川市史料調査　旧柳河藩主立花家文書調査報告書（一）』の表題では「立花忠茂隠居時起請文下書」とされ、年代も「寛文八年か」としている。しかし、差出人については、もう一通の誓詞案文（『旧柳河藩主立花家文書調査報告書（一）』目録番号二一〇―二）は3の下書きと考えられ、こちらには差出人として「立花飛騨守」「立花左近将監」と書かれている。3文中にも「左近若輩之儀」とあるので、寛永九年当時二十歳だった左近将監忠茂と、父宗茂が3の差出人と考えられ、3は寛永九年の代替り誓詞とすべきである。

（17）上杉綱勝のこと。綱勝は初め実勝と名乗り、承応二年（一六五三）十二月十一日元服後綱勝と名乗った（『寛政重修諸家譜』)。

(18) 霊社上巻起請文は七枚の牛玉宝印に長大な神文を記すことが多いが、七枚の牛玉を貼り継いだ料紙に短い神文を書く場合もあり、牛玉の紙数は必ずしも霊社上巻起請文かどうかの判断基準とならない。しかし、島津家では今のところ七枚の牛玉を貼り継いだ場合、必ず長大な神文が記されているので、島津家の場合は、七枚の牛玉が使われている起請文は霊社上巻起請文であると判断した。

(19) 根岸茂夫氏のご教示によると、家光以来書かれていた兵法印可の書献上に対する柳生への起請文は綱吉の代から書かれなくなる(今村嘉雄編『史料柳生新陰流 上』一九六七年、年表〈二八～三六頁〉、柳生宗矩宛家光起請文・柳生宗冬宛家綱起請文〈二五一～二五二頁〉)。これは、起請文に対する幕府の考え方の変化の表れと思われる。起請文をめぐる、幕府としての基本的な考え方がこのころ固まったと考えられる。

(20) 上杉家の端作り文言は「敬白起請文之事」、伊達家の式目神文は「六十余州」を記さないなど、若干の異同がある。

(21) 諸書札礼にみえる誓詞の作法と、慶応三年の代替り誓詞にみえる作法との対応の一部を記す(すべて内閣文庫多聞櫓文書。末尾の番号は多聞櫓文書の番号)。

●「右之旨於相背者」「右条々若於違背者」などの文言は牛玉宝印と前書の紙との継ぎ目にかかるように書く(「霊社起請文」永青文庫八―二―二〇に記載)〇一二三五〇・〇一二三四七・〇一二〇八七・〇一二三四八など。

●署名は名字+官名(「書式日用集」国文学研究資料館所蔵諸礼書二七N―二四七に記載)〇一二三五〇・〇一二三四七・〇一二〇八七・〇一二三四八など。

●署名は名字+官名+実名(「霊社起請文」國學院大學〇一九一八―KU七四―三七六に記載)〇一二五七五・〇一二一七二・〇一二一五八など。

●罰文、署名、宛名は牛玉宝印の図様の中に納める(「御誓紙之御留書」国文学研究資料館所蔵蜂須賀家文書九一に記載)〇一二七〇〇・一二一七七・〇一二一七八・〇一二一七九・〇一二一八二など。

(22) 千々和氏「徳川家康の起請文」四頁の「徳川家康の起請文一覧表」による。慶長四年四月二日付島津宰相・少将宛起請文と慶長五年十月十日付安芸中納言他宛起請文が式目神文で、(慶長七年)四月十一日付(島津)龍伯宛起請文が短い神文である。

(23)　千々和氏が「霊社上巻起請文―秀吉晩年の諸大名起請文から琉球中山王起請文へ―」の中で述べておられるように、霊社上巻起請文は勧請されている神名がおびただしい数にのぼる、ということが、「荘重な起請文」と受け取られる要素の一つであったと思われる。また、上杉家では正保三年（一六四六）三月十三日、上杉主計季信以下七人の老臣が九歳であった上杉喜平次（実勝）の家督相続に際し幕府に起請文を提出している。老臣たちが幕府に対して書いた神文は以下に示すとおり、式目神文よりも長いものである。藩主よりも身分の低い老臣たちが幕府に提出する起請文であったから、より厚礼の神文を選んだと考えてよいのではないか。また、時代は下るが江戸幕府では病気等で欠勤する場合、起請文を提出したが、その場合は「日本神、偽ニ而無御座候」というごく簡略な神文を用いている（『大日本古記録　新井白石日記上』元禄七年二月十日条）。このように考えると、神名の長い（数の多い）神文は厚礼、神名の短い（少ない）神文は薄礼、という考え方があったと思われる。

（正保三年三月十三日付上杉主計季信以下七人の老臣起請文神文）「上者梵天・帝釈・四大天王・下界地伊豆箱根両所権現、春日大明神・王地之鎮守八幡大菩薩・天満大自在天神・鹿嶋香取大明神・三嶋大明神・諏訪熱田・別而氏之神・総而日本国中六十余州大小神祇奉驚・今生ニ而弓矢之冥加長捨白癩黒癩請病、来世ニ而堕在無間阿鼻、浮世更不可有者也・依起請文如件」（『上杉家御年譜』）。

(24)　二木謙一氏『武家儀礼格式の研究』（吉川弘文館、二〇〇三年）。

(25)　『西山公随筆』（『日本随筆大成　第二期巻七』一九二八年）「解題」によれば、元禄十年（一六九七）ごろの成立である。

(26)　『日本思想大系36』（岩波書店、一九七三年）。『政談』は享保十二年（一七二七）ごろの成立である。

(27)　千々和氏のご教示により、明治三十年十一月に発行された『旧幕府』八号に「幕府の誓詞」と題する随筆があることがわかった。作者は旧幕臣らしいが、「某氏寄送」となっており、氏名は不明である。「神文と云ふは」として式目神文をあげたうえで、「鎌倉時代の罰文なれは徳川家相当に改むべしと云ふものありしを旧慣によるべしと神祖の命ありて改めざりしよし」とあり、幕末の幕臣中には式目神文と家康を結びつける思想があったことがわかる。ただし、幕臣の間に伝わる誓詞をめぐる故実には荒唐無稽なものも多く、「幕府の誓詞」中に「（料紙である熊野牛玉宝印の）鴉の目に文字のかからぬ様に書くこと故実なり」という記載もある。

(28) 大岡家文書刊行会編『大岡越前守忠相日記』(三一書房、一九七二年)。

(29) 誓詞提出の朝、誓詞は大名家臣が前もって老中邸に届け、用人・公用人に渡すことが、多くの留書類にみえる。平野氏はこれを宛名書きを用人・公用人がするためと解釈されているが、宛名書きは用人・公用人がする場合もあったが、差出人側の人間が記す場合も多いから、必ずしも平野氏の解釈はあたっていない。むしろ、用人・公用人が前もって誓詞を受け取るのは、一度下読みをするためではなかったかと考えられる。

(30) 高木昭作氏『江戸幕府の制度と伝達文書』(角川叢書、一九九九年)第三・四章。

第二章　近世の起請文にみえる血判と端作り

はじめに

前章では将軍代替り誓詞を素材として、起請文書式のうち端作り文言（冒頭の事書）と神文が定型化していく過程を検討した。本章では、神文と並ぶ江戸幕府起請文のもう一つの重要な要素である血判について検討を行う。さらに、再び端作り文言を取り上げ、起請文書式の中で従来さほど注目されてこなかった端作り文言の意味するところについて明らかにしていく。

一　血判の位置

1　血判に関する先行研究と血判の位置

検討に入る前に、血判に関する先行研究を確認し、そのうえで血判がどのような位置に据えられたのかを具体的に検討してみよう。

起請文血判については、従来、近世以前が主な研究対象であった(1)。しかも主たる関心事は「血判の有無」であり、血判位置について検討されることはあまりなかった。まして近世の起請文である代替り誓詞の血判位置については、言及した先行研究自体がほとんどなく、まったく注意が払われてこなかった事項であるといってよい。ただし、太田南畝の著名な随筆『一話一言』に、「血を右の手の薬指に附て居判の穴の白き所におす也」と書かれていること(2)、現在写真等で比較的目にしやすい、幕府起請文の血判の多くが花押の丸の中に据えられていること、などから、「江戸時代の血判は花押の丸の中に据える」と考える研究者が多かったといえるのではないだろうか。血判研究の第一人者である荻野三七彦氏が「古文書に現れた血の慣習」の中で、近世の血判に関する説明として「花押の上に血判して」（一一二頁）と表現されているのも、こうした事情によるものと考えられる。

しかし、実際には戦国期以来、血判はさまざまな位置に据えられており(3)、近世の血判は必ずしも花押の丸の中だけに据えられていたわけではなかったのである。

表2をご覧いただきたい。これは仙台伊達家・鳥羽稲垣家・熊本細川家・越前松平家・柳河立花家の役職就任起請文（役職就任時に藩に提出した起請文）の一部を調査し、血判位置を一覧表にしたものである。五家の血判位置は十四ヶ所にもおよび、血判は江戸時代全期間を通してさまざまな位置に据えられていたことが確認できる。とくに伊達家などは特徴的で、調査した署名者のべ五十一人中四十五人が花押右脇に血をつけており、伊達家中としての血判位置があったことをうかがわせる。

表2から、江戸時代の大名家中の血判位置は多様であったことが確認できた。では、幕臣の血判位置はどうだろうか。表3は多聞櫓文書に所蔵されている、幕方同心の役職就任起請文の血判位置を一覧表にしたものである。幕府役職就任起請文は多聞櫓文書に多数所蔵されているが、残念ながらほとんどが文久三年（一八六三）から慶応三年（一八

表2　各大名家家中起請文の血判位置

血判位置＼年代	仙台伊達家 万治三(一六六〇)～安政二(一八五五)	鳥羽稲垣家 寛政元(一七八九)～文久三(一八六三)	熊本細川家 寛永十(一六三三)～文政一(一八二七)	越前松平家 弘化四(一八四七)～文久元(一八六一)	柳河立花家 元禄十三(一七〇〇)～安政五(一八五八)
1　花押の中	5	127	24	0	13
2　花押右脇	30	0	0	0	2
3　花押中と右脇	12	0	0	0	0
4　花押全体と右脇	0	0	0	0	0
5　花押左脇と中と右脇	2	0	0	0	0
6　花押中と下と右脇	1	0	0	0	0
7　花押全体	0	18	9	0	0
8　花押中と上	0	1	0	0	1
9　花押中と下	0	1	0	0	0
10　花押と名前の間	1	0	2	19	0
11　花押の上方	0	10	0	0	5
12　花押の下方	0	4	0	0	0
13　花押の左脇	0	0	1	0	0
14　名前最後の文字の上	0	0	0	2	0
延べ人数	51	161	36	21	21

※1～9までは花押に血がかかる形で血判が据えられているもの。10～14は花押に血がかからない形で据えられているもの。
調査した史料：仙台伊達家…仙台市博物館所蔵伊達家文書、鳥羽稲垣家…國學院大學神道資料館所蔵鳥羽藩御側坊主等起請文群、熊本細川家…永青文庫所蔵細川家文書（熊本大学付属図書館寄託）、越前松平家…福井県立図書館所蔵松平文庫、柳河立花家…柳川古文書館所蔵立花家文書

六七）の四年間に書かれた起請文であり、江戸時代全期間を通しての幕臣の血判位置を検討することはできない。しかし、唯一幕方同心役職就任起請文のみ、寛延四（宝暦元）年（一七五一）から嘉永七年（一八五四）の起請文が残っており、約百年間の幕臣の血判位置の推移を知る手がかりとなる。

表3　幕方同心の血判位置一覧

血判位置	年　月　日	西暦	氏　名	文書番号
花押の中(丸の中ではない)	寛延4年4月6日	1751	平野三郎兵衛	12569
実名最後の文字にかかる	〃	〃	宇藤定右衛門	〃
〃	〃	〃	金子平右衛門	〃
花押左横	〃	〃	小林源兵衛	〃
実名と花押の間やや右寄	〃	〃	丹沢園右衛門	〃
〃	〃	〃	萩野重右衛門	〃
実名最後の文字右下にかかる	〃	〃	山川三郎右衛門	〃
花押の丸の中	宝暦3年4月11日	1753	金子茂八郎	42180
〃	〃	〃	三浦世之助	〃
〃	文化11年　なし	1814	宮武長之助	12551
〃	文政1年11月　〃	1818	丹沢庄右衛門	〃
〃	天保14年11月　〃	1843	小林平三郎	12553
〃	嘉永7年6月29日	1854	笠嶋栄次郎	12552
〃	〃	〃	小林新之助	〃
花押の中(花押部分右)	〃	〃	山川金之助	〃

寛延四年に血判を据えた幕方同心七人の血判位置の内訳は、花押の中一人、実名最後の文字の上三人、花押左横一人、実名と花押の間二人、となっていて、四つの位置にばらばらに据えられていたことがわかる。しかし、四年後の宝暦三年からあとの八人の血判は、すべて花押の丸の中に据えられている。さらに幕方同心以外の、文久三年（一八六三）から慶応三年（一八六七）までのさまざまな役職の起請文二十六通、のべ四十八名分の血判も、すべて花押の丸の中に据えられており、これらを勘案するならば、幕臣の世界でも血判の位置は元来人それぞれに判断されるものであったこと、それが宝暦三年ごろを境に花押の丸の中に画一化されていったらしい、ということがわかるのである。

以上、大名家中起請文と幕府起請文の血判位置の検討から、以下の三点が明らかとなった。

① 江戸時代の血判位置は本来多様であったこと。
② 大名の中には伊達家のように特徴的な血判位置を持つ家があったこと。
③ 幕臣の血判位置は、宝暦三年ごろまでに花押の丸の中に画一化されていった可能性があること。

2　血判位置をめぐる幕府の意向

ここであらためて、代替り誓詞血判位置について考えてみよう。

代替り誓詞の場合、写や留書類の註記には必ず血判を据えた旨が記載されているため、江戸時代初期から例外なく据えられた、と考えられる。血判は正文にだけ据えられるため、血判の位置については、慶応三年の代替り誓詞正文五十六通で検討してみよう。

慶応三年の代替り誓詞五十六通では、五十四通の血判は花押の丸の中に据えられており、二通（慶応三年五月二十五日付堀直虎代替り誓詞、内閣文庫所蔵多聞櫓文書〈以下「多」と略記〉〇一二一九九。慶応三年十月十九日付牧野忠訓代替り誓詞、多〇一二一五一）のみ、官途名と花押の間に据えられている。

慶応三年の代替り誓詞五十六通の血判は、二通の例外を除き、あとはすべて花押の丸の中に据えられたが、第1項で検討したとおり、本来血判位置は多様であったことを考えると、これは幕府によって、血判位置の指定が行われた結果と思われる。このことを示す史料を二つあげてみる。

【史料一】（岡山大学附属図書館所蔵池田家文庫 c六―三八六）

御血判者、御書判之中へ御付被成候様、水野対馬守殿御申候、其通被遊候由、御脇差之小刀御用ヒ、

【史料一】は、岡山の池田継政が延享三年（一七四六）八月二十七日、家重代始めにあたって提出した代替り誓詞に関する留書「延享三酉寅年八月廿七日御誓詞御控幷御次第書共」の一部である。引用部分は留書末尾にメモのように記されており、これで全文である。この部分から代替り誓詞提出の際、池田継政に対し大目付水野対馬守忠伸が血判位置を「御書判之中」と指定していることがわかる。

【史料二】（江川文庫所蔵江川家文書三十五―九―二、傍線は筆者）

一起請文本紙、
是者中之厚程村（程村紙）ニ認、文字剰等無之様、念入候事、罰文ハ糊入紙午王（ママ）ニ而楷書ニ認候事、尤起請文と午王とハ逆継ニいたし候こと、若シ本紙より午王紙大キク候とも、其儘下を一つ処ニ合セ、上を余シ候之宜候、宛所ハ松平伊豆守殿松浦越前守殿と認、尤年号月日姓名之下ニ書判いたし、其書判之中ニ血判いたし可然旨承候ニ付、右之通ニいたし候事、尤御老中大目附宛名之義ハ前広ニ相知不申候間、当日承り候上、認候事候ゆへ、万一書損等有之義も難斗ニ付、為控本紙同様ニ認持参致候事、自分義ハ宛名□甲斐庄武助江承候所、此方ニ而認候間遣候様申候ニ付、即武助へ遣候事、

【史料二】は、大名の事例ではないが、韮山代官を務めた江川家の家督相続起請文提出の際の事例である。引用した史料は「家督御役被仰付候一件」と題する一件書の一部で、寛政四年（一七九二）五月二日の記述である。傍線部から、寛政四年に江川英毅が家督相続の起請文を出す際、血判を花押の中に据えるように、との指示を受けていたことがわかる。

このほか、幕府からの直接の指示とは異なるが、宝暦十年（一七六〇）から宝暦十一年にかけて、血判位置に対して大名が注意を払っていたことがうかがわれる事例をあげてみたい。

【史料三】（仙台市博物館所蔵伊達家文書古記七七―二三、傍線は筆者）

（包紙上書）誓詞記録　初代替誓詞血判之儀、堀田相模守江相談之事、

（本文）（前略）将又此度誓紙差上候節、起請文前書相認候紙計何紙可然候哉、祖父亡父先年之誓紙控紙不同ニ而相知兼候、且又血判之儀何方へ仕哉、前々之儀ハ不相知候處、書判之脇へ仕候哉、中へ仕候哉、是又御了簡被下

度候、以上、
　五月十八日

【史料三】は、無年号無署名の書状案であるが、包紙の上書や内容から、伊達重村が宝暦十年（一七六〇）、初めて代替り誓詞を提出するにあたって、老中堀田正亮に出した問い合わせの書状の案文であることがわかる。重村は、傍線部にあるように、「血判はどこに据えればよいでしょうか。前々からのことはよく存じませんので、花押の脇に据えたらよいのか、花押の中に据えたらよいのか、お考えをお聞かせください」と質問している。表2で確認したように、「花押右脇」に血判を据えることが多かった伊達家ならではの質問と感じられるが、この問いに対し、堀田は「血判之儀、判之中へ致候並多御座候間、其通被成可然奉存候」と書き送り、「血判は花押の中に据える方々が多いので、花押の中に据えるのがよろしいでしょう」と答えている（伊達家文書古記七七―一二二）。

同様の例は佐賀鍋島家でもみられる。「重茂公御年譜三」から、宝暦十一年五月十二日条を抜き出してみよう。

【史料四】（『佐賀県近世史料　第一編第四巻』）

　一同十二日、諸役々　御下国前ヨリ是マテノ誓詞、御覧可被成　仰出サルニ付差上之、其末血判ハ何レ判ニ血ヲ可付処、間々名乗ニ血ヲ付有之、不可然ノ由御沙汰有之シニ依テ、以来御仕物役トシテ其心得可有之旨、相達ニナル、

【史料四】によれば、宝暦十一年、初めて帰国した藩主鍋島重茂は、今までに提出された家中起請文を取り出させ、点検したあと、藩の諸役に対し、「文末の血判はどれも花押に血をつけるべきであるが、時々名乗りに血をつけているものがある。よくないことである」と話して聞かせていることがわかる。重茂は前年（宝暦十年）の十一月と十二月に代替り誓詞と家督相続起請文を提出しており、その際の幕府の対応から、血判の位置は花押の中がよい、との認

識を持ったと想像される。

伊達・鍋島両家の藩主が宝暦十・十一年といったほぼ同時期に血判位置に注意を向けた、ということは、このころ、すなわち家重から家治期にかけて、幕府が「血判位置は花押の丸の中がよい」とする意向を示し、伊達・鍋島両家の藩主がその意向を何らかの形で知ったため、血判位置に注意を向けた、と考えてよいだろう。

以上、池田・江川・伊達・鍋島家の事例をあげてみたが、これらの事例から、家重代始めの延享二年（一七四五）以降、「幕府の起請文の血判は花押の丸の中に据える」との幕府の意向が示され、この意向に従う大名・幕臣が多かったため、血判の位置は花押の丸の中に画一化されていったことが明らかになった。先に検討した、幕府幕方同心役職就任起請文の血判は、宝暦三年を境に画一化がみられたが、期を同じくして、諸大名・幕臣ともに幕府の意向に添って画一化が進んだといえる。

二　代替り誓詞書式と人々の意識

代替り誓詞は、端作り文言と神文のみならず、血判位置までが幕府の意向によって画一化されていったことがこれまでの検討から明らかになったが、ここで考えなければならないのは、幕府が望ましい端作り文言や血判位置を提示したあともそれに従わなかった大名家があった、という点である。つまり、前章で明らかにしたように、延宝八年（一六八〇）の綱吉代始め以降「起請文前書」がいわば幕府の公式端作り文言となったわけであるが、端作りに「起請文前書」と書かなかった大名家は何家か存在する。また、慶応三年（一八六七）の代替り誓詞では、花押の丸の中とは異なる位置に血判を据えた大名家が二家あった。

大名家では当時代替り誓詞作成に関しては大変気を遣っていた。案文を懇意な老中などにみてもらう、ということは常識だったし、使用する奉書の厚さまで気にして、老中にお伺いを立てる、という事例もしばしば見受けられるほどである。(4) しかし、それほど気を遣っていたにも関わらず、端作り文言や血判位置についてはなぜ幕府の意向に従わない大名家があったのだろうか。この疑問を手がかりに、端作り文言と血判位置に寄せる、人々の意識を探ってみたい。

1　端作り文言に対する人々の意識

近世武家文書の端作り文言に関しては、小宮木代良・澤登寛聡両氏の研究がある。(5) 小宮氏は、寛文期以降、将軍披露状の端作り文言は、大名の家格によって厳密に書き分けられ、大名の上下関係を区別明確化する機能を果たすようになる、と指摘している。また澤登氏は、曽我流書札礼にみる制札の端作り文言の分析から、端作り文言が書札礼の中で重要な位置を占めている可能性を示唆した。

小宮・澤登両氏の指摘や、大名家が代替り誓詞作成の際、細心の注意を払っていたことを考え合わせると、幕府が提示した端作り文言とは異なる端作り文言を代替り誓詞に記す行為は、かなり意識的になされたものと解釈できる。

延宝八年以降端作り文言を「起請文前書」と書かなかった大名家は、上杉・摂津九鬼・丹羽・田村・佐賀鍋島・越後椎谷堀の六家である。(6) 丹羽・田村・佐賀鍋島・越後椎谷堀の四家については「起請文前書之事」と書いた事例が各々一例ずつ確認できる。上杉家は江戸時代全期間を通して、「敬白起請文（之）事」と書き、摂津九鬼家では慶応三年の代替り誓詞に「起請文」と書いている。このうち「起請文前書」に「之事」を付け加えることは基本的に大きな差異にはあたらないと思われるので、丹羽・田村・佐賀鍋島・越後椎谷堀の四家については検討対象から外すことにしたい。したがって、この項では江戸時代全期間を通して「敬白起請文之事」と端作りに書いた上杉家と、慶応三年（一八六七）の代替り誓詞に「起請文」と書いた摂津九鬼家の二家について、なぜ「起請文前書」とは書かなかったのかその理由を検討することとしたい。そして、参考事例として、家督相続起請文端作りに独特の文言を用いた、佐賀鍋島家の事例もあわせて検討する。

2　上杉家の場合

上杉家文書に残されている代替り誓詞の写・控は現在活字化されておらず、いまだ閲覧の機会を得ていない。以下は主として『上杉家御年譜』の記述に基づいて考察した。

『上杉家御年譜』（以下『御年譜』と呼ぶ）には、延宝八年（一六八〇）の家綱代始めから天保八年（一八三七）の家慶代始めまで計七回の上杉家当主の代替り誓詞提出の記事が記載されているが、それによれば、端作り文言が書かれなかった慶安四年（一六五一）の代替り誓詞を除き、あとはすべて「敬白起請文（之）事」であり、「起請文前書」とは書いていない。もちろん、『御年譜』編纂者が「前書」の文言をうっかり書き落としたという可能性もあるが、数例ならともかく、江戸時代全期間分の代替り誓詞について、うっかり書き落とした、ということは通常ありえないだろう。また、『御年譜』は編纂物であるため、上杉家の代替り誓詞正文をどの程度まで正確に書き写しているのか確認ができない、という問題点もある。しかし、延宝八年の綱吉代始めに上杉綱憲が提出した代替り誓詞案文が福岡黒田家に残されており、(7) それには端作り文言は『御年譜』同様「敬白起請文事」と書かれており、『御年譜』の記載が正確であったことが確認できた。したがって、上杉家が提出した代替り誓詞端作り文言は江戸時代ほぼ全期間一貫として「敬白起請文（之）事」として記録されたことは確実である。

ところで、上杉家ではもともと「前書」という文言を伝統的に端作りには用いなかった可能性がある。確認できる限りでは、謙信・景勝が出した起請文の端作りに「前書」の文言が使われたことはない。景勝が発給した起請文は四通確認できるが、いずれも端作り文言は「敬白起請文」または「敬白起請文之事」である。なかでも「敬白起請文之事」は景勝が大坂の陣に際し家康・秀忠に提出した誓詞の端作り文言であった。

また、上杉家文書『古案集』所収文書に、「大坂御陣諸大名御誓詞」と書かれた大変興味深い起請文の案文が存在する。次にあげる【史料五】がそれである。

【史料五】（『大日本古文書　上杉家文書之三』一一九九）

大坂御陣諸大名御誓詞

敬白天罰霊社起請文之事、

一奉対両　御所様、不可致別心表裏事、

一対背　上意輩、一切不可申談候事、

一被　仰出　御法度以下、毛頭不可申違背之事、

右条々、若於致違背者、忝茂　上・梵天・帝釈・四大天王、廿八宿、下堅牢地神之三十六禽、別而伊豆箱根両所権現、三嶋大明神、熊野三所権現、稲荷、祇園、加茂下・上大明神、松尾・平野大明神、諏訪・熱田大明神、正八幡大菩薩、天満大自在天神、愛宕大権現、惣而、日本国中六十余州大小神祇、殊氏神部類眷属、各罷蒙神罰・冥罰深厚、於今生者、受白癩・黒癩重病四十二節、於来世者、令堕在無間地獄、浮世更不可有之者也、仍起請文如件、

慶長十九年十月十九日

本多佐渡守（正信）殿
酒井雅楽頭（忠世）殿

慶長十九年（一六一四）の大坂の陣では、西国の大名は幕府の提示した雛型に基づいて起請文を書かされた（以下「大坂の陣誓詞」と呼ぶ）[8]。そのため、現在西国大名の大坂の陣誓詞は写が三通残されているが、それらは、みなほぼ同文である。

西国大名の大坂の陣誓詞と【史料五】を比べてみよう。西国大名の大坂の陣誓詞端作り文言は「敬白天罰霊社起請文前書事」で、「前書」という文言が含まれている。誓約内容・神文・宛名は【史料五】とほぼ同文で、日付は慶長十九年九月七日である。つまり【史料五】は「大坂御陣諸大名御誓詞」と書かれてはいるものの、西国大名の大坂の陣誓詞とは端作り文言と日付が異なっており、別のものであるといわざるをえない。

そこで、今度は上杉景勝が提出した大坂の陣誓詞と【史料五】を比べてみよう。東国大名の大坂の陣誓詞は、今のところ『御年譜』慶長十九年十月十九日条に記載されている景勝の誓詞しか確認されておらず、景勝の誓詞が唯一の事例である。景勝の大坂の陣誓詞は、端作り文言は「敬白起請文之事」、神文は「日本国中大小神祇、八幡大菩薩、蒙神罰、永可汚武名者也」で、端作り・神文ともに【史料五】とは異なった文言であるが、誓約内容と宛名・日付が十月十九日で【史料五】と同じである。

以上、【史料五】、西国大名の大坂の陣誓詞、景勝の大坂の陣誓詞の三つの誓詞を比較してみたが、整理すると次のようになろう。

【史料五】は西国大名の大坂の陣誓詞と誓約内容・宛名がほぼ同じであるため、大坂の陣に際して幕府が示した誓詞雛型の一つであると思われる。そして、日付が景勝の大坂の陣誓詞と同じであることから、幕府が東国大名に示し

た、大坂の陣誓詞雛型であると考えられる。(9)

ここで注目したいのは、【史料五】の端作り文言に「前書」の文言が抜けている点である。幕府が西国大名に提示した雛型には「前書」の文言があるのに、東国大名への雛型にはなぜ「前書」の文言が抜けているのだろうか。

考えられる理由は二つある。一つは、『古案集』の編纂者が書き落とした可能性である。しかし、『御年譜』に記載されている代替り誓詞の端作りがすべて「前書」の文言を欠くことを考えると、書き落としとは考えにくい。むしろ、上杉家では端作り文言をかなり意識的に扱っていた、と考えるほうが自然であろう。つまり、上杉家では『古案集』に大坂の陣誓詞雛型を書き写す際、意図的に「前書」の文言を削った可能性がある。(10)

二つめに考えられる理由は、東国大名に示された、大坂の陣誓詞雛型に、最初から「前書」の文言がなかった、ということである。そうだとすれば、「前書」という文言に、東国大名が強い違和感を持っていたのではないかということが想像できる。

以上、【史料五】の端作り文言について検討をしたが、現時点ではどちらの理由が正しいのか、結論を出すことはできない。しかし、どちらの理由であったとしても、【史料五】が、誓詞の端作り文言に対して強いこだわり＝自家の論理、を持つ大名が存在したことを如実に示す史料であることは、確実であろう。

おそらく、上杉家の「端作り文言をめぐる自家の論理」とは、起請文は、誓約内容である前書と神文を意図的に別の紙に書き分けるべきではない、という論理だろう。

そもそも、前書という言葉は、誓約内容と神文を別々の紙に書くところから生まれてきた言葉で、一枚の紙に端作り・誓約内容・神文まで書く場合は、端作りに「前書」とは書かなかった。このことに関しては、千々和到氏が「中世の誓約文書＝起請文の、二つの系列」(11)の中で詳しく論じておられるが、氏の研究によれば、戦国時代の起請文は、誓約内容と神文を、紙を分けて書くことは少なく、分けて書く作法は、十六世紀前半に近江で発生し、西国に早く広まったのではないか、とのことである。つまり、「前書」という文言は、十六世紀半ばから生まれた、起請文の歴史の中では新しい文言であって、「前書」の文言をともなう起請文端作りは、戦国時代においてはむしろ少数派なのである。したがって、戦国以来の起請文の書き方を記憶にとどめる家にとって、「前書」という文言を端作りに用いることに抵抗があったことは、十分に考えられるのである。

もっとも、『御年譜』の記述や現存する天保八年（一八三七）の上杉斉憲・斉定連署代替り誓詞写（『上杉家御年譜十五』掲載写真）から、上杉家の代替り誓詞は前書と神文を別紙に書き分ける形式で提出されていたことは明らかで、上杉家では代替り誓詞の料紙の形式まで自ら変更するほどこの論理に固執したわけではなかったが、端作りには自家の論理を反映させ、「前書」を抜いた文言を選んだと解釈できるのではないだろうか。

3　摂津九鬼家の場合

残念ながら、摂津九鬼家についてはまとまった史料が残っていないため、九鬼家が中世以来どのような起請文を書いてきたのか、確認することができない。ただし、寛永十年（一六三三）に分家した山城綾部藩九鬼家の家中起請文を一点だけ確認することができた。推測に推測を重ねることになるが、この史料を使ってできる範囲で検討を試みたい。

確認できた起請文は、天保十三年（一八四二）八月付綾部藩九鬼家田畑改役起請文写(12)である。端作り文言は「神文誓詞之事」とあり、文末に「右名前印形之処ハ熊野牛王裏ニ認ル」との註記がある。この註記からこの起請文は、端作り、誓約内容である前書、神文までが一枚目の紙に書かれており、そこに熊野牛玉宝印を貼り継いで二紙目に年月日、名前、花押、印が記されていたことがわかる。

役職就任起請文は、藩から示された案文どおりに書かれることがほとんどで、この書式は九鬼家が提示したと思われる。つまり、九鬼家では起請文を書く場合、端作りから神文まで一紙に書く伝統があった可能性があるのである。そう考えると、江戸時代になってからも起請文は一紙に書く伝統を守っていた可能性のある九鬼家では、「端作りに『前書』と書かない」というこだわりがあってもおかしくないことになる。

とはいえ、九鬼家の事例は分家の例が一例あるだけなので、今のところこれはまったく想像の世界の話である。九鬼家に関しては今後史料の収集に努めて、継続して検討していきたい。

4　佐賀鍋島家の場合

参考として、佐賀鍋島家（以下鍋島家と記す）の端作り文言について検討する。

鍋島家とその支藩三家（蓮池・小城・鹿島）では、本藩当主は将軍代替り誓詞や家督相続起請文などを提出し、支藩三家は将軍代替り誓詞だけを提出した。これらの起請文のうち、『勝茂公譜考補　四』をはじめとして家譜に記録が残るのは寛永九年から安政五年（一八五八）までの計二十三回である。このうち端作り文言が記録に残っている起請文を一覧表にしたものが表4である。代替り誓詞（仮誓詞を含む）六通、家督相続起請文が二通、初入部起請文が一通となっているが、表から明らかなように、鍋島家では幕府の公式端作り文言が示された家綱代始め以降、代替り誓詞の端作り文言はすべて「起請文前書」である。延宝八年（一六八〇）の代替り誓詞端作りは「御誓詞前書」となっているが、管見の限りでは通常起請文の端作り文言に「御」をつける事例はないので、これは原本どおりではなく、註記として記されたものと考えられる。そして、鍋島家の歴代当主が提出した家督相続起請文は、必ずしも端作り文

表4　幕府に提出した鍋島家一門の起請文一覧

事　項	年　月　日	西暦	差　出	端作り文言	出　典
将軍代替り	寛永9年2月11日	1632	勝茂	敬白天罰霊社起請文前書之事	『勝茂公譜考補4』(『佐賀県近世資料　第1編第3巻』)
〃	慶安4年6月18日	1651	(蓮池鍋島)直澄・(小城鍋島)元茂・光茂	再拝々々敬白天罰起請文之事	『佐賀県史料集成　第15巻』
〃	〃4年11月22日	〃	勝茂	〃	〃
初入部	寛文12年3月10日	1672	綱茂	起請文前書	『佐賀県史料集成　第24巻』
将軍代替り	延宝8年〈11〉月〈12〉日	1680	光茂ヵ	御誓詞前書	〃
家督相続	元文3年12月22日	1738	宗教	再拝々々敬白天罰起請文之事	内閣文庫152-0099
〃	文政13年2月22日	1830	直正	〃	東洋文庫『甲子夜話続編4』
将軍代替り仮誓詞	嘉永6年9月5日	1853	鍋島(蓮池)直紀	起請文前書	内閣文庫所蔵多聞櫓文書012479
〃	安政5年9月11日	1858	直正	不明	『直正公御年譜地取9』(『佐賀県近世資料　第1編第11巻』)

言は「起請文前書」ではないのである。

家督相続起請文は、提出条件が明らかでなく、大名全員が提出するものではないようだ。鍋島家以外で家督相続起請文が確認できる大名・幕臣は、万治二年（一六五九）の伊達綱宗（伊達家文書三三二四）、寛文十二年（一六七二）の池田綱政（池田家文庫C―六―三八一―五）、寛政四年（一七九二）の江川英毅（江川文庫S二―六八―二）、元禄二年（一六八九）の黒田綱政（『黒田家文書　三巻』一三九）などである。いずれも端作り文言には「敬白起請文前書之事」「起請文前書之事」「起請文前書」と書かれている。代替り誓詞同様、家督相続起請文も端作り文言は「起請文前書」が基本であったと考えてよいだろう。

鍋島家では、家督相続起請文が長崎御番の役職就任起請文を兼ねる、という事情からか、歴代当主は家督相続起請文を必ず出していたようである。(13) それら家督相続起請文の端作りは必ずしも「起請文前書」ではなく、「再拝々々敬白天罰起請文之事」と書かれたこともある。元文三年（一七三八）の鍋島宗教の家督相続起請文、文政十三年（一八三〇）の鍋島直正の家督相続起請文がそれである。この「再拝々々敬白天罰起請文之事」という端作り文言は、鍋島家では戦国時代からよく用いられてきた文言である。たとえば、藩祖勝茂の父直茂の起請文十二通の端作り文言を調べてみると、「再拝々々敬白天罰起請文之事」一通、「再拝々々敬白天罰起請文」九通、「再拝々々敬白起請文之事」二通となっている。(14) つまり、鍋島家では代替り誓詞に関しては幕府の公式端作り文言を用いるけれど、自分の家だけの、家督相続起請文については、自分の家で伝統的に使われ、とくに藩祖の父親が使っていた端作り文言を用いた可能性がある、ということになる。

鍋島家は代替り誓詞に関して、非常に気を遣っていた家であるといえる。たとえば、大名の在国中に将軍が替わっても、代替り誓詞は次回の上京時に出せばよい、というのが幕府の正式な見解であったが、鍋島家はそうはしなかった。必ず国元から「仮誓詞」をまず提出し、次回の上京の際本誓詞と取り替える、ということを繰り返していた。(15) これらの仮誓詞のうち、大変興味深いことに、嘉永六年（一八五三）に提出された蓮池藩主鍋島直紀の仮誓詞が、現在多聞櫓文書に残されている（〇一二四七九）。これは、長崎御番を務めた鍋島直紀が、幕末の諸事情から参勤交代がたびたび免除となり、上京し本誓詞と取り替える機会がないまま大政奉還を迎えたためである。この仮誓詞の血判位置は花押左横である。これまでの検討で明らかになったように、嘉永六年はもう血判位置が花押の丸の中に統一されていた時期である。つまり、鍋島家では代替り仮誓詞と本誓詞の区別をつけるために血判位置を変えていた可能性があり、起請文に関してきわめて細かな心配りをしていたことを想像できるのではないだろうか。

しかし鍋島家ではそれにもかかわらず、家督相続起請文の端作り文言にはあえて「再拝々々敬白天罰起請文之事」と記したのである。これら一連の事柄を考え合わせると、鍋島家では、自家に伝統的に伝わる端作り文言へ強い愛着を感じていたといえそうである。

以上、上杉・九鬼・鍋島家の端作り文言をめぐる意識を検討してきたが、これら三家がかなり注意深く端作り文言を選択していたことが確認できた。また、上杉家の事例からは、誓約内容と神文は一紙に書くべきである、とする自家の論理が端作り文言にこめられていた可能性を得、鍋島家の事例からは、先祖代々使用してきた自家の端作り文言に執着していた可能性を得た。

江戸時代の大名家にとって、起請文端作り文言は自家の論理、伝統を表現する機能を有しており、起請文の中でも重要な要素であったと思われる。幕府はその機能に配慮して、幕府の提示した文言以外の端作りで書かれた起請文についても、拒否せず受理したと考えられる。

5　血判位置と人々の意識

次に血判位置をめぐる意識を検討してみよう。

慶応三年の代替り誓詞で花押の丸の中に血判を据えなかったのは信濃須坂藩堀家・越後長岡藩牧野家であるが、両家については、今のところ歴代藩主および家中の血判位置を確認することができていない。そこで、独特の血判位置を持ったと考えられる、伊達家と鍋島家の事例を検討して、血判位置の持つ意味について考えてみたい。

伊達家の場合

伊達家の家中起請文の血判位置の特徴は、花押右脇に血をつける、という点である。そこで思い浮かぶのが、藩祖政宗の血判位置である。政宗の血判起請文は八通現存するが、非常に特徴的な血判である。図1〜8はそれぞれ、原

図1 天正16年4月12日付大内備前守宛起請文（登米市教育委員会所蔵大内家文書）

図2 天正17年3月4日付片平大和守宛起請文（個人蔵）

図3 天正17年7月26日付白河（義親）宛起請文（熱海孝治氏所蔵白河家文書）

図4 天正17年10月28日付閑翁斎・蓬田下野守宛起請文（蓬田義廣氏所蔵蓬田家文書）

図5 天正17年10月晦日付小野崎彦三郎宛起請文（菊池恒雄氏所蔵小野崎文書）

図6 天正17年11月4日付石川（昭光）宛起請文（宮城県図書館所蔵石川家文書）

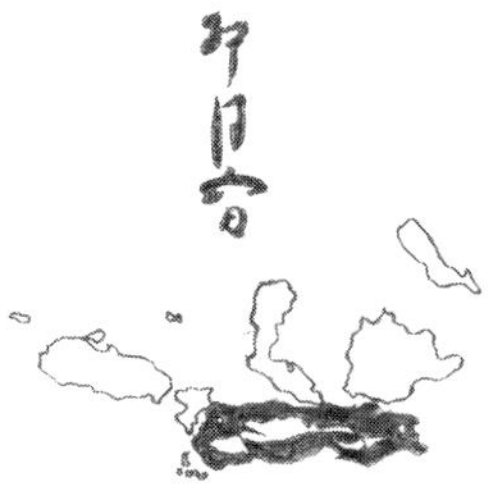

図8　慶長4年4月5日付有馬中書・宗薫宛起請文（大阪歴史博物館所蔵）

図7　天正17年12月27日付浅川二郎左衛門尉宛起請文（角田市郷土資料館所蔵浅川家文書）

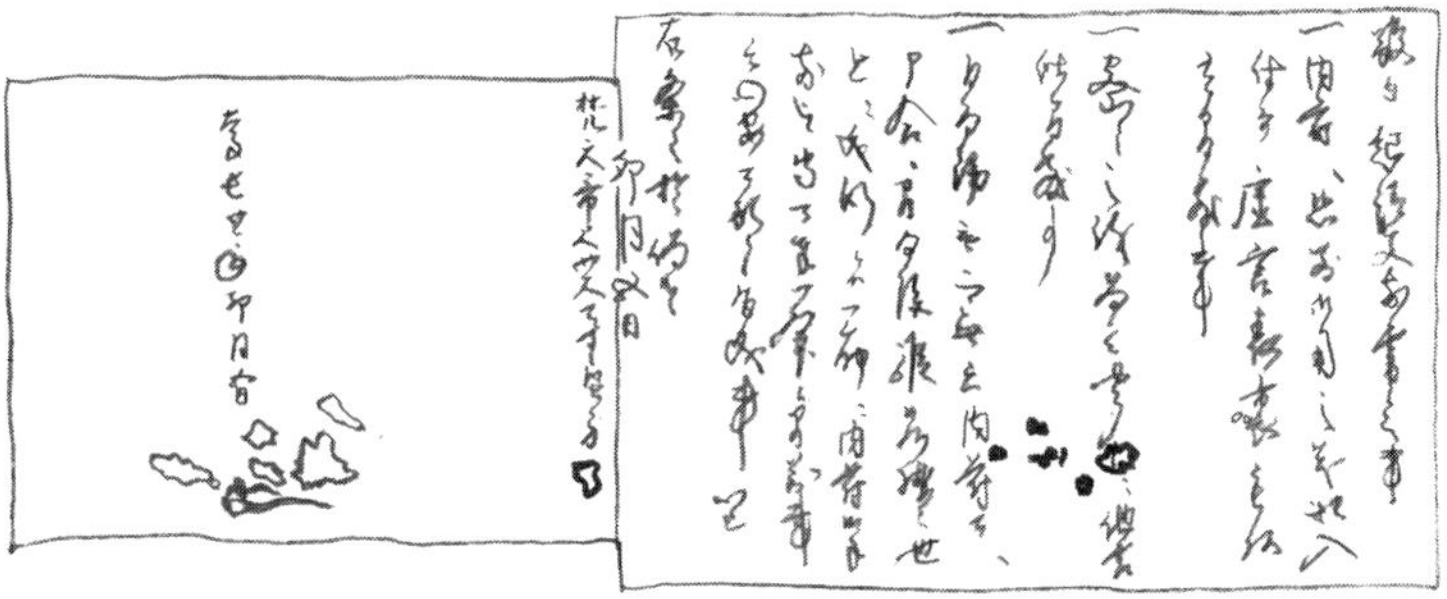

図8の全体図

※血判は線で囲った部分．図1〜3・8は『熊野信仰と東北』（東北歴史博物館・秋田県立博物館特別展図録，2006年）掲載写真によりトレースした．図4・6・7は『石川町史第3巻　資料編1』（2006年）掲載写真によりトレースした．図5は茨城史料ネット高橋修氏から提供していただいた写真によりトレースした．図8の署名部分は，「政宗」に料紙の那智滝宝印の版面が重なってトレースすることができなかったため，空白とした．原本には署名は存在する．また，前書部分にも血痕があるので全体もトレースした．

寸大に引き伸ばした写真から血判位置をトレースし、それを縮小したうえで年代順に並べたものである。図1～3は二〇〇六年に秋田県立博物館で開催された「熊野信仰と東北」展の際、会場で原本を観察した。図4・6は『石川町史　第三巻』(16)掲載の写真で観察した。図5・7・8は各所蔵・一時寄託先において原本調査を行った。

個々の血判の所見は以下のとおりである。

図1・2　花押両脇に血痕があるが、左右どちらが主であるかは確認できなかった。

図3　血判左脇の血痕が一部かすれているのに対し右脇にはたっぷりと濃淡なくつけられており、まず右脇に血をつけたことがうかがわれる。

図4　『仙台市史』は「血判あり」としているが、『石川町史　第三巻』は「血判なし」としている。写真による観察では花押付近の朱色のシミが、料紙として使用されている那智滝宝印の朱印の色なのか、血痕なのか、判断することが難しい。しかし、図4の数日後に書かれた図5には図4とよく似た位置に同様の朱色のシミがあり、これは原本調査の結果、血痕であろうと思われた。そのため、図4の朱色のシミも血痕であると判断した。花押周辺に複数の朱色のシミがあるが、このうち、花押左横と下部のシミは牛玉宝印の朱印が写ったものと考えられるので、花押右脇および花押中心部の暗褐色を帯びた朱色のシミが血痕と思われる。

図5　花押右脇と、署名のうち「宗」の左脇から花押上部にかけての二ヶ所に血痕がある。右脇の血痕のほうが大きい。

図6　「霜月四日政宗」と書かれた文字の右部分に重なって血痕があり、花押右脇まで伸びている。

図7　花押右斜め上に血がつけられている。

図8　図1～8の中でいちばん血量が多く、花押周辺に五ヶ所、前書部分に二ヶ所、比較的大きな血痕が残る。花

押周辺の血判のうち、三ヶ所は右上・右斜め上に据えられている。詳しく観察してみると、花押の両脇に血をつける、というのが政宗の血判の基本のスタイルであることに気がつく。だが、血痕は主に花押右脇により多くつけられており、花押右脇の位置が主流と考えられる。

これらの結果から、伊達家の「花押右脇に血をつける」という特徴は、政宗の血判位置に由来するものではないかと思われる。偉大な藩祖、政宗ゆかりの血判位置として伊達家中では花押右脇の血判位置が尊重され、伊達家への帰属意識を表す意味があったのではないだろうか。前述のように、伊達重村は老中堀田正亮への手紙（前掲【史料三】）の中で「血判の位置は花押の脇か中か」と問い合わせていたが、これは「伊達家の血判位置である花押の脇か、それとも幕府の位置である花押の中か」という意味がこめられていたのかもしれない。

鍋島家の場合

もう一つ、特異な血判位置を持つと考えられるのは、鍋島家である。残念ながら鍋島家の家中起請文正文はほとんど見当たらず、家中の起請文にどのような血判が据えられていたのか、十分に確認することはできなかった[17]。ただし、藩祖勝茂の父直茂の血判位置は、筆者が確認した四通のうち三通が名乗り全体に、残り一通は花押・官途名・神文全体につける、というものであった[18]。この、名乗りに血をつける、という血判位置は江戸時代においても鍋島家中で用いられていたようだ。もう一度、【史料四】を思い出していただきたい。鍋島重茂は家中起請文の血判について「間々名乗ニ血ヲ付有之」と話しており、当時鍋島家家臣の中には名乗りに血をつける形で血判を据えるものがいたことがうかがえる。

名乗りに血をつける血判は、龍造寺家文書に収められている起請文に多くみられるが、他地域の血判にはあまりみられない独特の血判位置である。(19) したがって西北九州地域の伝統的な血判位置の一つであった可能性があると考えてよいだろう。鍋島家中では鍋島家の伝統を象徴する、由緒ある血判位置として捉えられていたことは確かだと思われる。

伊達・鍋島家の血判位置を例として、血判位置が大名家によっては自家の伝統や由緒を表す場合があったことを確認した。

ま と め

本章では代替り誓詞書式のうち、端作り文言と血判位置にとくに注目して検討を行った。明らかになったのは以下の点である。

一　近世において、血判を据える位置は起請文作成上の重要な留意点であった。十分位置を配慮したうえで血判が据えられていたと考えられる。

二　代替り誓詞書式のうち、端作り文言と血判位置には自家の伝統や由緒が反映され、帰属意識を表現する場合が多かったと考えられる。

三　幕府では、幕府起請文の血判として望ましい位置を提示し、その場所に血判を据えさせようとした。この意向は、おおむね延享二年の家重代始めから宝暦十年の家治代始めまでの間に示されたと考えられる。

本章では近世起請文の端作り文言と血判位置という、従来、形式的に書かれ据えられたと考えられてきた部分について、細かく検討を行ってみた。その結果、江戸時代の起請文では端作り文言や血判位置は、自家の由緒や伝統を表現する機能を持つ、重要な部位であった、ということがわかった。そのため江戸時代の人々は、起請文作成の際、端作り文言や血判位置を注意深く選び、書き記していたと考えられる。だとすると、このような意識は、いったいいつまでさかのぼることができるのか、という点が新たな疑問としてわいてくる。

近世以前、起請文は政治の局面を左右するほど重んじられ、盛んに書かれてきたが、これらの起請文は従来その誓約内容に関心が集中し、書式が持つ意味を検討されることはほとんどなかった。しかし、もし近世以前においても、端作り文言や血判位置が意識的に選ばれ、書き記されていたとすれば、これらの起請文について、従来とはまた異なった評価ができるはずである。本章の検討は、今後の起請文研究において、近世以前の起請文についても端作り文言、血判位置をあらためて見直していく必要があるのではないか、との問題提起となりえたのではないかと感じている。

註

(1) 血判についての先行研究の主なものに、荻野三七彦氏「古文書に現れた血の慣習」(『日本古文書学と中世文化史』吉川弘文館、一九九五年、初出一九三八年)・「血判」(『国史大辞典』)、千々和到氏「中世の誓約の作法—戦国期の東国を中心として—」(二木謙一編『戦国織豊期の社会と儀礼』吉川弘文館、二〇〇六年)がある。

(2) 太田南畝「一話一言」(『日本随筆大成別巻』吉川弘文館、一九二八年)。

(3) たとえば、龍造寺家文書(佐賀県立図書館所蔵)中の、天正三年(一五七五)から天正十四年の間の血判起請文三十一通の血判位置は、花押にだけ血をつける、実名にだけ血をつける、署名部分に二ヶ所以上血をつける、など三つのタイプに分類できる。

(4) 仙台市博物館所蔵伊達家文書「天明七年　公義《ママ》御代替ニ付而御誓詞諸首尾合留」(古記七七—一四)に「御誓詞紙並合ハ大体奉書之牛王《ママ》被相用候、此方様ニ而ハ薄様ニ御座候故、松平周防守殿御用人小村要之丞幷大御目付大屋遠江守殿方承合候処、御前例之通宜候由ニ付」とあり、伊達家では天明七年の家斉代始めに際し、代替り誓詞に薄様の紙に刷った牛玉宝印を使用してもよいかどうか、老中松平康福の用人と大目付大屋正富に問い合わせていることがわかる。

(5) 小宮木代良氏「近世前期における将軍披露状の書札礼について」(『江戸幕府の日記と儀礼史料』吉川弘文館、二〇〇六年、初出一九九五年)、澤登寛聡氏「端作と制札—江戸幕府右筆曽我尚祐『座右抄』を中心として—」(『立正史学』第九五号、二〇〇四年)。

(6) 九鬼家は慶応三年(一八六七)十月十九日付九鬼長門守代替り誓詞(多〇一二五八一)、丹羽家は延宝八年(一六八〇)五月十九日付丹羽長次代替り誓詞写(『二本松藩史』)、田村家は延宝八年五月二十六日付田村宗永代替り誓詞写(伊達家文書三三三九、『大日本古文書』)、鍋島家は(延宝八年十一月二日)鍋島光茂(カ)起請文前書案(「五番御掛硯誓詞書写二」一三三、『佐賀県史料集成　第二十四巻』)、堀家は慶応三年四月九日付堀右京亮代替り誓詞(多〇一二一八九)。

(7) 福岡市博物館編『黒田家文書　第三巻』二二三①。

(8) 第Ⅰ部第一章参照。

(9) 史料五が東国大名に示された誓詞雛型だとすると、景勝は大坂の陣誓詞において端作り文言と神文は雛型に従わなかった可能性が濃厚となり、検討の必要があると思われる。しかし、このことは本章の検討テーマとは直接関係がないため、今回は事実の指摘をするにとどめたい。

(10) 寛永年間に定勝自身が自筆で書き写した、とされるが、羽下徳彦氏は、「古案集」原本が御家流の能書であることから、他の定勝自筆との比較校量が必要であると述べておられる(「長尾政景の死と下平文書の行方—『歴代古案』校訂補正并解題補遺・その一—」、同氏編『中世の社会と史料』吉川弘文館、二〇〇五年)。

(11) 『國學院雑誌』一〇六巻第二号(二〇〇五年)。

(12) 綾部市史編纂委員会編『綾部市史　史料編』(一九七六年)所収。

(13) 内閣文庫に所蔵されている「諸役誓詞前書　上巻」(一五二—〇〇九九)には「諸司代」「大坂城代」「奏者番」などの見出しとともに役職ごとの起請文に記載する内容や、起請文を提出する場所などが各々記されている。その中に元文三年(一七三八)十二月二十二日付鍋島宗教の家督相続起請文がそのまま載せられている。鍋島家の場合、家督相続起請文が同時に長崎御番の役職就任の起請文を兼ねたため、長崎御番役職就任起請文雛型として記載されたと考えられる。

（14）「再拝々々敬白天罰起請文」九通は以下のとおり。
①天正五年二月三日付鍋島信昌納口信景起請文（後藤家文書三九、『佐賀県史料集成』〈以下『佐』と略記〉第六巻所収）、②天正七年二月十日付鍋島信生起請文（田尻家文書一七一、『佐』七）、③天正十年八月十九日付鍋島信生起請文（田尻家文書一九六、『佐』七）、④天正十一年七月二十一日付鍋島信生起請文（田尻家文書二〇四、『佐』七）、⑤天正十一年十二月十日付鍋島信生起請文（田尻家文書二〇七、『佐』七）、⑥天正十二年六月九日付鍋島信生起請文（田尻家文書二一、『佐』七）、⑦天正十四年十一月五日付鍋島信生起請文（田尻家文書二二七、『佐』七）、⑧天正九年三月二十一日付鍋島信昌起請文（武雄市教育委員会所蔵武雄鍋島文書中世史料〈以下「武雄中世」と略記〉三七、『武雄鍋島文書目録』所収）、⑨天正十四年十一月十六日付鍋島信生起請文（武雄中世三九）。
「再拝々々敬白起請文之事」二通は以下のとおり。
⑩天正四年七月三日付鍋島信生起請文（嬉野家文書一七一、『佐』十七）、⑪天正九年四月二十日付鍋島信昌起請文（武雄中世三八）。
「再拝々々敬白天罰起請文之事」一通は以下のとおり。
⑫天正八年十二月二十七日付鍋島信生起請文（田尻家文書一九一、『佐』七）。
（15）「綱茂公御年譜　上」（『佐賀県近世史料』）延宝八年（一六八〇）六月朔日条・九月十三日条参照。
（16）福島県石川町町史編纂委員会編（二〇〇六年）。
（17）今のところ唯一確認できる鍋島家臣の血判は、島原の乱に際し、寛永十四年（一六三七）十二月二十日、陣中において鍋島藩重臣十五名が鍋島元茂（小城藩主）・同直澄（蓮池藩主）に提出した血判連署起請文（宮島敬一編『小城鍋島文庫に見る小城鍋島藩と島原の乱』所収図版④、文書番号71、佐賀大学文系基礎学研究プロジェクト、二〇〇四年）である。署名者十五名中血判を据えているのは十二名で、すべて花押に重ねるように血判を据えている。
（18）名乗りに血をつけている直茂の起請文は註(14)①・⑨と文禄四年八月六日付加藤清正等二十二名連署血判起請文中の直茂の血判（大阪城天守閣所蔵木下家文書）、官途名に血をつけている起請文は註(14)⑪。
（19）佐賀県立図書館に所蔵されている龍造寺家文書原本を拝見したところ、『佐賀県史料集成　第三巻』、文書番号一二九・一三五・一四三・一六九・一三七・一七四・一七五・一八〇・二四八の血判は名字・官途名・実名・花押などにべったりと血をつけていた。これらの署判者は、いずれも九州北部の国人領主たちである。なお、このほかの、名乗りに血をつける形の血判の事例としては、文禄四年（一五九五）七月二十日付常真等連署起請文（大坂城天守閣蔵木下文書）中の長宗我部元親・堀秀治・丹羽長重等三名の事例が確認できる。

第三章　連署・書き継ぎ起請文の再検討

はじめに

第一・二章では代替り誓詞を主な素材として、端作り文言・神文・血判について検討したが、本章では視点を変えて、中世起請文にはあまりみられず、近世に盛んに書かれるようになる起請文書式に注目する。これは、近世起請文特有の書式を検討することで、近世における起請文の存在意義をいくらかでも明らかにできるのではないか、と考えるからである。

近世の起請文の書式を中世の書式と比べたとき、近世にだけあって中世にはないもの、という書式はあまりないように思われる。近世の起請文は、基本的には前書を書いた白紙に牛玉宝印を翻して書いた神文を貼り継ぎ、署名・血判を据える、という書式をとるが、この書式は一五〇〇年ごろに一般化したもので、(1)近世起請文はこの書式を忠実に守っているといえる。また、たまに起請文前書・神文・署判を一紙に収めた起請文をみかけるが、この書式は江戸初期に限定される傾向があり、なによりこの書式は前書と神文を別紙に書くよりも、むしろ古くからある書式である。(2)

内閣文庫多聞櫓文書に所蔵される起請文正文・写（控）のほとんどは、元治元（一八六四）から慶応三年（一八六七）に書かれたものだが、これらをみてみると、牛玉宝印の鳥の目を避けるような字配りで神文が書かれているものや、牛玉宝印の版面の中に差出人の署判を収めるようにするもの、反対に署判を版面の外に書くなどといった、幕府右筆や有職故実家の間に存在したらしい、口伝的な書式にのっとった起請文が散見される。(3)そのほか、花押・血判だけでなく、黒印まで捺した起請文もままみられるが、(4)これは印が普及した近世ならではの小さな特徴といえるかもしれない。しかし、いずれにしてもこれらは幕府・藩の起請文に共通する書式、といえるほど一般化していたわけではなく、近世起請文の特徴というほどのものではない。

このように考えていくと、幕府・藩の両方の起請文にみられ、中世にはあまりみかけなかった書式とは、おそらく書き継ぎ起請文であろう。もちろん、中世の起請文を全部みたわけではなく、また、失われたものも多いだろうから、「中世にはなかった」と言い切ることはできないが、書かれたとしても、ごくわずかだったのではないかと思われる。(5)そこで、本章では近世に特有の書式として書き継ぎ起請文を取り上げ、どのような特質を持つのか、具体的に検討していくことにする。

一　書き継ぎ起請文とその実例——嗜誓詞の検討を中心に

書き継ぎ起請文は幕府・大名家の役人が役職に就任したときに書かれることがほとんどで、『日本古文書学講座第六巻　近世編I』では「書続誓詞（同じ役職に就任して起請する内容が一定のとき、署名のみを書き継いでいくものをいう）」と定義している。(6)前書や神文はそのままで、署名だけをずっと書き足していき、書き継がれた期間が百年以上、貼り継いだ牛玉宝印が三十〜四十枚という書き継ぎ起請文も少なくない。(7)

書き継ぎ起請文が幕府・大名家でいつから書かれ始めたのかはよくわからないが、確認できるところを書き出してみると、鹿児島島津家ではおおむね元禄期（一六八八～一七〇四）から島津家当主の側・奥向きで書かれ始め[8]、岡山池田家では目録をみる限りでは元禄三年（一六九〇）からである。延岡内藤家では現存する家中起請文は書き継ぎ起請文がその大半を占めるが、家中起請文の案文集には「貞享二年（一六八五）ごろから徐々に役職就任時起請文の書式が定まった」と記されているので、おおむね貞享二年ごろと考えられる。さらに、佐賀鍋島家の起請文を書写した『五番御掛硯誓詞書写』[9]の中では、書き継ぎ起請文の初見は貞享四年である。島津・池田・内藤・鍋島の四家の書き継ぎ起請文成立期は四家とも一六〇〇年代半ばから後半で共通しており、ほぼこの時期を成立期と考えてよいのではないかと思われる。

書き継ぎ起請文についての先行研究の評価は、拾い出してみると、おおよそ以下のとおりである。

①「起請行為そのものが儀礼化したことを示すといえなくはない」（『日本古文書学講座　第六巻　近世編Ⅰ』隼田嘉彦氏執筆分、二六四頁）

②「起請文前書の文言が固定するようになった為に、同役に就任する者がその都度書改める必要がなく、前者の後へ年月日・勤番所と新任者の氏名を記し、署名の下に血判するだけで差支えないことになってしまった。あらゆる制度が固定化し、形式化してしまう「封建制」の一例証でもあろう」（『岐阜県史　史料編近世二』三二頁）

③（末吉文書中の書き継ぎ起請文を指して）「従前のようにその都度、新規の誓紙を出さずに、寛永四年のものを根本として、これに次第に書き継ぐという形式を採ったものであって、これは血判誓紙の形式化したものと見られて、江戸時代では既に血判には特殊な意義があるということを一般世人が忘れてしまった一つの証拠となるであろう」（荻野三七彦氏『日本古文書学と中世文化史』[10]一二〇頁）

先行研究では、書き継ぎ起請文は誓約部分である前書と神文を省略するために考え出された簡便な書式である、と大方評価されていることがわかる。そして、先行研究の中ではとくに明言はされてはいないが、私も含めて一般的に、「書き継ぎ起請文は身分の低い役職の就任起請文にみられる書式」との印象を持っている研究者は多いのではないだろうか。書き継ぎ起請文は、村役人や鍵番、徒や同心といった、幕府・大名家ともに御目見え以下の役職就任時に書かれることが多く、(11)幕府でいえば、代官や奉行職など布衣以上の役人の役職就任時の起請文は単独署判または連署の起請文で、管見の限りでは、書き継ぎで書かれる事例はない。しかしその一方で、各種記録や大名家家中起請文を注意深くみていくと、役職就任時以外の起請文では、布衣以上の幕臣や、藩主一門・家老クラスの大名家家臣の書き継ぎ起請文は存在するのである。今のところ確認できているのは、幕府では目付、小姓組番頭・組頭、書院番頭・組頭、大名家では鍋島家・内藤家などの事例がある。(12)このことは、書き継ぎ起請文の成り立ちや本質を考えるうえで重要な事実と思われる。とくに幕府目付、小姓組番頭・組頭、書院番頭・組頭が書き継ぎ起請文を書いていたことは従来指摘されたことがないことでもあるため、以下検討していきたい。

1　江戸幕府目付の書き継ぎ起請文

目付は役高千石高、布衣以上で、監察の職である。

目付については本間修平氏の一連の研究があり、「江戸幕府目付に関する一考察―誓詞制度・柳之間寄合制度―」(13)の中で、目付の役職起請文について紹介されている。氏は、寛政七年（一七九五）四月七日に目付に就任した新見長門守正登が記した「勤向諸書留」を紹介し、目付就任時の起請文には評定所で提出する将軍への起請文と、目付一同の結束や以前からの申し合わせ事項の確認を誓う起請文との二種類があったことを指摘されている。

新見正登の起請文提出の流れを知るために、「勤向諸書留」（東北大学附属図書館所蔵狩野文庫新見記録第三門五二六一―

三二六・マイクロリール一〇五）寛政七年四月七日条を次にあげる（（　）の註記、釈文は本間氏に従った）。

△寛政七卯年四月七日

一桑原善兵衛（＝目付）差図ニ而、新番所前江寄ル、夫ゟ御同朋頭案内ニ而奥江入ル、笹之間ニ寄り居、石川将監次ニ着座、此時兵部少輔殿（＝若年寄井伊直朗）御前江出候節之義、委細被仰聞候、夫ゟ兵部少輔殿御案内ニ而、白鷺之御杉戸際江寄り、石川将監御作事奉行被仰付、引候節、兵部少輔殿御会釈有之、御座之間御前江罷出ル、御用番備中守殿（＝老中太田資愛）名披露有之、夫江与上意有之候節、少進平伏、石川将監跡御目付被仰付候段、上意、備中守殿御取合ニ而御礼申上ル、又申合入念可相勤旨上意、備中守殿御取合ニ而御請申上、直ニ引、中之間江出、御目付大学（＝村上義礼）江被仰付候義申達ス、

一御廻り御引掛、中之間ニ而、将監一諸（マヽ）ニ御老若方江御礼申上ル、

一御用御取次御側衆江御礼可申上旨、口奥肝煎を以申込候処、御用多ニ付御断之旨申出ル、

一若君様江之御礼、於芙蓉之間、将監与一所ニ出、御礼申上ル、御奏者番脇坂淡路守謁之、

一柳之間申合有之旨ニ而、同役一同出席、御目付心得之義主膳（＝目付森川俊尹）申聞、其上ニ而誓詞有之、血判ハ、　有徳院様（＝八代将軍徳川吉宗）思召ニ而、評定所誓詞与二重ニ成候御趣意ニ而相止候由、尤誓詞前書案紙、自分之控ニ主膳被相渡候、（以下略）

同八日

一誓詞願兵部少輔殿江、能登守殿（＝目付小長谷政良）より進達有之、（以下略）

同十日

一明十一日評定所ニ而、誓詞被仰付候旨、兵部少輔殿御書付御渡被成候、（以下略）

同十一日

一今日、評定所ニ而誓詞相済、(以下略)

新見正登の役職就任起請文提出までの流れをまとめると、寛政七年四月七日御座の間で将軍から目付を拝命→老中・若年寄・御側御用取次・御側衆・若君(家慶)に御礼を申し上げる→柳の間で目付全員との「申合」を行い、目付森川主膳から目付の心得が読み上げられ、そののち誓詞の儀礼を行う→八日誓詞願いを出す→十日十一日に誓詞提出と伝達される→十一日評定所で誓詞提出。

なお、柳の間での誓詞については、誓詞には血判は据えなかったこと、それは吉宗に誓詞を禁じられたための処置だったこと、このときの誓詞の前書は、自分用の控に案文が主膳から渡されたこと、の三点が確認できるが、さらに詳しいことが「勤向諸書留」の別の項目に書かれているので、さらにその部分もあげる(傍線は筆者)。

同役申合

一嗜誓詞相止候事、

是ハ、前々者当御役被仰付候与、直ニ嗜誓詞致候処、享保八卯年有徳院様思召ニ而、上ゟ誓詞被仰付候之処、嗜誓詞致候而ハ、二重ニ相成候間、相止候様ニとの御事ニ而、夫ゟ相止候得共、今以右嗜誓詞之末江姓名認置候事、

一(以下略)

右の引用部分から、柳の間での誓詞は、「嗜誓詞」と呼ばれたこと、享保八年(一七二三)に示されたとされる「評定所での役職就任時起請文と二重になるから、嗜誓詞はやめるように」との吉宗の意向によって、嗜誓詞はやめたこと、ただし、それは血判を据えないようにしただけで、今も嗜誓詞は続いているので、誓詞の末に姓名を書き入れた

こと、などのことがわかる。

嗜誓詞は、「嗜誓詞之末江姓名認置候」とあるように、起請文の末尾に姓名を記す書式なので、一つの前書と神文に署判だけ付け加えていく書き継ぎ起請文であったことは疑いない。このことは、文久三年（一八六三）に目付を務めた山口直毅が『旧事諮問録』の中で「たしなみ誓詞を（目付）筆頭が同役にお読みなさいと言って読んで遣ることになっております。以前からの古い御目付の名がたくさん書いてありました。血判は致しませぬが、花押を書きました。それが規則でした」[14]と述べていることからも、嗜誓詞が古い名を書き連ねている起請文＝書き継ぎ起請文であったことが確認できる。そしてそれは幕末まで続けられたのである。

寛政七年（一七九五）の新見正登の記録から、布衣以上の身分であっても書き継ぎ起請文が書かれていたことが明らかとなり、必ずしも身分の低い者専用の書式というわけではなかったことがここで確認できたが、同時に目付たちが吉宗の意向によって嗜誓詞をやめさせられたあとも、血判を据えない工夫で嗜誓詞が起請文ではないことを装ってまで、書き継ぎ起請文を書き続けたことも明らかとなった。これは書き継ぎ起請文を考えるうえできわめて重要である。なぜならば、目付たちが嗜誓詞を続けたのは、仲間内の申し合いや結束を徹底させるためだったと考えられるが、そのための儀礼で重要だとされたのは、神文を記し、読み上げ、身血を注いでその決意を神仏や仲間内に示すことではなく、代々の目付たちが署判を据えた嗜誓詞に名を連ねることだったからである。

以上、目付の書き継ぎ起請文が存在した事実から、書き継ぎ起請文が必ずしも身分の低い者用の、簡便な書式ではなかったこと、代々の前任者の署判に続いて署判を書き継いでいくことそのものが重要だったことを指摘した。

2　小姓組番頭・組頭、書院番頭・組頭の書き継ぎ起請文

小姓組番頭（四千石高・諸大夫）の嗜誓詞を写したと推定される、明暦四年（一六五八）の年次を持つ「番頭組頭申合連判之留」は、「御役ニ付万事私之覚」（内閣文庫一五二―〇一一四）に記載されている。「御役ニ付万事私之覚」に関しては、福留真紀氏による詳細な分析があるが、それによれば、同書は「江戸城内の小姓組の部屋にある帳箱に納められていた留帳を情報源として、小姓組番頭が勤務マニュアルとして項目分類したもの」ということである[15]。「御役ニ付万事私之覚」は次の第四章で詳しく触れるので、ここでは小姓組番頭の嗜誓詞と推定される「番頭組頭申合連判之留」に絞って検討したい。原文は次のようなものである（傍線①～③は筆者）。

番頭組頭申合連判之留

一御用之儀ニ付而御番衆頭書上申事、其外中ヶ間ニ而談合仕候刻、御小姓組十組之儀不理仁及見及聞候通、無遠慮可申談候段、親子兄弟好之在之儀成共、心底ノ不残可申談候間、互腹立仕間敷候、尤於此儀、意趣に仕間敷候事、

一御小姓組十組之内、或善悪吟味候事、或御役之書付之事、親子兄弟好之者にも右相談之儀、毛頭他言仕間敷事、

一今度　御番衆　御屋敷拝領之儀ニ付、無依怙贔屓申談、詮議之詰候方へ付可申候、勿論向後何ニ而茂於御用之儀者此旨可相守条目書付定候儀少も相背申間敷事、

右三ヶ条之通①日本之神々相背申間敷候、②名付御座候上者、誓詞判形身血ニ同意ニ御座候事、

③明暦四年　御小姓組番頭中　名書判

三ヶ条とも職務上の申し合わせ事項で、文言は異なるが、本間氏が引用した目付の嗜誓詞と内容は同じようなもの

である。また、「御役ニ付万事私之覚」には幕府に提出する小姓組番頭の役職就任時の起請文案文は別に記載されているので、右の史料は小姓組番頭の役職就任起請文でないことは確実である。加えて、第一・二章で検討してきたように、幕府起請文の神文は家綱代始めの慶安四年（一六五一）ごろには式目神文が望ましいと幕府から示されていたと思われるから、①のような簡略な神文の役職就任起請文が明暦四年段階で幕府に提出されたとは考えにくく、これらのことから、右の史料は小姓組番頭の嗜誓詞であると推定される。そして、署名部分に「組頭」の文言は見当たらないが、端作り文言には「番頭組頭申合連判之留」とあるので、組頭も署判を加えたか、もしくは同様の案文で嗜誓詞を書いたと考えられる。

右の史料には、目付の嗜誓詞同様に血判は据えられていないが、②「名を記したからには誓詞に花押血判を据えたものと同意である」と述べ、血判起請文と同じものであると記している。また、③からは連判状であったことしか確認できないが、おそらく引用部分は書き継ぎ起請文の先頭部分となったはずで、小姓組番頭・組頭の嗜誓詞は書き継ぎ形式で受け継がれたと思われる。それは、次にあげる、前書や神文部分が右とほぼ同文の、書院番頭・組頭の嗜誓詞と推定される史料が書き継ぎ形式だからである。

書院番頭（四千石高・諸大夫）・組頭（千石高・布衣以上）の嗜誓詞と推定される史料は、題簽に「書院番頭幷組頭誓詞」と書かれているもので、東京大学史料編纂所に所蔵されている（貴〇三―二四）。原文はとても長いので、一部を次に載せる（傍線は筆者）。

「書院番頭幷組頭誓詞」

一御用之儀ニ付御番衆頭改書上申事、其外仲ヶ間ニ而談合仕候刻、御書院番拾二組之儀、見及聞及候通、無遠慮可申談候、縦親子兄弟好之者之儀成共不残心底可申談候間、互ニ立腹仕間鋪候、尤於此儀、意趣に存間鋪事、

一御書院番拾二組之内、或者善悪吟味之事、或御役之書付之事、親子兄弟好之者幷大御番方御小姓組方たりといふとも、右之相談之儀毛頭他言仕間鋪候、縦御役替り候共右之段相守可申事、

附当分御用人之儀ニ候共、御小姓組方江茂不申談候而不叶儀有之時者、格別無故とて先条を相守可申事、

一御書院番中不依他組不届仕見及聞及候ハヽ、本番頭組頭江告知せ可申事、

右三ヶ条之通、日本之神相背申間鋪候、名付御座候上者、誓詞判形身血仕候同意ニ御座候、以上、

享保十一年丙午五月

享保十一年丙午五月廿八日　松平伊勢守（花押）

享保十二年丁未閏正月廿八日　能勢市十郎（花押）

（以下署判続く。省略）

右の「書院番頭幷組頭誓詞」と「番頭組頭申合連判之留」の内容を比べてみると、両者は傍線部と役職名の部分は異なるが、あとは数文字の異同があるだけでほぼ同文である。牛玉宝印は使われず、血判も据えられていない。享保十一年（一七二六）五月二十八日の署判を筆頭とした書き継ぎ起請文で、東京大学史料編纂所データベース解題によれば、署判の最終は元治元年（一八六四）で、料紙を六十四枚貼り継ぎ、計四百七十六名が署判を据えている、とのことである。

幕府起請文書式とはかけ離れた書式であるため、役職就任時起請文とは考えられず、書院番頭・組頭の嗜誓詞と推定できる。小姓組番頭・組頭と書院番頭・組頭の嗜誓詞がほぼ同文、ということは、嗜誓詞の雛型が存在した可能性がある。

目付の嗜誓詞について紹介された本間氏は、「積極的には立証しえぬものの、柳之間誓詞（嗜誓詞）は他の役職には

みられぬ目付独特の制度と考えて大過ないように思われる」（前掲論文一四七頁）と述べておられるが、「嗜誓詞」は目付だけのものではなく、少なくとも小姓組番頭・組頭と書院番頭・組頭の間では行われていた。小姓組の中でどのような名称で呼ばれていたか定かではないが、「御役ニ付万事私之覚」の中では端作り文言は「申合連判」とあるので、こう呼ばれていたかもしれない。さらに町奉行同心たちも書き継ぎ形式かどうかの確認はできないが、連署で仲間同士の起請文を書いており、それは「一統誓詞」と呼ばれていたようだ。そして、雛型が存在することから、他の役職でも広く行われていたのではないかと考えられる。(16)

また、目付の嗜誓詞では、血判をやめたのは享保八年に示された、吉宗の意向によるとしているが、小姓組番頭・組頭の嗜誓詞と推定される「番頭組頭申合連判之留」では、明暦四年段階で既に血判は据えておらず、「起請文が二重になるのはよくない」との考え方が吉宗以前からすでにあったことになる。今のところ吉宗が嗜誓詞を禁止したことを伝える他の史料は見当たらず、嗜誓詞の血判をめぐる目付の認識は、単なる伝承であった可能性もある。しかし、吉宗期（大御所時代を含む）に起請文に関してさまざまな規定が定められていることは事実である。享保から延享年間にかけて、代替り誓詞や役職就任起請文の提出資格を定め、該当者には誓詞提出を徹底させるとともに、出す資格のないものからの起請文や、不合理な起請文（幼年の者や病気の者、些細なことで神文を使わないなど）をやめさせるといった政策がとられており、何より第二章で検討した血判位置の指定も、吉宗の意向であったのではあるまいか。血判位置の指定に関する実例は、宝暦三年（一七五三）からしか確認できなかったが、吉宗期までさかのぼる可能性もある。吉宗が行った誓詞や血判をめぐる改変の記憶が、嗜誓詞禁止の伝承へとつながったのかもしれない。(17)

3　書き継ぎ起請文とその実例――嗜誓詞の検討を中心に　まとめ

以上、幕府役人による書き継ぎ起請文の具体例を検討したが、目付、小姓組番頭・組頭、書院番頭・組頭など、いずれも御目見え以上の上級役人たちも書き継ぎ起請文を書いていたことを指摘し、従来いわれてきたように、必ずしも書き継ぎ起請文は身分の低い者用の簡便な起請文書式というわけではなく、上級役職者たちも書く書式であったことを明らかにできた。上級役人たちが書いた書き継ぎ起請文は、いずれも同じ役職仲間との申し合わせを守ることを誓う際に書かれており、書き継ぎの書式が、集団内での結束や一体感を高めるために欠かせない書式であったことが確認できる。

目付の中では「嗜誓詞」「柳之間誓詞」と呼ばれた、こうした仲間うちの書き継ぎ起請文は、小姓組では「申合連判」、町奉行同心では「一統誓詞」と呼ばれていたのかもしれない。今後それぞれの関連史料を読むうえで、これらの用語や類似した文言に注意していく必要があろう。

また、これらの仲間うちの起請文は雛型も存在する可能性が高いので、他の役職でも広く書かれたと思われる。

二　運ばれる起請文

第一節の検討から、書き継ぎ起請文が役職間の一体感や結束を強める効果をねらって書かれたことがわかったが、ではなぜ「書き継ぐ」ことが一体感を強めることになるのだろうか。たとえば、以前からの申し合わせ事項や神文を一言一句たりとも違わず守る、という意味であれば、誓約内容や神文を忠実に書き写し、単独署判で提出しても事は足りるはずである。むしろ、書き継ぎ起請文では誓約内容や神文は共有で、署判者は儀礼の場に身ひとつで出向き、署判を加えるだけでよいため、手元に残りにくい。そして書き継ぎ起請文であっても、署判者は結局は後日の覚として起請文の控を作成するので、手間は単独署判の起請文とほぼ同じなのである。現に目付の新見正登は自分用の控として、嗜誓詞案文を主膳から渡されている。

それにもかかわらず、なぜ「書き継ぐこと」が重要なのか。このことを探るために、今度は実際に書き継ぎ起請文がどのように書かれたのかを検討してみたい。検討材料とするのは、鳥羽藩御側坊主等起請文群（國學院大學博物館所蔵）・真田家文書（国文学研究資料館所蔵）・『峰山藩御用日誌』[18]中の書き継ぎ起請文およびその関連史料である。

1　鳥羽稲垣家の場合

文化十二年（一八一五）～文久三年（一八六三）御側坊主加人誓詞（國學院大學神道資料館所蔵鳥羽藩御側坊主等起請文群二四、以下番号のみ記す）は、文化十二年から文久三年の四十八年間に九名の人物によって書き継がれた起請文である。この中で注目したいのは、安政四年（一八五七）七月二十九日に署判を加えている、三人目の署判者小川儀斉についてである。

稲垣家は安政四年八月から一年間大坂加番役を務めたが、藩主一行は同年七月十五日に江戸を出発し、七月二十七日に大坂に到着している。差出人の小川儀斉、宛名人の浮気織人・水野直三・白井吉之丞の四人はいずれも藩主一行に加わっていることが安政四年の『大坂加番日記』[19]から確認できる。四人を含む藩主一行の大坂到着は七月二十七日、儀斉の署判日は同月二十九日なので、儀斉は大坂で署判を加えたことになる。この書き継ぎ起請文は江戸藩邸で保管されていたと考えられるから（第Ⅱ部第三章参照）、藩主一行はこの書き継ぎ起請文を大坂まで持ってきたことがわかる。

同様の事例をもう一つあげてみよう。安政三年から五年にかけて書かれた、御湯殿掛、御草履取役職就任起請文(四〇)がそれである。二人目の署判者三代蔵は稲垣家が大坂加番役勤務中の安政四年十二月二日に署判を加えている。三代蔵の名は安政四年の『大坂加番日記』には出てこないが、宛名人の浮気織人・水野直三・白井吉之丞の三人は小川儀斉の宛名人と同じであり、十二月二日には大坂にいたことがすでに明らかである。したがって三代蔵もまた、大坂まで運ばれてきた書き継ぎ起請文に署判を加えたことになる。

以上の検討から、大坂加番役勤務にあたって稲垣家では、藩主に関わる役職の書き継ぎ起請文を江戸藩邸から大坂まで運んだことが明らかになった。

ではなぜ、稲垣家は小川儀斎・三代蔵の二人に大坂で単独の起請文を書かせず、江戸で保管していた書き継ぎ起請文に署判させたのだろうか。わざわざ書き継ぎ起請文を江戸から大坂に送るよりも、大坂で牛玉宝印を入手させ、単独署判の起請文(以下仮に「単独起請文」と呼ぶ)を書かせたほうがはるかに簡便であったはずだ。

冒頭で述べたように、従来書き継ぎ起請文は簡便な起請文の書式として理解されており、新たに前書を書いたり、牛玉宝印を入手したりする手間を省く目的があったと考えられてきた。また、身分の低い役職就任者が書く、薄礼の起請文の書式、とも認識されてきた。確かに御側坊主加人・御草履取・御湯殿掛は身分の低い役職であり、鳥羽藩起請文群の中ではこれらの役職の単独の起請文の事例はなく、すべて書き継ぎ起請文の書式をとっている。低い役職者向けの簡便な書式であるということが書き継ぎ起請文の一側面であったことは確かである。しかし、同じ程度の身分と考えられる御茶部屋坊主・御納戸坊主・御側坊主の起請文は単独起請文と書き継ぎ起請文が両方書かれており[20]、単に身分の高低のみで書き継ぎ起請文の書式が選ばれたとはいいがたい。

理由として考えられるのは、大坂では稲垣家が起請文の料紙としている本宮系熊野山宝印（以下「本宮牛玉宝印」と呼ぶ）を入手しにくかったため、大坂で必要になりそうな役職の起請文を持っていった、ということである。稲垣家の使っていた本宮牛玉宝印は、江戸で本宮牛玉宝印を配布していた本宮尾崎坊の牛玉宝印と図様がきわめて似ており、稲垣家では家中起請文用の牛玉宝印を尾崎坊と関わりのある御師・寺社から購入していた可能性がある（第二部第三章参照）。熊野牛玉宝印そのものは大坂でも配布されていたことは確実だが、尾崎坊および配下の御師・寺社が本宮牛玉宝印を配布していたかどうかは今のところ不明である。しかし、仮に稲垣家が使用していた本宮牛玉宝印が大坂では入手できなかったとしても、江戸から予備の牛玉宝印を持っていけばよかっただけの話である。そもそも稲垣家が尾崎坊配布の牛玉宝印以外には家中起請文を書かせなかったほど牛玉宝印にこだわりがあったかどうかも、今の時点では不明であり、これらのことを勘案すると、牛玉宝印の入手問題が書き継ぎ起請文を大坂まで運んだ主たる理由とすることはできないだろう。

あるいは、大坂加番を務めるために江戸を出発する際には藩（藩主）に提出された起請文を全部持ってきていた、という可能性もある。起請文は差出人の身血を付した特別な書類であり、一般的な書類とは区別して扱われたとしても不思議はない。たとえば、大御所吉宗付の若年寄となった加納久通・堀直旧の役職就任起請文は西の丸の吉宗の居室まで運ばれ、吉宗の側近くに保管されていた可能性がある(21)。つまり、藩主に提出された起請文は、藩主の側近くに保管する、といった慣行があった可能性である。

しかし、藩主に捧げられた起請文は大量に保管されていただろうから、それらを全部持っていったとは考えにくい。また、佐賀鍋島家の『重茂公御年譜三』（『佐賀県近世史料　第一編第四巻』）では宝暦十一（一七六一）年、鍋島重茂が初入国時に国元に保管されていた家中の起請文をみた、という記事があり、また内藤家でも役職就任起請文は大目付の管理する蔵に保管されていたから、各大名家では必ずしも起請文はつねに藩主の身辺に置く、というわけではなかったと思われる。

以上、書き継ぎ起請文が大坂まで運ばれた理由を考えられる範囲で二つあげてみたが、どちらも説得力に欠ける。結局のところ、稲垣家の場合、起請文を書かせる場合に備えて、使いそうな書き継ぎ起請文をあらかじめ選び、大坂に持っていったと結論付けてよさそうである。

稲垣家が大坂で書き継ぎ起請文を書かせた理由は一つではないだろう。「簡便だから」「牛玉宝印の節約になるから」「身分に応じた薄礼の書式だから」といった、今まで指摘されてきたような理由も当然含まれていただろう。しかし、それらの理由は二次的なものであり、やはり「書き継ぐこと」自体が主たる理由であったと思われる。

ところで、なぜ稲垣家は小川儀斎・三代蔵の二人に大坂で単独起請文を書かせなかったのだろうか。この問題は言い換えると、書き継ぎ起請文と単独起請文の使い分けの原則はどのようなものだったか、ということでもあるが、稲垣家の場合、家中起請文に関連する藩政史料が見当たらないため、現時点では検討できなかった。ただし、あえて見通しを述べれば、書き継ぎ起請文と単独起請文の違いは、差出人の来歴や前任者との関係などに関わることもあるのではないか、と考えている。一般的に役職就任起請文が書き継ぎの場合、就任者全員が一つの書き継ぎ起請文に署判を加えるというわけではなく、たいてい同一役職内で何通かの書き継ぎ起請文が存在する。同一役職内に複数の書き継ぎ起請文が存在する場合、たとえば、新任者は前任者の署判のあとに名を記し、「誰が誰の跡を継いだのか」を記録に残す、という思想があったのかもしれない。あるいは、書き継ぎ起請文に名を連ねることができるのは譜代の家臣のみで、新規・臨時に雇われた家臣は区別され、単独起請文にする、といった不文律があったかもしれない。これらの見通しは現時点ではあくまでも予想に過ぎないが、書き継ぎ起請文と単独起請文の署判者の差異を丁寧に追及していけば、「書き継ぐ」ことへの当時の人々の思いを、明確に指摘できるのではないかと考えている。

2　松代真田家の場合

松代真田家でも鳥羽稲垣家と同じような事例がみられる。それは天保七年（一八三六）から文久三年（一八六三）の二十七年間に書かれた「若御前様御中老若女中御小姓」の書き継ぎ起請文である。[22]これは若御前様すなわち藩主夫人付きの中老・女中・小姓・計三十四名による書き継ぎ起請文であるが、注目すべきは三十一人目から三十四人目までの四人（武・花・時・染治）の署判である。この四人は文久三年十二月十七日に署判を加えているが、当時の若御前様（真田幸教夫人晴）は文久二年十二月に松代に帰国し、元治元年（一八六四）まで松代に滞在している。

武・花・時・染治がどこで起請文に署判を加えたか、記録の上から確認することはできない。しかし彼ら四人の起請文には宛名が記されていないため、若御前様の面前で署判を加えた可能性が高いと思われる。とすれば四人は松代で署判を加えたことになる。真田家の中老・女中・小姓起請文は江戸藩邸に保管されていたことが確実なので、真田家の書き継ぎ起請文も藩主夫人の移動とともに江戸から松代まで運ばれたと考えてよいのではないだろうか。

3　峰山京極家の場合

峰山京極家では明和七年（一七七〇）大坂加番役を務めたが、次にあげる史料はその際大坂行きを命ぜられた藩士たちの起請文提出に関する記事である（傍線・（　）は筆者）。

『峰山藩御用日誌』[23]明和七年六月十七日条

八兵衛（峰山年寄辻八兵衛）始峯山諸士之面々大坂詰誓詞ハ、江戸表諸士相済候後、誓詞峯山へ為差登、於同所誓詞被仰付、彼地居残之御役人判元改可相済旨被　仰出、其段申遣、誓詞差登候事、但、峯山表誓詞相済候上、直ニ大坂へ八兵衛持参可有之旨申遣候、

京極家では大坂加番役を務めるにあたって国元と江戸詰の両方の藩士から大坂詰藩士を選び、出発前に大坂加番役に従事する旨の起請文を提出させた。明和七年の場合、起請文はまず江戸詰の藩士が書き、その後起請文は峰山に送られ、峰山に居残りの役人の判元改めのもと国元藩士の署判が加えられた。大坂加番役に従事する江戸・峰山双方の藩士全員の署判が完了したのち、起請文はさらに藩主が一年間加番役を務める大坂へと送られたが、起請文を運んだのは大坂詰を命じられた年寄辻八兵衛であった。

『峰山藩御用日誌』には、送られた起請文の書式は記されていないが、引用史料傍線部から連署起請文だったことは間違いない。京極家では、江戸と国元で個々に起請文を書かせず、わざわざ江戸から国元まで起請文を送り、大坂加番役に従事する藩士の連署起請文を完成させたのである。

4　運ばれる起請文　まとめ

以上、鳥羽稲垣家・松代真田家・峰山京極家の三家は書き継ぎ起請文又は連署起請文を江戸―国元―大坂間で持ち運び、署判を加えさせていたことが明らかになった。とくに連署起請文を江戸から峰山迄送り、連署を完成させたことは、「同じ起請文（紙）で誓う」ことが重要だったことを意味する。こう考えると、書き継ぎ起請文も紙を貼り継ぐことで「一紙」と解釈すれば、年月を越えて「連署」で誓うことになるのではないだろうか。そしてそれこそが、書き継ぎ起請文の本質なのではないか、と想像される。

このことをさらに考えるために、次に少し視点を変えて、連署起請文と書き継ぎ起請文の関係について考えてみた

い。

三　連署と書き継ぎ──一紙の起請文

前述したように、近代の古文書学では、前書や神文はそのままで署名だけをずっと書き足していく起請文を書き継ぎ起請文・書続起請文・継証文などと呼んで、連署起請文と区別している。つまり、近代の古文書学では連署起請文と書き継ぎ起請文とを起請文が書かれた日付の異同で区別していることになるが、起請文が書かれた当時の人々は、起請文の日付に関して、現代とは違った感覚を持っていた可能性がある。

そもそも、「書き継ぎ起請文」という用語は近代古文書学の中で使われ始めた用語であって、近世武家社会ではおそらく使われていなかった用語であろう。当時の人々は書き継ぎ起請文を、連署起請文とさほど明確には区別していなかったのではないだろうか。

このことを示す事例として、甲府勤番士の役職就任起請文を検討してみたい。使用する史料は『甲府勤番日記壱』（『山梨県史　資料編八』）である（傍線①②は筆者）。『山梨県史　資料編八』所収「収録史料の解説」によれば、『甲府勤番日記』は甲府勤番士を務めた別所家に伝来した日記で、現在江戸東京博物館に所蔵されている。日記は勤番の様子を日付を追って記録しており、後年の編纂記録の可能性もあるが、信憑性は高いものとみられるとのことである。

（表紙）「甲府勤番日記　壱　従享保九甲辰年　至同年引越迄」

将軍吉宗公御代

一　享保九甲辰七月四日小普請組支配有馬内膳高三千石今日出羽守ト改・同興津能登守高弐千石
被為召　御前江、甲州御城勤番支配被仰付、（以下略）

一　同日御用番水野和泉守殿御渡被成候御書付、
右両人甲府江妻子引越可被遣候、且又能登守取来候御足高、唯今迄之通、御蔵米ニ而可被下候、支配百人宛
弐百人、拾七以上六拾歳以下高五百石より弐百石迄之者差添可被遣候、（以下略）

一　①九月廿一日より廿三日迄御用番松平左近将監殿（乗邑。老中）御宅ニ而、組頭始勤番面々誓詞被　仰付、大
目付衆壱人宛出座、
起請文前書　組頭
（以下前書。略）
右之条々雖為一事於致違犯者、

有馬出羽守支配組頭　深谷左源太
大河内十太夫
興津能登守支配組頭　小河甚左衛門
間宮十左衛門

御用番御老中

起請文前書　両支配後ニ甲府御番所ニ看板板ニ出ル
（以下前書略）
右之条々雖為一事於致違犯者

享保九甲辰九月　　　　　　勤番一紙連名②

御用番御老中

（以下略）

右は享保九年の甲府勤番新設にともない、勤番士二百名が役職就任起請文を提出した際の記事である。甲府勤番士の役職就任起請文は、組頭四名と残り百九十六名の勤番士がそれぞれ連署で起請文を書くというものであるが、傍線部①により、百九十六名の勤番士の起請文は提出し終わるまで九月二十一日から二十三日まで三日間かかっていることがわかる。おそらく多人数であるため百九十六名の勤番士をいくつかのグループに分け、順番に三日間かけて署判を加えさせたのであろう。

百九十六名もの勤番士の署判は長大な料紙を必要とするため、何枚も牛玉宝印を貼り継いだことは確実だが、日記の作者は傍線部②「勤番一紙連名」と記しており、江戸期の人々が、何枚牛玉宝印を貼り継いでも「一紙」ととらえていることがわかる。しかもこの起請文の署判は三日にわたって据えられたが、日付を区別して署判を据えた形跡はなく、日時の異同はあまり気にしなかったことが察せられる。

つまり、右の事例から、紙はつながってさえいれば、何枚貼り継がれていようと一紙であり、据えられた署判は年次や日にちが異なっていても連署と解釈されたことになる。書き継ぎ起請文は、代々の前任者たちが誓約し、署判を加えた起請文に紙を貼り継ぎ署判を加えることで、連署起請文と解釈されていたのではないだろうか。そして、連署してともに誓うことは仲間である証、結束の証であり、だからこそ目付、小姓組番頭・組頭、書院番頭・組頭の啫誓詞は、起請文の通常の要件である血判・神文を廃止したのち、書き継ぎの書式だけ残して幕末まで続けられたのではないだろうか。

書き継ぎ起請文について検討を続けてきたが、江戸期には書き継ぎ起請文は連署起請文と同じものと解釈されていたのではないか、との結論を得た。そこで、最後に連署起請文について、真田家文書の史料を一例として考えてみたい。

四　連署の重み

大熊正治等連署状（米山一政編『真田家文書　上』二七一）

一筆申入候、然者木村渡右衛門儀、病中御役御赦免被遊儀ニ候へ共、今度何も連判之誓紙ハ末々迄相残事ニ候間、連判可仕由、帯刀様主殿様御意被成候付而、渡右衛門申上候趣ハ、病中御役御赦免被遊候事ニ候へハ、何も同前ニ連判仕候儀、延（ママ、遠）慮ニ存候間、連判之誓紙前書無相違誓紙相調、一判ニて指上可申候間、連判之儀御のそき被下候様ニと申上候処ニ、帯刀様御意にハ、尤之申分ニ候へ共、代々家老役仕候者之儀、連判御のそき被成候へハ、家老役末々迄御赦免之様ニ罷成候儀如何ト被思召候間、病中之儀ハ於何儀も、相談之人数ニ加り不申、緩々ト気分養生可仕候、誓紙ニ判形仕候儀も、帯刀様御捨（ママ）免被成候上ハ、不苦儀候間、連判可仕由御意ニ付而、何も、連判之誓紙ニ血判被仕候事ニ候間、其心得可被成候、此段我等共方より各へ申遣由、帯刀様主殿様御意候間、如斯候、恐惶謹言、

（万治三年）九月廿四日　望月主水正利（花押）

原主膳正吉（花押）

大熊靫負正治（花押）

小山田采女様
出浦五左衛門様
金井弥平兵衛様
赤澤助之進様

右は万治三年（一六六〇）、幼くして藩主となった真田右衛門（幸道）の後見役内藤帯刀忠興（岩城平藩主）が、真田家全家老に対し右衛門に忠誠を誓う起請文の提出を命じたことに関する書状である。差出人の望月・原・大熊の三人は江戸家老、宛名の小山田・出浦・金井・赤澤の四人は国家老である。

真田家江戸家老の一人木村渡右衛門は、病気中は御役御赦免になっていたが、今度の江戸国元両家老による連署起請文提出に際しては、「連判之誓紙（連署の起請文）は後々まで残るので、連署をするように」と、他の家老たちと一緒に連署で起請文を書くよう内藤帯刀と同主殿（内藤政亮。藩主真田右衛門の姉の夫、帯刀の息子）から指示された。これに対し木村渡右衛門は、病中による御役御赦免を理由に連判（連署）を遠慮し、その代わり連署起請文とまったく同じ前書の起請文を作成し、自分ひとりだけ（「一判ニて」）の起請文を提出したい、と申し出た。しかし帯刀らは「代々家老職を務めてきた者が連署起請文に署判を加えなかったら、家老職を末代まで赦免されたように思われるが、それはいかがなものか」と考え、「病中であるから政治にはかかわらず、ゆっくりと養生し、誓紙に判形を加えることも、自分（帯刀）が許すから、問題ないので、連判の誓紙に判形を加えなさい」との意向を示した。その結果、木村渡右衛門も連署の起請文に加わった。

書状の大意は以上のようなことであるが、ここで注目されるのは、①連署起請文（連判之誓紙）は末々まで残る、と帯刀が述べていること、②木村の一判の誓紙（単独署判）では、木村の家が代々まで家老職を赦免された家のように解釈される（「代々家老役仕候者之儀、連判御のそき被成候へハ、家老役末々迄御赦免之様ニ罷成候」）、と帯刀が述べていることの二点である。

①からは、連署起請文は「残るもの」、つまり長く保管され、何かの折には家の由緒や役職の由来などを物語る証拠書類として活用される場合もあったことが想像される。また②からは、家老の連署起請文に加わっていないと家老を赦免されたと解釈され、たとえ前書や神文が連署とまったく同じであっても単独署判の起請文では家老である証にはならなかったことがわかる。さらに深読みすれば、帯刀が木村の連署にこだわったのは、木村の、幼主真田右衛門（幸道）に対する忠誠心の表明は、家老衆として表明されなければ意味がなく、木村個人としての忠誠心にはさほど関心がなかったということもいえるのではないだろうか。

以上、真田家の事例から連署起請文の江戸期における「重み」を検討したが、連署起請文は単独署判に比べ信頼性が高く、代々保管され、時に証拠書類として活用されることもありうることが確認できた。

しかし、連署起請文の持つ意味は右の指摘だけではなく、もっと多様なはずである。もちろん、右の指摘は確かに連署起請文の持つ一つの性格であることは疑いないと思われるが、連署起請文には他にもさまざまな意味が含まれると思われる。

たとえば、代替り誓詞の場合、寺社奉行や奏者番など、大名が務める役職で定員が複数の場合でも、誓詞は基本的に単独署判である。しかし、同じように定員が複数の老中や若年寄は連署で代替り誓詞を書くのである。また、大名に御目見えずみの嫡子がいる場合、代替り誓詞は大名と嫡子の連署で書かれる場合が多いが、老中の嫡子は、他の老中の嫡子とともに連署の代替り誓詞を出すことがある。(24) この場合、連署は単独署判よりも「信頼性がある」から老中や若年寄の代替り誓詞は連署なのだ、とは考えにくく、他に理由があるように思われる。つまり、本節で指摘できたことはあくまでも連署起請文の一側面に過ぎず、むしろここでの検討の成果は、連署起請文の持つ多様性を指摘できたことにこそあるのではないか。連署か単独署判か、という問題は近世起請文の研究をするうえで、今後もっと注意を払うべき検討点だと思われる。

まとめ

書き継ぎ起請文と連署起請文について検討してきたが、明らかにできたことをまとめると、次のようになる。

一　書き継ぎ起請文は近世に特有の起請文様式といえる。おおよそ一六〇〇年代後半から始まった書式と考えられる。

二　書き継ぎ起請文は従来身分の低い者用の、前書や神文を新たに作ることを省略する、簡便な書式と考えられてきたが、必ずしもそうではなく、幕府でいえば布衣以上諸大夫、大名家でいえば藩主家一門や家老クラスの家臣も書くことのある書式である。

三　同役同士の結束や申し合わせの遵守を誓うとき、書き継ぎ起請文の形式がとられることが多い。これは、代々の前任者の前書と神文を共有することで、時空を超えて代々の前任者とともに誓うことになるからであろうと考えられる。

四　江戸期には、紙は何枚貼り継がれても、つながっていれば「一紙」と考えられ、書き継ぎ起請文も連署起請文と受け取られていた可能性がある。

五　連署起請文は長く保管され、証拠能力が高いと評価される一面を持つ。

六　連署起請文は多面的な評価を持つ書式であるが、現時点では十分な検討がなされているとはいえない。連署か単独署判の起請文か、という点に今後もっと注目するべきではないだろうか。

註

（1）千々和到氏「中世の誓約文書＝起請文の、二つの系列」（『國學院雑誌』第一〇六巻第二号、二〇〇五年）。

（2）千々和氏（1）論文。

（3）牛玉宝印の版面の外に差出人・宛名を書く（内閣文庫多聞櫓文書〈以下「多」と略記〉一二八八五）、版面内に差出人・宛名を書く（多一二八六一）など。

（4）多一二一〇〇。

（5）白山比咩神社文書の荘厳講結衆等一味同心起請文條々（『鎌倉遺文』一〇二八三）荘厳講承仕起請文案（同二二一五三）は、越前白山比咩神社の荘厳講結衆や承仕が前書・神文はそのままに、署判だけ書き継いでおり、書き継ぎ起請文であるといえる。私は原本を未見であるが、活字の上から確認したところでは、荘厳講結衆等一味同心起請文條々は、最初の署判は文永五年（一二六八）七月で、最後は元亀三年（一五七二）十月二十五日である。荘厳講結衆としての団結を誓った一味同心起請文なので、任務の遵守を誓うために書かれることが多い近世の書き継ぎ起請文とは少し意味が異なっているが、管見に触れた書き継ぎ起請文の初見として位置付けられる。一方、荘厳講承仕起請文案は承仕としての任務の遵守を誓った起請文で、嘉元三年（一三〇五）三月から長享元年（一四八七）十二月晦日まで十七人の承仕が署判を書き継いでおり、こちらのほうが、近世の書き継ぎ起請文に近いかもしれない。さらに荘厳講結衆等一味同心起請文條々は、最初の署判から次の宝徳元年（一四四九）の署判まで百八十年以上間がある。書き継ぎ起請文は後世、初発の署判までさかのぼって作成し直すことがままあり（第二部第二章参照）、荘厳講結衆等一味同心起請文條々も文永五年七月の最初の署判の段階から書き継ぎ起請文を意図していたかどうかはわからない。したがって、書き継ぎ起請文の確実な初見は、案文ではあるが荘厳講承仕起請文案で、書き継ぎ起請文は嘉元三年ごろから書かれ始めた、と考えてよいのかもしれない。しかし、いずれにしても両通共越前白山比咩神社の中で書かれたものであり、他の例は見当たらない。近世以前には書き継ぎ起請文が書かれることはきわめて少なく、限定された地域の、特異な書式だったのではないかと考えられる。
（6）『日本古文書学講座　第六巻　近世編Ⅰ』（雄山閣出版、一九七九年）二六三頁。
（7）たとえば、検見附誓詞（国文学研究資料館所蔵真田家文書き48）は明和五年（一七六八）から明治二年（一八六九）の約百年間書き継がれ、署判を加えたのは百八十八名、貼り継がれた牛玉宝印は五十八枚におよぶ。同様の例は内藤家などにもみられる。
（8）林匡氏「鹿児島藩記録所と文書管理」（国文学研究資料館編『藩政アーカイブスの研究』二〇〇八年）二七七頁。
（9）『佐賀県史料集成　古文書編　第二十四巻』（佐賀県立図書館、一九八三年）。
（10）荻野三七彦氏『日本古文書学と中世文化史』（吉川弘文館、一九九五年、一九三八年初出）。
（11）大名家の書き継ぎ起請文は第Ⅱ部で多く扱うので、ここではとくに例をあげない。御目見え以下の幕府役人の書き継ぎ起請文については、安政三年徒となった山本政恒が徒頭森川久右衛門宅で書き継ぎ起請文に血判を据えている。幕末の徒の起請文は帳面の書式となっていたようであるが、山本は徒頭宅で血判だけ据えているので、帳面の形式で作成された書き継ぎ起請文と考えられる（『幕末下級武士の記録』時事通信社、一九八五年）。
（12）内藤家については第Ⅱ部第二章で触れる。鍋島家の書き継ぎ起請文は、貞享四年（一六八七）六月二十九日〜元禄八年（一六九五）九月十五日付鍋島千五郎外三十一名連署起請文前書案（「五番御掛硯誓詞書写二」二一七、『佐賀県史料集成　二十四巻』）で、神代鍋島・多久など、鍋島一門・家老家の人々が名を連ねている。
（13）本間氏の一連の目付研究の主なものは以下のとおり。「江戸幕府目付に関する一考察―誓詞制度・柳之間寄合制度―」（『法学新法』第九一巻八・九・一〇合併号、一九八五年）、「江戸幕府目付の評定番について」（『立命館法学』三三三・三三四号、二〇一〇年）、「江戸幕府目付の月番制について」（服藤弘司先生傘寿記念論文集刊行会編『服藤弘司先生傘寿記念日本法制史論纂―紛争処理と統治システム―』創文社、二〇〇〇年）。
（14）旧事諮問会編『旧事諮問録―江戸幕府役人の証言―上』（岩波文庫、一九八六年、初出一九四〇年）。
（15）福留真紀氏「補論　近世前期における小姓組番頭」（『徳川将軍側近の研究』校倉書房、二〇〇六年）二三三〜二三四頁。
（16）とくに組単位で職務が実行される役職では、仲間との結束感を高めるために啻誓詞が書かれたのではないかと思われる。

南和男氏「町奉行―享保以降を中心として―」（『江戸町人の研究　第四巻』吉川弘文館、一九七九年）によれば、町奉行所与力・同心は全員で町奉行に連署の起請文を提出した。これは端作り文言・式目神文を使い、血判も据える。書き継ぎ起請文ではないが、個別の役職就任時起請文とは別に行われる点、全員での連署である点で、仲間の一体感を強める効果があったとみられ、嗜誓詞に共通する思想が感じられる。

（17）たとえば、代替り誓詞は大名嫡子・御目見えずみの子弟も提出することとし（『旧記雑録追録三』享保元年）、病気の者は快癒後に出し、十六歳未満の者は提出しなくてよい（『徳川実紀』延享三年二月三日条）、布衣以下の役人も代替り誓詞を書くこと（『幕府書物方日記』延享二年十一月一日条）など。また、渡辺忠司氏「丹羽家文書『御組由緒記』―二條城守衛与力由緒記録―」（『鷹陵史学』第三六号、二〇一〇年）所収の「御組由緒記」によれば、二條城守衛与力の隠居願いには享保八年（一七二三）以前は「日本之神以病気偽無御座候」との誓言が書き入れられていたが、元文二年（一七三七）からは書式が変わり、誓言が削られている。誓言を乱用することをやめた例ととらえることができる。

（18）『徳川時代大坂城関係史料集　第二号　大坂加番記録（一）』（大坂城天守閣編、一九九九年）。

（19）鳥羽市市立図書館所蔵加藤家文書三五。

（20）鳥羽藩起請文群のうち、御茶部屋坊主・御納戸坊主・御側坊主の単独の役職就任起請文は、一二・二九・三六。

（21）「酒井忠恭日記」（東京大学史料編纂所所蔵、二〇七三―九六）延享二年九月三日条。

（22）若御前様御中老若女中御小姓誓詞（明治大学博物館所蔵内藤家文書き40）。

（23）『徳川時代大坂城関係資料集　第二号　大坂加番記録（二）』（大坂城天守閣編、一九九九年）。

（24）茨城県立歴史館所蔵笠間牧野家文書一一六「天明六年丙午年若殿様御誓詞一件」による。なお、この件については本書では詳しく検討ができなかったので、別の機会に検討を行うこととし、指摘するにとどめたい。

第四章　江戸幕府の起請文制度

はじめに

第一章から第三章では、代替り誓詞の端作り文言（冒頭の事書）・神文・血判位置について検討を行い、起請文書式の定式化を幕府は意図的に行っていたことを明らかにした。そして起請文書式の定式化は、幕府が大名・幕臣を支配するうえで一定の役割を果たしただろうとの見通しを得た。本章では起請文書式定式化の過程を「制度の成立」という観点から更に具体的にみていきたい。

幕府起請文については、江戸時代後期に書かれた随筆や、明治になってから書かれた江戸幕府に関する思い出の記などでしばしば取り上げられているため[1]、その具体相が明らかになっていると思われがちである。しかし、記されているのはあくまでも江戸時代後期から末期の、個人や特定の役職の事例であって、幕府起請文の全体を物語っているわけではない。とくに、江戸時代前期（家綱将軍まで）の幕府起請文の姿はほとんど明らかになっていないことに留意しなければならない。

江戸幕府起請文といえば、大名・幕臣による役職就任起請文と、徳川将軍の代替りの起請文が最も知られたものであろう。役職就任起請文は、大名・幕臣が役職に就任した時点で提出する起請文で、職務の遵守を誓約したものである。一方代替りの起請文は、前将軍の隠居・死去時に、新将軍に忠誠を誓って提出される起請文である。この二つは、前者は「御役之誓詞」「御役儀之誓詞」、後者は「御代替りの誓詞」などと呼ばれ、明確に区別されていた。しかし、前述したように、これは江戸時代後期から幕末ごろの人々の幕府起請文に対する認識であり、幕府起請文が当初からこのような形であったのかどうかは明らかではない。

そこで、本章では江戸幕府初期の起請文の具体相を明らかにし、役職就任起請文と代替りの起請文がいつから、どのような形で始まり、定着していくのかを考えてみたい。

一　家康から家光治世までの幕府起請文

慶長八年（一六〇三）に江戸幕府が開かれてから、大名・役人が提出した起請文について概観してみよう。逸話は除き(2)、史料・記録から確認できるものだけをみていくことにする。

1　家康・秀忠期の幕府起請文

家康・秀忠がそれぞれ将軍・大御所であった慶長八年（一六〇三）から元和九年（一六二三）までは、起請文に関する具体的な史料がほとんど残されておらず、どのような起請文が家康・秀忠と諸大名間でやり取りされたのかよくわからない。

先行研究の中では、家康が大御所として大名たちに提出させた起請文の初見は、「三ヶ条誓詞」と呼ばれる、慶長十六年四月十二日付の細川忠興他二十一名の連署誓書ということになっている。家康は後水尾天皇の即位式に合わせて上京し、同日林羅山に起草させた三ヶ条の条書を在京の大名に示し、その遵守を誓わせた。松平太郎氏は『江戸時代制度の研究』の中で、この三ヶ条誓詞が大名によって提出された起請文＝「大名誓詞」の始まりであるとし、のち中田薫氏は「起請文雑考」で三ヶ条誓詞が代替り誓詞の濫觴となったと指摘した。(3) 両氏の指摘は以後定説となっているが、ただし、三ヶ条誓詞には神文がなく、古文書学的にいえば正確には起請文ではない。「三ヶ条誓詞」は次のようなものである。

慶長十六年四月十二日付三ヶ条誓詞(4)（前田家文書『古蹟文徴　九』）

條々

一如右大将家、以後代々公方之法式可奉仰之、被考損益而、自江戸於被出御目録者、弥堅可守其旨事、

一或背御法度、或違上意之輩、各、国々可停止隠置事、

一各、拘置之諸侍已下、若為叛逆殺害人之由、於有其届者、互可停止相拘事、

右條々若於相背者、被遂御糾明、可被処厳重之法度者也、

慶長十六年四月十二日

豊前宰相忠興《細川》（花押）

越前少将忠直《松平》（花押）

（以下差出人二十名は省略。島津のみ不明だが、あとは全員花押あり）

家康が提出させた、神文をともなう誓詞＝起請文の初見は、慶長十九年一月十九日の大久保忠隣改易後の、同年二月十四日付の酒井雅楽頭忠世他七名による連署起請文である。大久保は秀忠老臣筆頭であったため、家康は家臣団の動揺を恐れ、江戸の年寄衆・老中・町奉行・御留守居八名から連署で忠誠と職務の遵守を誓う、この起請文を提出させた。(5) これは、松平太郎氏によって幕府役人が出した起請文＝役人誓詞の初見とされ、現在定説化している。しかし、

この起請文は、「御当家令條」以外に良質な写は残っておらず、神文が書かれていたことは確認できるが、神文そのものは省略されているため、どのような内容であったのかは不明である。

慶長十九年二月十四日付酒井雅楽頭他七名連署起請文(6)（「御当家令條　巻第二十四」）

公事裁許役人起請文前書

一奉対　両御所様、御後闇義、毛頭不可存事、
一雖為親子兄弟、両御所様御ためあしき義仕族、幷背御法度輩有之者、有様に可申上事、
一今度大久保相模守、蒙　御勘気上者巳来相模守父子と不通可仕事、
一公事批判御定之義、知音・好之義者不及申、雖為親子兄弟、無依怙贔屓様可申付事、
一於評定所批判相談之時、互ニ心底存寄之通、不寄善悪、毛頭も不相残可申出事、
一於　御前被　仰付候義、就善悪、無御意間ハ不可致他言、余人被　仰付候義、承といふ共、当人就不申出者、他言仕間敷事、
一知音立を仕、申合一味者、精入承、言上可仕事、
一背上意もの、雖為知音好、入魂仕間敷事、
一此衆中、或背御法度、或贔屓偏頗いたし、就諸事悪事有之由御耳ニ立候者御穿鑿之上何様ニも可被　仰付事、
右條々於相背者、

慶長十九年寅二月十四日

酒井雅楽頭　酒井備後守　土井大炊助
安藤対馬守　水野監物　井上主計頭

米津勘兵衛　嶋田兵四郎　各血判

全文が残っている起請文の初見は同年九月七日、大坂冬の陣に先立って、諸大名が提出させられた起請文（仮に大坂の陣誓詞と呼ぶ）である。西国の大名五十人余が江戸の酒井雅楽頭邸に集められ、忠誠を誓う起請文を提出させられている（「伊東家譜」）。[7]（慶長十九年）七月十四日付毛利秀就自筆書状[8]には、「去七日ニ、御意ニ而、酒井雅楽助（ママ）殿神文仕候、各大名衆被仕候、本佐州、大炊殿此衆御座候、」とあり、本多佐渡守正信と土井大炊頭利勝も誓詞提出の場に同席していたことがうかがえる。

このときの起請文は、写が鍋島家・島津家・毛利家にそれぞれ残っているため、書式を知ることができる。三通とも前書・神文（鍋島勝茂の神文は不明）・日付・宛名がほぼ同じで、『諸法度』にも同じ書式の案文が残っているため、幕府から起請文雛型が提示されたことが明らかである（第Ⅰ部第一章参照）。また、鍋島家・島津家・毛利家の写と『諸法度』の案文は、異同がわずか二文字に過ぎず、江戸時代初期には、幕府から起請文雛型を提示された場合、きわめて忠実に雛型に従って起請文を作成したことが確認できる。

慶長十九年九月七日付毛利秀就起請文（『大日本古文書　毛利家文書之四』一四二五）

敬白　天罰霊社起請文前書事

一奉對両　御所様、不可致別心表裏事、

一對背　上意輩、一切不可申談事、

一被　仰出御法度以下、毛頭不可相背申之事、

右條々、若於致違背者、忝茂

上者梵天、帝釈、四大天王、廿八宿、下者堅牢地神地之三十六禽、別而伊豆箱根両所権現、三嶋大明神、熊野

三所権現、稲荷、祇園、賀茂下上大明神、松尾、平野大明神、諏訪、熱田大明神、正八幡大菩薩、天満大自在天神、愛宕大権現、惣而日本国中六十余州大小神祇、殊氏神部類眷属、各罷蒙神罰・冥罰深厚、於今生者、受白癩黒癩重病於四十二骨、於来世者、令堕無間地獄、浮世更不可有之者也、依起請文如件、

慶長拾九年九月七日　　松平長門守秀就

本多佐渡守(正信)殿

酒井雅楽頭(忠世)殿

「三ヶ条誓詞」の際には大名の連判で誓書が作成されたが、大坂の陣誓詞は残存する写はすべて単独署判である。とくに註記もないため、各大名が個々に提出した個別の起請文であったと思われる。

なお、幕府が提示した起請文雛型は、端作り文言が「敬白天罰霊社起請文前書事」、神文は熊野三所権現・稲荷・祇園・加茂下上大明神等々を勧請した、霊社起請文であった(9)。

元和元年（一六一五）七月七日、武家諸法度が発布されたが、この際、諸大名は起請文を提出したと考えられる。寛永十二年の武家諸法度発布時の家光の言葉として「神祖　台徳院殿両代の法令、年月をふる事既に久しければ、今度損益刪定して令せらる、各此旨を守るべし、又是迄諸大名の誓詞召さるゝ例なりといへども、各忠勤既三朝を歴て怠らざるが故、当代には誓詞を御覧ずるに及ばず、」（『徳川実紀　大猷院殿御実紀　巻二十八』寛永十二年六月二十一日条）とあり、元和元年の発布時に起請文を提出させられたことが予想される。

このことは、(元和元年)十月三日付の、豊前小倉在国中の細川越中守忠興から江戸在府中の息子内記忠利宛書状(10)にも「其地諸大名衆誓紙被　仰付候由、左様ニ可有是候と存候事」とあるので、元和元年の武家諸法度発布時に江戸在国中の大名がその遵守を誓う起請文を提出したことは確実である。しかし、この起請文は案文も写も残っておらず、

どのような書式であったかまったくわからない。「三ヶ条誓詞」と同じように、連署であった可能性もあるが、不明である。

翌元和二年四月十七日、家康は死去するが、この際、諸大名から秀忠への忠誠を誓う起請文がいっせいに出された形跡はない。

細川忠興は息子忠利に宛てた同年八月十日付の手紙の中で「一安藤対馬（重信）所へ大炊殿（土井利勝）・上州（本多正純）も被参、黒筑書物にて何哉らん被申上候由候、さのミの奇特出来申間敷候事」（『細川家史料 一』一三〇）と述べ、「黒筑（黒田長政）が、書物（起請文）を提出したとのことだが、（それは）さほど殊勝なことだというわけではない」と書き綴っている。[11]

忠利は繰り返し黒田長政の動静を忠興に伝えていたようで、元和二年六月中の忠興の、忠利宛書状によれば、長政は在府の大名に暇が出たあともあえて江戸に残り（六月十五日付書状、一二七）、土井利勝に接近し、また病中の安藤重信を何度も見舞っている（六月二十八日付書状、一二八）。つまり、家康の死後長政は江戸の幕府年寄衆へ積極的に接触し、取り入ろうとしていたようで、これらの動きを勘案すると、長政が安藤重信邸で提出したと思われる起請文は、四月十七日の家康死去を受けて、秀忠に忠誠を誓った起請文であったと思われる。

しかし、こうした長政の起請文提出は、忠利には「さのミの奇特出来申間敷候事」、すなわち幕府に取り入ろうとするあからさまな行為、と映っていたようで、批判的であった。したがって家康死去の時点では、家康が死去したからといってただちに秀忠へ起請文を提出する、という感覚はさほど一般的ではなく、賛否両論の行為であったことがわかる。忠興の書状のニュアンスからみても、家康死去時は大名がいっせいに起請文を提出するような状態ではなかったことが察せられる。

また、秀忠は元和九年上洛し、家光に将軍職を譲るが、上洛を前にしての五月十一日、在京中の法度を公布している。この法度に対して、随伴する幕臣は起請文を提出している。(12)

2　家光期の幕府起請文

元和九年（一六二三）七月、秀忠は将軍職を家光に譲り、この年が家光の代始めとなったが、今のところ元和九年に忠誠を誓う起請文を提出した可能性が記録の上に残るのは島津家久だけである。(13) 他の大名の家譜や文書には家光の代始めに起請文を提出したことをうかがわせるものはなく、家康死去時と同じような状況であったと考えられる。

寛永九年（一六三二）に秀忠が亡くなると、多くの大名が起請文を提出した。このときの起請文案文や写は現在までのところ、鍋島・立花・毛利・島津・池田の五家の分を見出したが、寛永九年の代替り誓詞提出をめぐる状況を物語る史料（寛永九年四月一日付有馬直純口上覚）が「部分御旧記」に残されているため、(14) 当時の大名の大体の動きを知ることができる。かなり長いが、重要な史料であるので主要な部分を右にあげる（傍線①〜③は筆者）。

寛永九年四月廿七月左ヱ門佐様御使本馬儀太夫口上覚書写
一　左衛門佐（有馬直純）申上候、路次中御ふしに御下著被成候由、御屋鋪よりうけたまハりめてたく存申上候、御用之儀御
座候而ししやを以申上候、りよくわいなから口上きこしめし上られ候てくたさるへく候様にと申上られ候、
一　さやうに御さ候へは、御ないゐを御きかせられ候ニ付、左衛門佐も一しよニきしやうかき申たきよし申上、
かたく御やくそく申上候、おのほりの後ハさたもつかまつらすまかり在候ところに、①ゑとニ御さ候衆壱人も
不残おもひおもひにあるひハうた殿（酒井雅楽頭忠世）あるひはさぬきとの（酒井讃岐守忠勝）へ御出二三日之内にミなかきもの被成御あけ候を、
②むかい将監（向井忠勝）との見被申、左ヱ門佐所へ御いて被成、早々かきものをかき上申候者よく可有御座と被仰、案文う

つしちたんにてこのことく書御奉公の道にて御坐候条一こくも早くうたとのへ御上候へと将監との被申候、又やきうたしまとの(柳生但馬守宗矩)へ被申候へは、何も不残書物御上候、左ヱ門佐も早々あけ申候やうにと被仰候、御前さま(細川越中守忠利)と申合候とハ不被申いさいハ心得たりとはかり申罷帰、御まへさまとミんふとの(稲葉民部少輔一通)・右衛門との(木下右衛門大夫延俊)とかたく申かわし候条壱人はかり仕上申ところにては御座なく候、ことに右衛門殿・ミんふ殿ハちかき御あいたからにて御さ候、左ヱ門佐義ハ別而得御意申事にてちかくの事にて御座候にまことに被入御念御なひい御きかせさぬきとのなとへも一所に被仰入くたされ候事、身ニあまりかたしけなくそんし申上候条、壱人書きもの仕候へは御やくそくちかひぬけわさのやうにおほしめし上られ候ハん事めいわくニ存申上いちいちしあん仕候へ共、分別出来不申候、土や権十郎殿③(土屋重正)ハ御前様別て御はなし被成候、御存知のことく左ヱ門佐とハ一入ちかく罷成候により右よりの段々申、何と可仕やと談合仕候處、早々かき物仕候而上申候へ右も御前様・さぬきとのへ被仰入めしおかれ候条、さためて此中御ひろうも可有御座候、左ヱ門佐かき物差上候へハ、上様・さぬき殿も右に御まへ様に被仰候儀と思召合可有御座候、御前様・右衛門殿・ミんふ殿御いとま出、御のほり候得ハ一そかき物御かき不被成候、左ヱ門佐はこゝもとにいあい申ニ付、壱人にてかき申候と御心つき可申候、仰合られ候衆之御ためニも一たんよき事と権十郎殿被仰候、尤と左ヱ門佐存、うた殿へ右之たんたんつふさに申上候、これも早々かき候て上申候ゆへ御前様・ミんふ殿・右ヱ門殿御いとまにて御のほり被成候まゝ其儀無御さ候、うたのかミもさぬきも同前にて御さ候条、さぬき殿へ参り書申候へと被仰候条せひなく御座候而、いつれも御かき候衆よりハはる〲あとにさぬきとのへあけ申候、まへかたの御やくそくつかまつり候条ししやを以御尋申上たく存候つれともこゝ元ハ急候事御さ候、そのうへゐんろのきに御さ候へハ、さやうの儀もまかりならす権十郎殿分別にまかせ申候、(以下略)

卯月朔日　有馬左衛門佐判

細川越中守様

人々御中

右は、寛永九年四月二七日に使者によってもたらされた、細川忠利宛有馬直純口上覚の一部である。口上によれば、直純は秀忠死去にともなう家光への起請文を、細川忠利と一緒に出そうと約束をしていたようだ。しかし、忠利には帰国の暇が出たため江戸を出立してしまい、一緒に起請文を提出する約束についてはそのままになっていた。直純は江戸に残っていたが、在府の大名衆は一人残らず、思い思いに酒井雅楽頭忠世邸か酒井讃岐守忠勝邸かのどちらかに出向き、ここ二、三日のうちに皆、かきもの（起請文）を提出してしまった。直純は忠利との約束があったので起請文を出さずにいたところ、旗本の向井忠勝や柳生宗矩から起請文を出すように説得され、最終的には忠利とも直純とも懇意の旗本、西丸御小姓組番士の土屋重正に相談のうえ、だいぶ遅れて、酒井忠勝邸で直純ひとりの起請文を提出した。

大筋としては以上のような内容で、直純は約束していたにもかかわらず、ひとり代替り誓詞を提出してしまったことを忠利に詫び、事情を説明するためにこのような口上覚を使者に持たせて派遣したのであった。

口上覚には、直純に起請文提出を強く勧める人物として、向井忠勝と柳生宗矩が登場する（傍線部②）が、この二名がどのような関係から直純説得にあたったのかは不明である。この二人は幕閣と直純をつなぐ、取次旗本であった可能性もあるが、傍線部③で懇意の旗本土屋重正については「土や《土屋重正》権十郎殿ハ御前様別て御はなし被成候、御存知のことく左ヱ門佐とハ一入ちかく罷成候」と述べ、「別て御はなし被成」「一入ちかく罷成」と表現して向井・柳生と書き分けているので、向井・柳生は幕府の側から説得を行った存在と考えられる。とくに柳生宗矩は『徳川実紀』によれば同年十二月十七日に初代大目付に就任するが、大目付の職務に大名からの起請文の管轄が含まれることは、すでに先行研究の中で指摘されている。[15] 柳生宗矩が、大目付職成立・就任直前のこの時期からすでに大名の起請文に関する職務を担当していたとすれば、それは興味深い。

直純の口上覚から明らかとなる事柄はいくつもあるが、寛永九年の秀忠死去時の起請文提出をめぐっての動きに関していえば、以下の点に留意したい。

まず第一点は、強制とまではいえないが、未提出者に対して提出を促す働きかけが幕府の側から行われた点である。傍線部①からわかるように、家康死去または秀忠隠居時と異なり、起請文を提出する大名が格段に増えているのは、幕府からのこうした働きかけの影響も一因と思われる。しかし、このことは裏返していえば、幕府から促されなければ起請文を書かない大名がいた、ということにもなる。

第二点は、提出先である。大名たちは、傍線部①「おもひおもひにあるひハうた殿（酒井雅楽頭忠世）あるひはさぬきとの（酒井讃岐守忠勝）へ御出」といった状態で起請文を差し出しており、提出先は大名側で決めることができたようである。提出された起請文の宛所をみても、二月十一日に提出した鍋島勝茂は酒井忠世・酒井忠勝・土井利勝の三人の年寄を宛所としているが、[16] 二月十四日に提出した立花宗茂・忠茂父子は酒井忠勝一人だけを宛所とするなど、[17] 統一されておらず、幕閣内での詳細な打ち合わせのうえで大名に提出させた起請文ではなかったことがうかがわれる。

第三点は、帰国許可（御暇）と起請文提出との関係である。

細川忠利は寛永九年正月以来在府していたが、二月七日に帰国許可が出たものと思われる。忠興から忠利宛書状（『細川家史料　四』九五二）には「森作州（忠政）も登城と申来候由、さ候者、御ゆい物と御いとまにて可在之と存候、已上」とあり、忠興は「森忠政にも（忠利同様）登城召があったが、それは秀忠の遺物の下賜と帰国の暇が出るからだろう」

と推測している。そして忠興の予想どおり、二月七日に忠利は秀忠の御遺物として銀五千枚を受け取っているので(『徳川実紀』寛永九年二月七日条)、七日に帰国許可も出たと思われる。そのため忠利は急ぎ帰国しようとしたのだろう。二月十日には江戸を出立している(『細川家史料　四』九五三)。

このころ、すでに諸大名から家光への起請文提出は始まっており、忠利江戸出立の翌十一日には鍋島勝茂が起請文を提出している。勝茂にも帰国許可はすでに出ていたが(18)、勝茂は江戸にとどまり、起請文をいち早く提出したことになる。

つまり、忠利は起請文提出より帰国の暇が出たことを重くみて急ぎ帰国したが、その一方で、起請文提出のほうを優先させる、鍋島勝茂のような大名も大勢おり、秀忠死去直後の起請文提出については、幕閣・諸大名間で統一された見解はまだなかったということだろう。

第四点は、武家諸法度への起請文と秀忠死去時の起請文への対応の違いである。

細川忠利は秀忠死去時の起請文よりも帰国許可を重くみて江戸を出立したが、その一方で、細川家では家光が武家諸法度発布時に起請文提出を停止した際には本当に提出しなくてよいものかどうか困惑している。

このことを示すのが、(寛永十二年)六月二十一日付忠利宛細川忠興書状(『細川家史料　六』一三四三)である。

　大隅殿(島津光久)先刻御出候て、今日　殿中にてノ様子、その方(細川忠利)如物語、具ニ御かたり候間、面ニ申候、書物之儀、その方と御たんかう候へと候へは、一段尤と御うけ候、　上様(徳川家光)も其儀二度まて御意ニ候つると御申候、たんかう候て、大い殿(土井利勝)・さぬき殿(酒井忠勝)まて被申入候ても可然候ハんやと存候、以上、

　　六月廿一日　　　　三斎(細川忠興)

越中殿(細川忠利)

忠興の書状によれば、二十一日に江戸城を退出した忠利は忠興のもとに赴き、江戸城での話を伝えたが、その後島津光久も忠興を訪れ、忠利と同じ話をした。書状には「その折に島津光久殿は『書物＝起請文の件は、（本当に出さなくてもよいのかどうか、忠利殿と）よく相談してください』と言ったので、もっともなことだと承諾しました。上様も今までの二回の武家諸法度発布時には起請文を出すことを命じてきた、とおっしゃっているので、よく相談して、土井利勝殿や酒井忠勝殿へ『本当に起請文を出さなくてもよいのかどうか』と問い合わせをしてもよいのではないかと思います」と記されており、細川家でも島津家でも武家諸法度への起請文を出さなくてよいものかどうか、困惑している様子がうかがえる。

秀忠死去時には島津光久は在府中であったが（『細川家史料　十六』一五四七）、起請文は提出しておらず、在国中の父家久の出府を待って起請文を提出する方向で酒井忠勝と折り合いをつけるという態度であった（『細川家史料　十八』一五四八・一五五〇）。その光久が、武家諸法度への起請文に対しては気をもんでいる様子がうかがわれ、細川・島津両家は秀忠死去時の起請文提出よりもはるかに武家諸法度への起請文提出を重視していたことが確認できる。

将軍の代替りに関わる起請文に関しては、以上のような状態であったが、家光期にはこのほか、寛永十一年（一六三四）・十二年の年寄衆・六人衆の職務を定めた法度[19]に対して、酒井忠世・酒井忠勝・土井利勝の年寄衆や「諸有司」らが起請文を提出している[20]。

これら、年寄衆をはじめとする諸役人が提出した起請文については、写も案文も伝わっておらず、どのような書式であったか不明であるが、寛永十二年の起請文の場合、「一　於伝　奏屋敷、宿老衆其外何茂誓紙被仰付、御検使井伊掃部頭、」（『江戸幕府日記』寛永十二年十一月二十四日条）と記されているので[21]、伝奏屋敷（のちの評定所）で、元老格の井伊直孝を検使として提出されたものであることがわかる。家光は、武家諸法度に対する大名からの起請文は停止としたが、役人からの職務遵守の起請文については円滑に政治を動かす手段として活用していたことがうかがわれる。同時に、提出場所がのちの評定所であることも注目される。大名からの起請文は老中邸で、役人の起請文は評定所で、という場所の区別はこの時期から芽生えていたといえる。

また、この時期は、大名から年寄衆に対し起請文が提出されることがしばしばあったようである。年寄からの求めによって提出された事例としては、細川忠利から稲葉正勝への起請文があげられる。細川忠利は寛永九年小倉から熊本へ転封となるが、これにともない、他よりの奉公人を召し抱えないとする起請文を年寄稲葉正勝へ提出している。忠利の、同年十二月廿一日付津田秀政宛書状（『細川家史料　十七』一八五四）には「丹後殿へ、奉公人之儀方々より申来候共拘申間敷由、堅書物を進之置候故」「起請之事、日本神無偽事之外、こまか成文言にて御座候」、同晦日付喜入忠続宛書状（『細川家史料　十七』一八八五）には、「江戸を罷出候時、稲葉丹後殿御異見にて、他所よりの奉公人抱申間敷由、我等ニ起請御書せ候間」とあり、忠利・光尚が江戸を出立する十月十八日までに、稲葉正勝に命じられて起請文を提出したことは確実である。

反対に、大名が自らの潔白や真実を証明するために提出した起請文の事例としては、寛永二十年の改易に際しての会津加藤明成の起請文がある。

笠谷和比古氏『近世武家社会の政治構造』(22)に引用されている稲葉家中文書「日記抜書」寛永二十年（一六四三）五月五日条には「一、加藤式部殿、近年病者ニ罷成、国之仕置も不罷成、よき家来之者も不残、御用ニ難立候間、せめての御奉公ニ会津差上申度と、去年七月より御訴訟被申ニ付而、（中略）当三月御耳ニ立、御内々ニ而様々被遂御穿鑿、御代々御取立と申、その上、左馬介子ニも候と被　思召、御用捨ニ而内蔵助ニ知行相渡、其身ハ隠居をも仕候得与被　仰出候得共、右之通、仕置可申付人茂無御座候間、其段も御免被成候様と被申上候ニ付、存心根も有之哉与、松平伊豆殿を以、御尋被成候得共、別之儀も無御座候由、以誓紙被申上候付而、(以下略)」とあり、会津領返上の願いが本心からであることを示すために加藤明成が「誓紙」を提出したことがわかる。

また、家光には井伊直孝や酒井忠勝が起請文を直接提出したのではないか、と推測できる事例などもある。

今まで検討してきた寛永九年の起請文などは、将軍に向けて書かれていても、将軍その人を直接の宛所とすることはなく、つねに年寄衆を宛所にしていた。しかし、直接将軍に提出された起請文がこの時期には存在するのではないか。

彦根城博物館所蔵井伊家文書には、二月二十七日付の井伊直孝宛家光書状があるが、その文言は以下のようなものである(傍線は筆者、傍註は『新修彦根市史　第六巻』による)。

書物ひけん《(披見)》候、もんこん《(文言)》いろ〳〵ねん《(念)》入り候事、一入まんそく《(満足)》、此事候、其方事、何様にみゝ《(耳)》たち申候とも、ちきに《(直)》たつね《(尋)》可申候間、こころやすくあるへく候、恐々謹言、

家光(花押)

二月廿七日

井伊かもん殿《(直孝)》

『新修彦根市史　第六巻　史料編近世1』では、右の書状(一二〇)を寛永十二年と比定している。傍線部の「書物」は、書状や証書など、記録したもの全般を意味する文言であるが、「起請文」の意味にもよく用いられている。このことは、前掲の有馬直純口上覚にも頻出していることや、『細川家史料』『部分御旧記』など同時代の史料に多くの用例が認められることから明らかである。

右の「書物」が神文をともなった起請文であったことを確定することはできないが、家光は「一入まんそく《(満足)》」と述べ、通常の書状よりも心のこもったものが直孝から出されたことが予想される。

さらに、この書状は家光の自筆ではないだろうか。藤井讓治氏によれば小浜市立図書館蔵酒井家文庫の（寛永十年）十一月廿五日付家光書状は家光の自筆書状であるが、二つを比べてみると両者に共通する「此」「た」などの文字は同じ筆跡のようにみえる。自筆とすれば、家光からのきわめて丁寧な返事とみることができるが、それは直孝が他の年寄衆を経由せず、直接起請文を提出して忠誠を誓ったからではないだろうか。

3　家康～家光期の幕府起請文　まとめ

この時期は、前将軍が隠居もしくは死去した時点を、幕閣も諸大名も「代替り」と判断し、忠誠を誓う起請文提出のタイミングであると判断したかどうかは不明である。むしろ、武家諸法度をはじめとする、新将軍による法度発布時こそを「代始め」として意識し、幕閣も諸大名もこのとき提出する起請文を重視していたと考えられる。

秀忠死去時に幕府が諸大名へ起請文提出を求めたのは、秀忠の死去により大御所秀忠と将軍家光との「二元政治」が解消されることになり、政治上のバランスが崩れることが予想されたための、家光付年寄（酒井雅楽頭忠世・酒井讃岐守忠勝）らによる判断と考えられる。この際諸大名から提出された起請文は書式・宛名ともにばらばらであるので、幕府から雛型が提示されることはなく、諸大名が独自の判断で選んだ書式で書いた起請文であったと考えられる。この時点で幕閣は、諸大名に対し、家光への忠誠心を示すことを純粋に求めた、と評価でき、いわば起請文本来の姿がこの時点ではまだ求められていた、といえるのかもしれない。

隠居した前将軍が死去した際に、諸大名から起請文が提出されるのは秀忠死去時が最後で、これ以降、代替り誓詞はすべて将軍の隠居または死去時に提出されている。このことも、寛永九年の起請文が、後世にいうところの「代替り誓詞」とは性質が異なることを示しているだろう。寛永九年の起請文は、秀忠・家光の二元政治解消時という、特異な時期に実施された特別な起請文だったといえるのではないか。

また、この時期には将軍・年寄衆に対し諸大名はさまざまな理由で起請文を書いたり書かせられたりしている。それらの起請文は将軍や年寄衆から雛型を与えられ、そのとおりに書く、というような形式的なものではないと考えられ、起請文という書式が、忠誠心や約束の遵守の決意を相手に伝えるための手段として、幕府側からも大名側からも積極的に選ばれたことがわかる。そして、この時期は将軍と大名は起請文を通じて主従関係を直接確認し合えた可能性さえある。このことも家光治世までの幕府起請文の特徴として留意すべき点だろう。

二　家綱・綱吉治世の幕府起請文

1　家綱期の幕府起請文――徳川家直臣の起請文を中心に

家光が慶安四年（一六五一）四月二十日に死去すると、十一歳の家綱が将軍となった。このときの幕府起請文の注目点は、慶安四年の六月十日・十二日・七月二日に、老中・奏者番・大目付・目付・三番頭・町奉行など幕府主要役職者と、詰衆・書院番以下将軍直轄軍団の物頭衆に、「当上様御幼少に御座なされ候とても、公儀を軽しめ申間敷事」を「誓詞の趣」とする起請文で誓わせたことである。(23)

家康〜家光の時代に、前将軍の隠居または死去時、徳川家の直臣に忠誠を誓う起請文を提出させたとする記録はなく、今のところこの事例が確認できる初見である。

忠誠心を示す起請文を主君に提出する行為については、鎌倉時代から「詞を疑いて起請を用い給うの条は奸者に対する時の儀なり」[24]とする思想があったが、江戸時代に入ってからも「疑心ヲ懐ク時ハ、タトヒ誓詞を賜フト云トモ、疑心解ザルベシト」(『武徳大成記』[25])など、その効果を疑う考え方は幕臣の間に根強く存在し、「神文をやぶるほど義なくては、武士の道はたゝぬなり」(熊沢蕃山『集義外書』)といった、あえて起請文を書かなかったり無視したりすることを称賛する風潮さえあったのである。[26]

大名による、将軍への忠誠を誓う起請文がすでに慶長十九年(一六一四)には確認できるのに対し、将軍直臣たちの起請文が慶安四年まで確認できないのは、こうした思想が当時の武家社会の根底にあり、幕府が直臣たちから起請文を提出させることに消極的だったことも一因と思われる。そして、慶安四年の場合でも、家綱が幼少の将軍であることが提出させる理由となっており、家綱の事例もまた、特例の意味合いが強いといえる。

役職就任後、起請文を提出する事例が記録の上から確認され始めるのも家綱期からである。法度発布時や将軍の上洛など、個別の事案について、職務の遵守を誓う起請文がすでに提出されてきたことは、前節ですでに述べたが、幕臣個々が役職についた際、将軍に起請文を提出する、役職就任起請文の今のところの初見は、万治三年(一六六〇)十二月四日付の小姓組番頭の起請文案文である。これは差出人の名を欠くが、老中稲葉美濃守正則と大目付北条安房守氏直が宛所となっており、同年十一月二十五日に大久保出羽守忠朝が小姓組番頭に任命されているので、大久保忠朝の起請文案文と推定される。

この起請文は「御役ニ付万事私之覚」(国立公文書館所蔵内閣文庫一五二―〇一一四)に記載されているが、これに関しては、福留真紀氏による詳細な分析がある。それによれば、同書は「江戸城内の小姓組の部屋にある帳箱に納められていた留帳を情報源として、小姓組番頭が勤務マニュアルとして項目分類したもの」と考えられ、記事はおおむね慶安元年六月五日から寛文六年(一六六六)六月二十六日までで、一部寛永期のものも記載されているとのことである。[27]

前述の小姓組番頭の起請文案文は「番頭組頭誓詞前書之留」として記載されており、雛型として使用されたとみられるので、のちの小姓組の人々にとっては、小姓組番頭による役職就任起請文の最初のもの、と受け取られていたものかもしれない。

そして小姓組番頭に続き、奏者番・小姓組組頭・若年寄・老中の役職就任起請文もこの時期から確認できる。

役職就任起請文は、江戸時代中期以降になると役職の種類を問わず就任当日からおおむね二日後くらいまでの間に提出するスケジュールが定着するが、小姓組番頭大久保忠朝の場合、就任から起請文提出まで九日の間がある。「御役ニ付万事私之覚」には寛文元年閏八月十三日に小姓組組頭に任命された柴田七九郎康利の起請文と思われる案文も記載されているが、日付は同年閏八月二十五日となっており、就任から十二日後の起請文提出となっている。また、奏者番の土井利房は任命から七日後、寛文三年に若年寄に転じた際も七日後、老中の板倉重矩の場合は五日（四日）後である。[28] したがって、役職就任時の起請文は、家綱期から提出が義務付けられていくと考えられるが、いまだ提出までのスケジュールが確定されるにはいたっていなかったことになる。

提出場所は、ばらばらである。明暦二年（一六五六）正月十八日付近習の起請文は老中酒井忠清邸で、寛文元年六月二十二日付奏者番（土井利房）の起請文は評定所で、同三年八月二十三日付若年寄（土井利房）の起請文は老中酒井忠清邸で提出されている。

以上の点から、家綱期には、受け入れる幕府の側の体制はまだ定まっていなかったのだが、役職就任時に起請文を提出させることが始まったといってもよかろう。

このほか家綱期には、伊達綱宗家督相続時の起請文や、立花忠茂隠居時の起請文、鍋島綱茂初入部時起請文などが確認できる。大名の家督相続時の起請文は、黒田家や鍋島家の長崎御番のように、世襲で受け継ぐ役職を持つ家の場合は役職就任起請文を兼ねるため、江戸時代の最後まで提出されたと思われるが、伊達家のような、役職を持たない大名家の家督相続時起請文はしだいに出されなくなっていく。隠居や初入国の際の起請文も同様で、家綱期以降この種の起請文はほとんど記録の上で確認ができない。

2　綱吉期の幕府起請文

家綱は延宝八年（一六八〇）五月八日に死去し、弟の館林宰相綱吉が将軍職を継いだ。

綱吉治世下では日常の細々した規定に起請文が多用された。たとえば、小普請の者が病気を理由に出仕を休む場合、起請文の提出が義務付けられた（『徳川実紀』延宝八年七月二十四日条）。駕籠に乗る許可は、従来は「乗物断」を提出すればよかったが、延宝九年五月に「覚」が出て、「向後以誓詞可為御免候事」と定められた[29]。また、代官に属する役人からも起請文を提出させるようになった（『徳川実紀』貞享四年十一月条）のも、田畑を荒らす猪鹿狼を追い払う際は起請文を提出した（『徳川実紀』元禄二年六月二十八日条）のも、綱吉期である。

役職就任時の起請文は、綱吉期にはとくに直臣からの提出の徹底が図られたようである。

伊那山支配を世襲で務めた千村家には、「歴代参府雑記」と題する出府記録が残されている。これは貞享三年（一六八六）十一月に家督を継いだ千村平右衛門が翌年十月、綱吉に御目見えするために出府した折の記録である[30]。千村家では世襲で伊那山支配を行うため、家督相続は役職就任をも意味した。

勘定組頭竹村八郎兵衛嘉広は、貞享四年、家督を継いだ平右衛門に対し、「今度御役儀、亡父平右衛門相勤候通、私へ無相違就被　仰付、誓紙仕上可申儀と何レも《（マヽ）》様被思食之旨、御頭中より貴様迄被仰遣之由、就夫跡之亡父平右衛

門継目幷御役儀被　仰付候時分之誓紙前書有之候ハヽ、貴宅迄家来ニ為持進上可仕之旨（勘定奉行から、自分（竹村）に『（千村平右衛門が）伊那山支配を受け継いだので、役職就任の起請文を出させるように』との仰せ付けがあった。それについて、平右衛門方に、亡くなった平衛門の父親が出した誓紙前書（の案文）があれば、家来に持たせて自分（竹村）まで進上するように）」との書状を出している。この書状に対し平右衛門は、「先年之儀共詮議仕候処、先祖より自分代替之節、御役儀被　仰付候砌、誓詞仕上ヶ候之例無御座候（今まで、千村家の代替りの際に、（伊那山支配の）役職就任起請文を提出した事例はありませんでした）」と答え、「今度之儀宜様ニ御指図次第と奉存候（このたびは御指図のどおりに（役職就任起請文を出すように）いたしますので、よろしくお願い申し上げます）」と述べており、貞享四年に勘定奉行が配下役人の役職就任起請文提出の徹底を図っていることがわかる。それと同時に、千村家では貞享四年以前には役職就任起請文を提出したことがなかったことがこの記述から確認でき、役職就任起請文の提出が家綱期から始まっていくのではないか、との推定と符合する。

では、役職就任時の起請文はどのような儀礼のもとに提出されたのだろうか。

随筆や思い出の記に記されている江戸時代後期の役職就任時の起請文は、大名は老中邸で、徳川家直臣たちは評定所・若年寄邸で、御目見え以下の役人たち（徒役など）は上役宅でそれぞれ提出し、儀礼の次第は、持参した起請文や上役が用意した書き継ぎ起請文を老中や若年寄・奉行・差添え役の直属の上役などの前で読み役の役人（儒者や表右筆）が読み上げ、検使役の大目付や目付の面前で提出者が血判を据え、退出する、という流れである。こうした儀礼の中身は綱吉期でも同じなのかどうか、一例として、代官またはそれに準ずる役職の事例をみてみよう。

千村平右衛門の出府記録「歴代参府雑記」には次のような記載がある（傍線①〜④・傍註は筆者）。

一同月廿六日晩市買御用人寺西藤左衛門より手紙来、
今度御手前御役所、前々之通り就被仰付、①来月四日於評定所かため仕筈候之間、此旨御自分へ申聞候様ニと今日戸田山城守（忠昌）殿林勘平へ御申聞候、仍之奉承知旨ニて、明日山城守殿へ被参候様ニ、②且又来月四日ニハ評定所え被罷出、固メ被仕候様ニと年寄衆被申候間、其御心得有之候、評定所え御出候時分之儀ハ、於其元御聞合可有之と存候、以上、

十一月廿六日　寺西藤左衛門

千村平右衛門様

一十二月四日、明七ッ時に宅を出、ふくさ上下ニて評定所へ出乍刀指御玄関へ上ル、平勘定衆出合取持被申候、上之間へ入、刀抜、待合申し候、寺社奉行衆・町奉行衆・大目附衆も被罷出、勝手口より入被申候、平勘定久下作左（作左衛門重秀）左側ニ付居申、取持有之、留守居佐藤小右（小右衛門信重）・同半右（佐藤半右衛門信往）・甲斐庄三平（正教または正峯）取持被申、③前書之写右留守居衆請取、大目附へ可相渡之由被申、神文御玄関ニて酒井伯玄（坂井伯元）改見被申候、是ニて宜敷由被申、其後大久保加賀守（忠朝）殿御出、御座敷へ御通り被成候、其前ニ御勘定頭衆御出掛御目申候、④其後奥之間へ通り候様ニと作左幷留守居衆有被申聞、大目付田中孫十郎殿も罷出候様ニと御申、作左同道右次迄罷出ル、大目付川野権左殿・御作事奉行加藤兵助殿一同ニ被出かため被致候、右相済候時分、勘定頭三人右之間より被出、拙者側ニ被罷在差図被申候、留守居衆も其辺迄被参候、両人衆之かため相済、扇子ぬき、右之座敷へ罷出候跡ニ付、勘定頭衆三人被出候、三間程向ニ加賀守殿着座、右之下座ニ田中孫十郎殿着座、其下ついたて之きわに儒者衆一人被罷在候、（以下略）

十一月二十六日付の寺西藤左衛門の書状は、「平右衛門が家督相続し、先代同様に伊奈山支配などを仰せ付けられ

たので、十二月四日に評定所において「かため」が行われることになった（傍線部①）と、二十六日に老中戸田山城守から林勘平へ連絡があったので、明日戸田山城守邸に赴き、承知した旨を申し上げること、そして、来月二十六日に評定所に罷り出て、「固メ」を行うように、と年寄衆がおっしゃっているので（傍線部②）、心得ておくように」という内容である。つまり、老中から役職就任にともなう儀礼「かため」「固メ」を行うように、と命じられている。

十二月四日の条には、評定所に参上した平右衛門がどのような儀礼を行ったかが記されているので、傍線部を中心に口語訳をしてみたい。

「（平右衛門は）七ツ時出宅し、服紗上下を着用して評定所に赴き、平勘定衆と挨拶をして上の間で刀を抜いて待っていた。寺社奉行衆・大目付衆も評定所においでになって、勝手口よりお入りになった。平勘定の久下作左衛門重秀が（自分の）左側にいて、挨拶をし、評定所留守居の佐藤小右衛門信重・佐藤半右衛門信往・甲斐庄三平正峯と挨拶をした。（以下傍線部③）持参した起請文前書の写（「前書之写」）を評定所留守居衆が受け取り、大目付へ渡すと申された。正文（「神文」）は玄関で儒者酒井伯玄（坂井伯元）が改め見て、これでよいとおっしゃった。その後老中大久保加賀守がおいでになった。（以下傍線部④）その後「奥の間へお通りなさい」と差添人の平勘定久下作左衛門と留守居衆から言われ、大目付田中孫十郎殿も罷り出るように、とおっしゃったので、久下作左衛門とともに罷り出た。大目付の川野（河野）権左衛門通定殿と作事奉行の加藤兵助殿も一緒に出ていらっしゃり、「かため」をした。この「かため」が終わったころ、勘定頭衆三人が出ていらっしゃり、自分の側にいらっしゃって指図なさり、評定所留守居衆も近くまで出ていらっしゃり、勘定頭衆と評定所留守居衆と（久下作左衛門重秀と平右衛門と）「かため」をした。」

原文の引用では略したが、このあと、老中大久保加賀守・大目付田中孫十郎・勘定頭衆・差添久下作左衛門立会いのもと、評定所儒者が起請文を読み上げ、血判を据えるといった一般的な起請文提出儀礼が行われている。

つまり、老中たちが評定所で行うようにと指示した「かため」とは、傍線部④の儀礼、すなわち、大目付と作事奉行と一緒に行った「かため」と、勘定頭衆・評定所留守居衆と一緒に行った「かため」と、起請文に血判を加える儀礼、の三つの儀礼の総称であったと考えられるのである。

大目付・作事奉行・勘定頭衆・評定所留守居衆と行った「かため」がどのような儀礼であったか内容はわからないが、同席者の顔ぶれが、勘定奉行の配下に属し伊那山の榑木を管理する千村平右衛門にとって職務上関係の深い人々であるところをみると、仲間としての「固め」の儀礼であっただろうと推察される。

「歴代参府雑記」のように、はっきりと「かため」とは書かれていないが、「かため」を淵源とするのではないか、と思われる事例は他の役職にもある。

その一つは、目付である。

目付については、第三章ですでにふれているが、「かため」を考えるうえで重要なので、もう一度簡単にまとめておきたい。本間修平氏の一連の研究によれば、目付就任時の起請文には評定所で提出する将軍への起請文と、目付一同の結束や以前からの申し合わせ事項の確認を誓う起請文との二種類があった(31)。

本間氏が紹介した、寛政七年に目付となった新見正登の起請文提出の流れは、次のようなものである。

四月七日　江戸城御座の間で将軍から目付に任命される。

同日　江戸城柳之間で目付一同の「申合」が行われた。目付筆頭から新見正登へ「心得」が説かれ、そののち新見正登は「誓詞」をすませる。ただし、血判は据えない。

八日　若年寄に誓詞願いを提出。

十一日　評定所で老中・大目付立会いのもと起請文提出。

ここで注目されるのは、四月七日に柳之間で行われた、目付一同との「申合」と血判なしの「誓詞」である。柳之間での「誓詞」に血判を据えないのは、享保八年（一七二三）に将軍吉宗が「上より誓詞被仰付候之処、嗜誓詞（柳之間での「誓詞」のこと）致候而ハ、二重ニ相成候間、相止候様ニとの御事ニ而、夫より相止候得共、今以右嗜誓詞之末江姓名認置候事」（「同役申合」）[32]との理由であり、吉宗が起請文が二重になることを嫌ったためであるという。書式上誓詞（起請文）ではないことにするため、血判を据えない処置をとったと思われる。つまり、目付の役職就任時の儀礼は、将軍に向けた役職就任起請文と仲間内の起請文がセットになっており、ともに江戸城内で行われていたことになる。

貞享四年に評定所で行われた伊那山支配千村平左衛門の「かため」の儀礼が、起請文をともなうものであったかどうかはわからないが、仲間との申し合わせ・結束を目的とした儀礼と幕府への起請文提出がセットになっている点と、儀礼の場が公的な場所（評定所と江戸城内）で行われている点は、伊那山支配も目付も共通している。したがって、当初の役職就任起請文の儀礼は、役職によっては幕府への起請文提出と仲間内の結束を図る儀礼とがセットされた形で公的に設定されていたと考えられる。

しかし、仲間同士の起請文が享保八年まで続き、吉宗の禁止によって廃止されたあとは、血判のない、起請文ではないことを表面上装った「嗜誓詞」として幕末まで存続したのに対し[33]、「かため」は、しだいに行われなくなっていったようである。このことを確かめるために、代官またはそれに準ずる役職の起請文に関する記述を集めてみると、貞享三年の千村平左衛門の事例のほかに、寛政四年（一七九二）の代官江川英毅の事例[34]、天保五年（一八三四）の代官池田岩之丞の事例[35]、幕末（一八六七年前後）の評定所で御役誓詞を提出する代官に準ずる役職の人々の事例[36]、の三件を集めることができた。それによると、この三件ともに「かため」はみられず、少なくとも代官およびそれに準ずる役職では寛政四年には「かため」は行われなくなっていたものとみられる。

「歴代参府雑記」の記述から明らかなように、「かため」は大きく格式や役職の異なるもの——伊那山支配千村平右衛門の場合は大目付・作事奉行と勘定頭衆・評定所留守居衆とそれぞれ行った——で行う儀礼のようなので、人々に序列をつけ、格差を明確にすることで将軍を頂点とする政治体制を維持しようとした幕府政治の基本姿勢と相反するため、行われなくなっていったのではないだろうか。

以上の検討から、綱吉期の役職就任起請文の儀礼は、役職によっては将軍に対して職務の遵守を誓う誓いの儀礼であったと同時に、仲間同士の団結や申し合わせを行う儀礼でもあったことが明らかになった。

3　代替り誓詞の誕生

綱吉代始めの起請文に関しては、提出したことが確認できる起請文の中に、徳川家家門の保科正経や、徳川家直臣である交代寄合高木易貞のものも含まれ、家綱期までには事例が確認されていない徳川家家門層や直臣層も起請文を提出し始めたことが確認できる。

また、この時期の起請文前書には「今度御代替ニ付」（上杉綱憲）・「公儀御代替ニ付」（保科正経）・「御代替付」（高木易貞）・「就御代替」（黒田光之）など、「御代替」の文言がみえ始める。[37] 筆者が現在確認している綱吉代始めの起請文は十三件であるが、このうちの五件の前書に「代替」の文言が使われている。確認している数少ない事例の中でのことではあるが、寛永九年（一六三二）、慶安四年（一六五一）の起請文前書に「代替」の文言を使用したものはなく、綱吉期から使われ始めたと考えられる。

これら二つの事実は、綱吉が徳川将軍家嫡流出身ではないことが関連すると思われる。

福田千鶴氏は、綱吉の嫡子徳松が将軍世子とは位置付けられず、館林二十五万石の後継になった事実を根拠に、綱吉があくまでも中継相続人であり、家綱死去後は嫡系となった甲府宰相綱豊へ将軍職を返還することを期待されていた、と指摘されているが[38]、確かにこうした綱吉の将軍としての立場の弱さが、綱吉代始めにあたって家門や直臣層からの起請文提出をうながし、「代替り」を強調する現象につながったと考えられるのかもしれない。そして、このことが先例となり、前将軍の隠居または死去時を新将軍の代始めとし、家門を含む全大名が忠誠を誓う起請文を提出するべきとの認識が幕府・大名双方に定着したのではないかと思われる。「代替り誓詞」という言葉は本書では家光期から使用してきたが、綱吉期以降の、前将軍の隠居または死去時に提出される起請文から「代替り誓詞」と呼ぶのが、呼称としては正確なのかもしれない。

代替り誓詞の提出が定着・慣例化したことに対応して、業務を担当する役人や役割分担などがこの時期には確定すると考えられる。大名の代替り誓詞は、今のところ確認できるすべてのものが老中邸で提出されている。その際の幕府側の立会人は、記録の残る正徳二年（一七一二）家継代始め以降は、担当老中一人、大目付一人、担当老中の公用人一人であるが、延宝八年五月十九日付丹羽長次の代替り誓詞写には宛所に「大目付某殿（姓名不詳）」と書かれていたので[39]、綱吉期にはすでにこの顔ぶれで儀礼が行われていた可能性が高い。

大名からの起請文関連業務を大目付が早い時期から担ったことは、家光期の検討の中ですでに述べたが、大目付とともに表右筆が、この時期から代替り誓詞に関する業務で老中を補佐し、実務上の責任を担っていたことが指摘できる。

一例として、表右筆飯高七左衛門勝成の動きをみてみよう。

飯高七郎左衛門勝成は、『寛政重修諸家譜』によれば、寛文九年（一六六九）右筆となり、元禄二年（一六八九）表右筆組頭となった人物である。

福岡藩黒田家と盛岡藩南部家には、綱吉の代始めにあたる延宝八年（一六八〇）の代替り誓詞に関する記録が残っている。[40] それによれば、両家は宝永六年（一七〇九）家宣代始めの代替り誓詞を提出する際、先代（延宝）の代替り誓詞案文を参考にしようとしたところ、黒田家では見当たらず、南部家では国元にあるものの取り寄せが間に合わず、困った両家はそれぞれ幕府表右筆飯高七左衛門勝成に延宝時の起請文の写はあるかどうかと問い合わせをしている。ところが、飯高七左衛門は黒田家の延宝六年の代替り誓詞の写は持っていたが、南部家の写は持っていなかったのである。

右の経緯から、綱吉期には表右筆が大名からの代替り誓詞を書き留めておく慣習があったらしい、という点が確認できる。ただし、これは表右筆部屋に備え付けておく、正式な「留」として写しておくということではなく、あくまでも個人的な覚として非公式に行われていたと思われる。なぜならば、もし表右筆部屋の正式な「誓詞留」が作成されていたとすれば、飯高は、南部家にも延宝度の起請文案を教えてやることができたはずである。

では、なぜ飯高は黒田家の案文は書き留めて、南部家の案文は書き留めておかなかったのだろうか。

延宝八年の代替り誓詞は、黒田家では光之が十一月二日に提出している。一方南部家は重信・行信父子が五月（日にちは不明）に提出しており、提出した月が異なる。大名からの代替り誓詞の受け入れ業務は、老中・大目付・奥右筆および表右筆が担当したが、大目付・奥右筆・表右筆については月番で代替り誓詞受け入れ業務を担当した可能性がある。飯高は黒田光之が提出した十一月は当番で、南部重信・行信父子の提出した五月は担当から外れていたのではないか。そのため、写す機会がなく、南部家の案文は手元になかったのではないだろうか。

おそらく、飯高ら表右筆は、老中用の起請文写を老中からいったん受け取り、それをしかるべき保管場所に移す、というところまで担当したのではないか[41]。その途中の過程で起請文を写すことが可能だったと考えられる。そして、起請文を写しておく作業は、大名や老中からの問い合わせに答える際の、必須ともいえる作業であったに違いない。

たとえば、宝永六年正月、黒田家では提出予定の代替り誓詞前書を月番老中井上正岑の内覧に入れ、指導を乞うたが、その際井上は他家の代替り誓詞案文数通を持っており、黒田家江戸留守居嶋弥三左衛門に見せている[42]。

井上正岑は宝永二年（一七〇五）九月二十一日に老中に就任しており、それまでの将軍たちへの代替り誓詞提出に立ち会った経験はない。そして、綱吉が亡くなったのは宝永六年一月十日で、ちょうど井上の月番にあたっているが、一月には、亡くなった綱吉の江戸城出棺（二十二日）、埋葬（二十八日）と続き[43]、代替り誓詞の提出が行われた可能性はきわめて低い。このことを裏付けるように、今のところ家宣代始めの代替り誓詞提出の初見は二月五日なので[44]、家宣代始めの代替り誓詞は二月に入ってから提出が始まったものとみられる。つまり、井上は黒田家江戸留守居嶋弥三左衛門と面談した時点では代替り誓詞提出に立ち会った経験は一度もないため、井上が持っていた他家の代替り誓詞案文は、どこかから調達したものということになる。

井上が持っていた起請文案文を調達したのは、一月の当番であった表右筆だったのではないか。綱吉期の時点で、表右筆が代替り誓詞に関して老中を支える業務を担当していたことが右の事例からほぼ確定できるのではないだろうか。

4　家綱・綱吉期の幕府起請文　まとめ

家光が死去し、家綱が十一歳で将軍職につくと、幕府主要役職者およびその予備者である詰衆、将軍直轄軍団の物頭衆に、起請文を提出することが命じられた。これは、あくまでも家綱が十一歳の「幼少」の身で跡を継いだという事情によるものであり、家光死去時の慶安四年（一六五一）には、将軍隠居または死去時に、譜代の大名や直臣からもいっせいに忠誠を誓う起請文を提出させる、という意図は、家光期同様、幕府にはまだなかったと考えられる。

しかし、家綱期には、役職に就任した時点で職務の遵守を誓う起請文を役人に出させていくようになる。従来は法度の発布時や将軍の上洛など個別の事案が生じた際に担当の役人が起請文を提出することはあったが、役職就任時に必ず起請文を幕府に提出する制度は、家綱期から始まったものとみられる。

家綱は延宝八年（一六八〇）五月八日に亡くなり、弟の館林宰相綱吉が跡を継ぐが、このとき忠誠を誓う起請文を提出した大名の中には御三家に次ぐ血筋である保科正経や、徳川家直臣である交代寄合高木易貞も含まれ、徳川家家門や徳川家譜代直臣層も将軍の隠居・死去時に起請文を提出し始めたことがうかがえる。また、このときから諸大名からの起請文前書には「御代替」の文言が使われ始め、幕府・諸大名双方が前将軍の隠居・死去時を「代替り」ととらえ、このとき提出する（させる）起請文を「代替り誓詞」と位置付けたことがわかる。とくに幕府は、このころから代替り誓詞に関する業務を担当する役職や提出儀礼の中身を整備し、代替り誓詞を幕府儀礼の一つとして位置付けていくことになる。

役職就任時の起請文については、提出の徹底が図られた。この際の儀礼に関しては、幕府は職務の遵守を誓わせる起請文を形式的に提出させるだけの儀礼とは位置付けず、仲間同士の結束や申し合わせも行う機会としてとらえ、「かため」と呼ぶ儀礼や仲間同士の起請文として実行させた。しかし、しだいに「かため」が行われなくなったとみられ、役職就任時起請文の儀礼は起請文提出のみとなっていった。これは、人々に将軍を頂点とする序列をつけ、儀礼の場でその序列を人々に意識させることで幕府政治を維持しようとした江戸幕府の政治方針と、「かため」の本質が相反するためと考えられる。

まとめ

江戸時代初期の幕府起請文について検討を行ったが、明らかになったのは以下の点である。

一　家康から家綱期までは、前将軍の隠居・死去時に忠誠を誓う起請文を必ず出す、という認識は幕府・大名双方になかったと考えられる。むしろ武家諸法度のような法令発布時こそ代始めと認識し、起請文提出の機会としていた可能性がある。

二　家康から家光期までは、さまざまな理由によって大名は自発的に、あるいは幕府からの命令によって起請文を提出した。幕府・諸大名はともに起請文を、心情を伝えたり、約束を守らせる手段として一定の役割を果たすと考えていたと思われる。

三　綱吉期から、前将軍隠居・死去時を「代替り」ととらえ、起請文を提出することが定着した。俗にいう「代替り誓詞」とは、綱吉期以降の前将軍隠居・死去時の起請文の姿を指す。

四　綱吉期には、代替り誓詞制度を担う役人や業務の分担がほぼ確定してくる。とくに表右筆が老中を補佐し、代替り誓詞に関する実務を担っていたことが、記録の上から確認できる。

五　役職就任時に起請文を提出する制度は家綱期から始まるとみられる。そして、綱吉期には提出の徹底が図られた。

六　家綱・綱吉期の役職就任起請文提出儀礼は、幕府に提出する起請文と、仲間同士の申し合わせや結束を図る儀礼が、セットになって行われた役職も多かったと推測される。しかし、仲間の結束を図る儀礼はしだいに行われなくなり、役職就任起請文提出のみが儀礼として残っていったと考えられる。これは、将軍を頂点とする序列の中に人々を組み込むことで安定した政治を行おうとする幕府が、過剰な仲間同士の結束を嫌ったためと考えられる。

註

（1）松浦静山『甲子夜話』（東洋文庫、一九七七～一九八三年）、旧事諮問会編『旧事諮問録　上・下』（岩波文庫、一九八六年）、石井良助編『江戸町方の制度』（人物往来社、一九六八年、初出「徳川制度」〈『朝野新聞』一八九二～九三年掲載〉）、『旧幕府』（臨川書店、一九七一年復刻、一八九七～一九〇一年初版）など。

（2）元和五年（一六一九）の福島正則の改易に関する衆議の際、井伊直孝が秀忠に起請文を奉呈した話（『徳川実紀台徳院殿御実紀　附録巻二』）や安藤直次が徳川頼宣の守役につけられる際、家康から起請文を求められた話（『新東鑑』）などがある。

（3）松平太郎氏『江戸時代制度の研究』（柏書房、一九七八年、初出一九一九年）、中田薫氏「起請文雑考」（『法制史論集　第三巻下』一九三二年）九八八頁。

（4）『大日本史料　第十二編之九』慶長十六年四月十二日条。

（5）辻達也氏『日本の歴史　十三』（中央公論社、一九七四年）一五一頁、北島正元氏『江戸幕府の権力構造』（岩波書店、一九六四年）四五一～四五二頁。

（6）国立公文書館所蔵内閣文庫一五〇―〇〇八六。

（7）「日向飫肥　伊東家譜」（東京大学史料編纂所、四一七五―五四三）

（8）『大日本古文書　毛利家文書之四』一四二四。

（9）寛永九年に毛利秀就が将軍家光に提出した起請文写の註記には「大坂陣之時被遊候霊社之起請」と書かれた一文があり、大坂の陣誓詞の神文が霊社起請文と認識されていたことがわかる。なお、霊社起請文の詳しい定義については第Ⅱ部第一章参照。

（10）『部分御旧記　一』（『熊本県史料　近世篇第一』）。
（11）『大日本近世史料』（東京大学出版会、一九六九年）。
（12）『東武実録　巻第九』元和九年五月十一日条。
（13）『大日本古文書　島津家文書　第三』一五四三号。なお、福岡市博物館編『黒田家文書　第三巻』七二・一三九は黒田長政が出した元和九年の起請文の写である可能性もあるが、この両通は差出・宛名・年月日を欠くメモのようなもので、年次比定など慎重な検討が必要である。ここでは可能性を指摘するにとどめておく。
（14）『部分御旧記　一』（『熊本県史料　近世篇第一』）二三六〜二三七頁。
（15）松平太郎氏（3）著書、山本英貴氏『江戸幕府大目付の研究』（吉川弘文館、二〇一一年）など。
（16）『勝茂公譜考補　四』（『佐賀県近世史料　第一編第三巻』）。
（17）立花家文書『御宝蔵文書目録』二一〇―二。
（18）山本博文氏『江戸城の宮廷政治』（講談社学術文庫、二〇〇四年、初出一九九三年）。
（19）『憲教類典』など多数の法令集に収められているが、『徳川禁令考』には「老中職務規定」「若年寄職務規定」と題されて記載されている。解釈等は藤井譲治氏『江戸幕府老中制形成過程の研究』（校倉書房、一九九〇年）一七六〜一八九頁を参考にした。
（20）寛永十一年（一六三四）三月廿一日付細川三斎（忠興）宛忠利書状案（『細川家史料　十一』七一七）。
（21）『江戸幕府日記　姫路酒井家本　第四巻』（ゆまに書房、二〇〇三年）。
（22）笠谷和比古氏『近世武家社会の政治構造』（吉川弘文館、一九九三年）。
（23）『江戸幕府日記　姫路酒井家本　第二十五巻』（ゆまに書房、二〇〇三年）、『玉露叢　巻第十七』慶安四年六月十二日条。
（24）『吾妻鏡』文治三年十一月廿一日条。入間田宣夫氏が『百姓申状と起請文の世界』（東京大学出版会、一九八六年）四四頁で紹介されている。
（25）「神君利家和解ノ事」、『武徳大成記　巻十七』（『内閣文庫所蔵史籍叢刊　第九十三巻』汲古書院、一九九〇年）。『武徳大成記』は幕府の官撰事業として、天和三年（一六八三）十一月から老中阿部豊後守正武を総裁として林信篤や儒官三名が執筆にあたり、貞享三年（一六八六）九月に完成した（同書、福井保氏「『武徳大成記』解題」）。

(26) 熊沢蕃山『集義外書』巻之十四（『日本道徳教育叢書　第七巻』、日本図書センター、二〇〇一年）。『集義外書』は延宝八年（一六八〇）または貞享三年（一六八六）ころの著作（「藤樹・蕃山の学問と思想」、『日本の名著　十一』中央公論社、一九八三年）。

(27) 福留真紀氏「補論　近世前期における小姓組番頭」（『徳川将軍側近の研究』校倉書房、二〇〇六年）二三三〜二三四頁。

(28) 土井利房の奏者番・若年寄就任に関する記事は『利房年譜』（『大野市史　藩政史料編一』一九八三年）による。板倉重矩は寛文五年十二月二十七日付で老中の役職就任起請文を提出している（国文学研究資料館所蔵板倉家文書八五）。なお、板倉重矩の老中就任日は、『柳営補任』は十二月二十二日、『徳川実紀』は二十三日としている（「老中一覧」、『国史大辞典』）。

(29) 「享保集成　絲綸録十六」（『古事類苑　器用部三十』駕籠）。

(30) 木曽古文書歴史館所蔵千村家文書可児市仮番号A—六。

(31) 本間氏の一連の目付研究の主なものは以下のとおり。「江戸幕府目付に関する一考察—誓詞制度・柳之間寄合制度—」（『法学新法』第九一巻八・九・一〇合併号、一九八五年）、「江戸幕府目付の評定番について」（『立命館法学』三三三・三三四号、二〇一〇年）、「江戸幕府目付の月番制について」（服藤弘司先生傘寿記念論文集刊行会編『服藤弘司先生傘寿記念日本法制史論纂—紛争処理と統治システム—』創文社、二〇〇〇年）。目付の二種類の誓詞についての指摘は、「江戸幕府目付に関する一考察—誓詞制度・柳之間寄合制度—」による。

(32) 「勤向諸書留」（東北大学附属図書館所蔵狩野文庫新見記録マイクロフィルムリール一〇五）。

(33) 東京大学史料編纂所に所蔵されている「書院番頭幷組頭誓詞」（貴〇三—二四）は書院番頭・組頭の嗜誓詞と考えられるが、元治元年（一八六四）までの署判が確認される。

(34) 「家督御役被仰付候一件」（江川文庫所蔵江川家文書三五—九—二）。

(35) 「翻刻「県令雑書」」（藤村潤一郎氏『史料館研究紀要』一八号、一九八六年）。

(36) 石井良助氏編『江戸町方の制度』（一九六八年、初出『朝野新聞』一八九二〜九三年）。

(37) 上杉綱憲『上杉家御年譜　五』、保科正経『会津藩家世実紀　五十六巻』、高木易貞名古屋大学附属図書館所蔵高木家文書

C―二―二―一さ、黒田光之『黒田家文書　第三巻』二三二。

(38) 福田千鶴氏『酒井忠清』（吉川弘文館、二〇〇〇年）一八四〜一八五頁。

(39)『二本松藩史』三六頁。

(40) 黒田家の記録は「宝永六年　御誓詞一巻」（『黒田家文書　第三巻』二二七）、南部家の記録は「御代々御誓詞之次第　宝永六己丑年」（盛岡市中央公民館所蔵文書三〇―四―一六―五）。

(41)「酒井忠恭日記」（東京大学史料編纂所所蔵、二〇七三―九六）延享二年（一七四五）九月三日条に次のような記載がある。

一若年寄《月番》伊予守佐渡守壱岐守淡路守登　城、遠江守（加納久通・九月一日付若年寄）・式部少輔（堀直旧・九月一日付若年寄）・淡路守（戸田氏房・若年寄）・加賀守（堀田正陳・若年寄）、麻半ニ而登　城、誓詞有之、佐渡守（板倉勝清・若年寄）読、

一誓詞西丸江者手紙添西丸御右筆ニ為持遣之候、

引用部分は、延享二年九月一日付で吉宗（大御所）付若年寄に就任した加納久通・堀直旧両人の役職就任起請文提出の記事であるが、傍線部で明らかなように、提出された起請文本紙は、西丸右筆が老中からの手紙とともに西の丸の吉宗のもとに運んでいる。右筆が起請文を管理し、写すことも可能であったことがわかる。

(42)『黒田家文書　第三巻』二二五②に、「河内守様ニ而脇々より之御誓詞前書少々案文有之、嶋弥三左衛門へ御見せ被成候処」とある。

(43)『徳川実紀』。

(44) 宝永六年一月二十九日付で鍋島吉茂・元武（小城鍋島）が代替り誓詞を提出しているが、これは国元から出された仮誓詞である。よって、今のところ江戸で出された家宣への代替り誓詞初見は二月五日となる。

Ⅱ　大名家の起請文

第一章　諸大名家の起請文

はじめに

第I部では幕府起請文の書式について検討し、綱吉将軍以降は幕府へ提出する起請文の端作り文言・神文が、家重将軍以降は血判位置などの書式が、それぞれほぼ定式化しており、諸大名が幕府の書式に従って起請文を提出したことを確認した。第II部では、定式化した書式の起請文を諸大名に書かせることがどのような意味を持ったのか、という問題について考えてみたい。

この問題を考えるうえで最も重要なのは、諸大名家家中では、どのような書式の起請文を書いていたのかを明らかにすることだろう。幕府起請文の書式と比較する基本的な情報がなくては、幕府が起請文書式を定式化することの効果を、正確にとらえることができないからである。

幕府起請文の書式を最も特徴付けているのは、なんといっても式目神文と熊野牛玉宝印だけを使用したことだろう。[1]しかもそれはかなり厳密に守られ、おおよそ綱吉将軍以降、幕府起請文で式目神文と熊野牛玉宝印を使用しなかったものは、今のところ管見に触れない。では、諸大名家家中ではどのような神文・牛玉宝印で起請文が書かれていたのだろうか。じつはこの点についての先行研究は、ほとんどない。[2]そこで、現存する大名家の家中起請文を原本・刊本から収集し、実際に書式を調べてみた。

江戸時代に入ってからの大名家家中起請文のうち、私が一通でも起請文書式を確認できた大名家は、延岡内藤・柳河立花・岡山池田・仙台伊達・松代真田・熊本細川・鹿児島島津・福岡黒田・宇土細川・尾張徳川・高島諏訪・古河土井・彦根井伊・秋田佐竹・関宿板倉・津藤堂・高遠内藤・上田松平・越前松平・高崎松平・弘前津軽のおよそ二十一家である（表5参照。なお、以下大名家は名字のみで表記）。確認できた起請文の数は、内藤家の六十六通から尾張徳川家・藤堂家の一通までばらつきがあり、また、ほぼ江戸時代全期間の起請文を確認できた内藤・立花・池田・伊達・真田家に対し、細川・島津・黒田家は江戸時代初〜中期の起請文に限定されるなど、データとして不備な点は多いが、大まかな家中起請文全体の傾向を読み取ることはできるだろう。

ほぼ江戸時代全期間の起請文を原本で確認できた内藤・立花・真田家と、老中を補佐する家臣役職（公用人）の役職就任起請文について考察できた土井家の事例については個別に検討することにして、まずは調査した起請文全体を神文と牛玉宝印に焦点をあてて検討していきたい。

江戸時代の大名家は数多く、残された家中起請文も膨大な数にのぼる。私が調査できた家中起請文はそのごく一部に過ぎないが、今後データの充実にともなって訂正を行っていくことを前提に、現時点での所見を以上の手順・視点から述べていくこととする。

一　大名家家中起請文の神文

諸大名家の家中起請文を通覧していくと、神文にいくつかのタイプがあることに気づく。

そこで、それぞれの神文のタイプに名称をつけ、グループ分けをしてみた。神文の名称と分類の基準は以下のとおりである。

【式目神文】

御成敗式目末尾に記された神文。神仏名に加除がなければ多少の語句の違いがあっても式目神文と呼ぶ。

「梵天・帝釋・四大天王、総日本六十余州大小神祇、殊伊豆箱根両所権現・三嶌大明神、八幡大菩薩、天満大自在天神、部類眷属神罰・冥罰各可罷蒙者也、仍起請如件、」（「書式日用集」）(3)

【準式目神文】

梵天帝釈四大天王から始まり、式目神文と共通する神名が多く、似通った文だが、式目神文に含まれる神名がなかったり、含まれない神名が書かれている神文。多くが自国の鎮守・氏神を勧請する。現世と来世に受ける罰を記さない。

例「梵天・帝釋・四大天王、総而日本國中六十餘州大小之神祇、伊豆箱根両所権現・八幡大菩薩、殊氏神部類眷属神罰・冥罰可罷蒙者也、仍起請文如件、」（上田松平家・師岡家文書一―二）

【霊社起請文神文】

式目神文よりも多くの神仏名が勧請されていて、さまざまな種類があり、定義が難しい。端作り文言に「霊社起請文」とあっても式目神文が書かれたり、霊社上巻起請文が書かれる場合もある。ここでは江戸時代の霊社起請文に限定して、「和簡礼経」記載の「霊社起請文案事」を基準に定義した。(4)本書で霊社起請文と認定した条件は、①京都およびその周辺に鎮座し、朝廷からの祈願・奉幣を受けた神社（京都二十二社など）の一部を勧請する、②現世と来世に受ける罰を記す。

例

「一霊社起請文案事

謹請再拝々々

夫當年號者年號月日凡月並十二月、日數三百五十餘ヶ日、令撰吉日良辰、忝奉請驚、上者梵天・帝釋・四大天王、日月五星廿八宿、下者堅牢地神、地之卅六禽、惣而者、日本六十餘州大小神祇、熊野三所大権現、住吉八幡春日大明神、稲荷祇園賀茂下上、鹿島香取松尾平野、別而者、天満大自在天神、於今生者、受白癩黒癩重病於三百五十五骨四十二節、於來世者、墮在八萬地獄無間奈落底、無浮世、諸神諸佛御罸深厚可罷蒙者也、仍霊社起請文如件、

年號月　日」（『和簡礼経』、『改定史籍集覧　第二十七冊』）

【霊社上巻起請文神文】

おびただしい数の仏神を書き連ねた、きわめて長大な神文。豊臣政権ではこうした長大な神文で書かれた起請文を「霊社上巻起請文」と呼んだが、千々和到氏はこの神文を、豊臣政権最末期の公式起請文神文、とされている。七枚の牛玉宝印を貼り継いで書かれることが多かったため、「七枚ノ誓辞」「七枚之起請」などと呼ばれることもある。霊社起請文同様、端作り文言や書き留め文言に「霊社上巻起請文」とあっても霊社上巻起請文神文でない場合も多いため、起請文中の文言は霊社上巻起請文であるかどうかの判断基準とならない。また、牛玉宝印を七枚貼り継いで神文を記しても、字数が少ない神文もあり、牛玉宝印の数も判断基準とならない。そこで、字数を判断基準にすることとし、千々和氏が豊臣政権から示された霊社上巻起請文神文の雛型、と指摘されている島津家文書一四五九（『大日本古文書　島津家文書之三』）と毛利家文書九五九（『大日本古文書　毛利家文書之三』）の字数がそれぞれ一二四八字・一一九

〇字であることから、おおよそ千字を超える神文を霊社上巻起請文神文とした。

【その他】

上記四種類の神文のどれにも該当しない神文。

例1　「梵天・帝尺・四大天王、惣而日本国中大小神祇・殊氏神・彦山大権現・当国鎮守・宇佐八幡大菩薩・愛宕山大権現、各罷蒙御罰、於今生者永尽弓箭之冥加、受白癩・黒癩之病、来世者沈無間那落、浮事在之間敷者也、仍起請文如件、」（『細川家文書　近世初期編』一八二）

例2　「日本國中大小神祇、殊當國之鎮守塩竈大明神之御罰者也、仍如件、」（仙台市博物館所蔵伊達家文書一四四一―一八）

表5は、私が調査した二十一家の神文を、右にあげた基準に基づいて分類し、一覧表にしたものである。表5に従って、まずそれぞれの神文が書かれた時期をみていこう。

江戸時代初期から書かれていたのは、霊社起請文・霊社上巻起請文と準式目神文である。準式目神文は慶長十年（一六〇五）、霊社起請文は慶長十一年から書かれている。そして、細川・島津家ともに江戸時代中期（十八世紀後半）までしか調査を終えていない段階ではあるが、現時点で確認できる霊社起請文・霊社上巻起請文の最終年次は、寛延四年（一七五一）である。それに対し、準式目神文は明治二年（一八六九）まで書かれており、表5にあげた四つのタイプの中で最も長い期間書かれた神文ということになる。

次いで確認できるのが「その他」の神文である。「その他」は寛永二年（一六二五）から文化二年（一八〇五）まで書かれている。

意外なことだが、最も遅く登場するのが式目神文である。式目神文が表5の大名家家中で書かれるようになるのは、

表５　諸大名家家中起請文の神文

大名家	式目		準式目		霊社起請文〈霊社〉・霊社上巻起請文〈上巻〉		その他		総数
①延岡内藤	39	寛文４年～慶応３年(1664～1867)	24	元文５年～慶応４年(1740～1868)			3	延宝８年～享保４年(1680～1719)	66
②柳河立花	19	享保９年～万延元年(1724～1860)	19	元禄13年～万延元年(1700～1860)			1	天保４年(1833)	39
③岡山池田	29	延宝８年～明治４年(1680～1871)	5	天和３年～天保10年(1683～1839)			8	万治２年～享保15年(1659～1726)	42
④仙台伊達	37	万治３年～安永９年(1660～1780)	18	寛永13年～万延元年(1636～1860)			14	万治３年～寛延４年(1660～1751)	69
⑤松代真田			18	宝暦６年～明治２年(1756～1869)			1	万治４年(1661)	19
⑥熊本細川	7	寛永18年～寛文９年(1641～1669)	21	寛永15年～元禄７年(1638～1694)	41	〈霊社〉41 元和10年～寛延４年(1624～1751)	9	寛永２年～寛文８年(1625～1668)	78
⑦鹿児島島津	1	元文５年～安永10年(1740～1781)	7	慶長10年～元和元年(1605～1615)	20	〈霊社〉4 慶長11年～寛永19年(1606～1642) 〈上巻〉16 慶長11年～元文３年(1606～1738)			28
⑧福岡黒田			1	寛永17年(1840)	4	〈上巻〉4 明暦２年～元禄２年(1656～1689)			5
⑨宇土細川							1	元文２年～天明５年(1737～1785)	1
⑩尾張徳川					1	〈霊社〉1 寛永５年(1628)			1
⑪高島諏訪					2	〈霊社〉2 天和２年(1682)			2
⑫古河土井	2	文化10年～天保12年(1813～1841)	9	明和元年～文久４年(1764～1864)					11
⑬彦根井伊	5	正徳４年・５年(1714～5)							5
⑭秋田佐竹			2	享保３年～宝暦５年(1718～1755)			2	文化２年(1805)・不明	4
⑮関宿板倉					5	〈霊社〉5 万治４年～寛文２年(1661～1662)			5
⑯津藤堂							1	延宝５年(1677)	1
⑰高遠内藤	1	天明２年(1782)							1
⑱上田松平			2	安政３年(1856)					2
⑲越前松平	15	弘化３年～慶応３年(1846～1867)							15
⑳高崎松平(大河内)	すべて	寛政元年～							
㉑弘前津軽	2	元文５年～寛政12年(1740～1800)							2
合計	157	寛永18年～明治４年(1641～1871)	126	慶長10年～明治２年(1605～1869)	73	慶長11年～寛延４年(1606～1751)	40	寛永２年～文化２年(1625～1805)	396

出　典：①明治大学博物館所蔵内藤家文書　②柳川古文書館所蔵立花家文書　③岡山大学附属図書館所蔵池田家文庫マイクロフィルム　④仙台市博物館所蔵伊達家文書　⑤真田宝物館・国文学研究資料館所蔵真田家文書　⑥熊本大学寄託細川家北岡文庫，永青文庫叢書『細川家文書　近世初期編』(熊本大学文学部附属永青文庫研究センター編・吉川弘文館・2012年)　⑦『鹿児島県史料　旧記雑録追録1』，『同旧記雑録後編4・5』　⑧『黒田家文書　第2・3巻』(福岡市博物館編・2002年)　⑨『新宇土市史　資

料編第 3 巻』172・176　⑩『岐阜県史　史料編近世 2』No. 52　⑪長野県立歴史館所蔵小松家文書 3-13-99・3-13-31-1　⑫古河歴史博物館所蔵鷹見家歴史史料　⑬『新修彦根市史　第 6 巻』（2002 年）図版・343・344・345・350　⑭武家屋敷資料館所蔵西原亦兵衛他書き継ぎ起請文，秋田県立文書館所蔵井上家文書 8，同吉成文庫 409・341　⑮国文学研究資料館所蔵板倉家文書 239「家中誓詞幷法度」　⑯『津市史　第 1 巻』（1959 年）144 頁　⑰明治大学博物館所蔵内藤家文書　⑱上田市博物館所蔵師岡家文書 112・112 ②　⑲福井県立図書館所蔵松平文庫　⑳高崎市立図書館所蔵高崎藩主大河内家文書 16「無銘書」　㉑弘前市立弘前図書館所蔵津軽家文書

寛永十八年（一六四一）からで、明治四年（一八七一）まで書かれている。江戸時代初期からの家中起請文を確認することができた内藤・立花・池田・伊達・細川・島津の六家の式目神文初見を表5からみてみると、家光将軍期（寛永十八年）一家、家綱将軍期（万治三年〈一六六〇〉・寛文四年〈一六六四〉）二家、綱吉将軍期（延宝八年〈一六八〇〉）一家、吉宗将軍期（享保九年〈一七二四〉・元文五年〈一七四〇〉）二家となっている。幕府公式神文として式目神文が示され、それが大名間に浸透していく家綱・綱吉期から六家中三家で式目神文が使われ始めるということは、幕府の起請文制度の影響を受けた、と解釈できる。そして、吉宗期から式目神文が使われ始めるのが六家中二家、という点にも注目したい。第Ⅰ部第三章でも触れたが、幕府起請文制度の上では、吉宗期は家綱・綱吉期に続く第二の節目の時期であり、幕府起請文制度は吉宗期にほぼ完成する。吉宗期から式目神文を使い始める大名家が存在するということは、大名家家中起請文に対する吉宗期の影響の大きさを表すものではないだろうか。大名家が幕府の制度を自家の制度に取り入れる現象は、職制や儀礼研究の中ですでに指摘されているが、起請文に関しても同様の動きがあったことがわかる。

次に、それぞれの神文がどこの大名家で使用されているかをみていこう。

家中起請文に式目神文を使用した大名家は、内藤・立花・池田・伊達・細川・島津・土井・井伊・高遠内藤・越前松平・高崎松平（大河内）・津軽の十二家である。式目神文は幕府のいわば「公式神文」であるため、譜代大名だけが積極的に使用したのではないか、と想像したくなるが、島津・細川・伊達・立花・池田家といったいわゆる外様大名家中でも使用されている。ただし、ほとんどの大名家で他のタイプの神文も併用されており、幕府起請文のように式目神文だけを使用する

ことは少なかったとみられる。式目神文だけを家中起請文に使用したと考えられる大名家は、家門大名（越前松平）や徳川家直臣出身の取り立て大名家（高崎松平〈大河内〉家）など、徳川家の血縁につながる家か、歴史が比較的新しい大名家に多いように思われる。

準式目神文は、二十一家中十一家でその使用が確認できた。使用が確認できなかったのは、調査した起請文が一通から五通までの大名家であり、おそらくこれらの大名家も、起請文の調査事例をもっと増やせば、準式目神文の起請文を確認することができるのではないだろうか。準式目神文は、おおざっぱにいってしまえば式目神文に自家の氏神・鎮守を加えた書式であり、この書式は江戸時代武家社会では最も一般的な神文書式であったと思われる。元和・寛永期に成立したとみられる『慶長見聞集』で三浦浄心は、「惣て起證《マヽ》文に其所の鎮守、氏神をいるゝ事定（れ）る法なり」と述べ[5]、江戸時代初期には神文には自分が住んでいる地域の鎮守・氏神を勧請するものだ、との意識がすでにあったことが確認できる。このような事情から、準式目神文が他のどのタイプの神文よりも早くから、そして長い期間、多くの大名家で書かれ続けられたのだろう。

霊社起請文・霊社上巻起請文は、細川・島津・黒田・尾張徳川・諏訪・板倉の六家、計七十三通で使用されている。内訳をみてみると、霊社上巻起請文は島津家の十六通（慶長十一年〈一六〇六〉～元文三年〈一七三八〉）、黒田家の四通（明暦二年〈一六五六〉～元禄二年〈一六八九〉）、の計二十通、霊社起請文は細川・島津・尾張徳川・諏訪・板倉家の計五十三通である。

島津家の霊社上巻起請文は、慶長～寛永年間（十七世紀前半から後半）においては、いずれも島津忠恒（家久）から「申付」られた起請文（『旧記雑録後編四』二五四）や、家久への忠誠を誓う起請文（『旧記雑録後編四』八一四・八四一・九〇五）、光久死去時の殉死を願った起請文（『旧記雑録後編五』七二五・『旧記雑録追録一』二八〇）といった、最も重大な誓約に用いられているが、元禄末期（十七世紀末）になると、奉行や目付・医師などの役職就任起請文にも用いられていくようになる（東京大学史料編纂所所蔵島津家文書70―14―4・5・24、70―15―6・9・10・16）。黒田家の四通の霊社上巻起請文は、黒田光久の家督相続および長崎御番拝命時に家老たちが提出した藩主への代替り誓詞（『黒田家文書第二巻』一四七・『同　第三巻』七七）と、黒田綱政への代替り誓詞（『黒田家文書　第三巻』一四一・一四二）である。

現時点で公開されている黒田家家中起請文はわずか五通に過ぎないため、黒田家家中起請文全体の中での霊社上巻起請文の位置付けを検討することはできないが、少なくとも江戸時代初期において島津・黒田両家中では、霊社上巻起請文神文は、藩主に忠誠を誓うなど、最も重大な誓約を行う際に用いられた神文であった、とはいえるだろう。そして、島津家家中では、そのような重要な神文が、元禄末期にいたると、役職就任起請文にも用いられていく、という現象は大変興味深い。さらに島津家は、本書では幕府起請文と大名家家中起請文を検討対象としているため検討から除外したが、琉球中山王や三司官から島津家当主や中山王の代替りに際して起請文を提出させていた。その神文は霊社上巻起請文であった。島津家と霊社上巻起請文の関係は、他の大名家にみられない、特異なものと予想され、重要な検討事項である。この問題については、すでに千々和到氏の先駆的研究があるが、その成果に学びながら、後日あらためて論じることにしたい(6)。

一方、霊社起請文は五十三通（元和十年〈一六二四〉～寛延四年〈一七五一〉）である。このうち四十一通が細川家（元和十年～寛延四年）で、四通（慶長十一年～寛永十九年〈一六四二〉）が島津家で書かれているほか、諏訪家が二通（天和二年）、板倉家（万治四年〈一六六一〉～寛文二年〈一六六二〉）が五通、尾張徳川家が一通（寛永五年）となっている。

細川家の霊社起請文四十一通は、元和七年に家督を継承し、豊前小倉城に入った細川忠利へ忠誠を誓う起請文（『細川家文書　近世初期編』一七九～一八一・一八八。以下文書番号のみ記す）や、寛永十八年の忠利死去後、嫡子光尚に宛てた忠誠を誓う起請文（一九四・一九六）、光尚体制を支えることを誓約した起請文（二〇五・二〇七〜二〇九・二一四・二一六・二一七・二一九・二二三・二四三）など、藩主の家督相続や急死の際に書かれた、忠誠を誓う内容が大半を占める。(7)しかしその一方で、役務の遵守を誓う起請文（一八三・一八九・一九一）にも霊社起請文が使用されていたり、光尚に忠誠を誓った寛永十八年の起請文には、先にあげた霊社起請文のほか、式目神文を使用したものもあれば（一九三・二一〇・二一一）準式目神文を使ったもの（一九五・一九七など）もあり、これらのことを勘案すると、細川家での霊社起請文は、霊社上巻起請文のように、とくに重大な誓約用の神文というわけではなく、誓約一般に使われる神文の一つであったといえる。

尾張徳川家の一通と板倉家の五通は、ともに役職就任起請文である。尾張徳川家の霊社起請文は寛永五年十二月二十日に、江戸普請奉行となった竹腰兵部の父善右衛門が、役義の任命に感謝し、子に代わって役職の遵守を誓約したものである。板倉家の霊社起請文は「家中誓詞幷法度」(8)に記載されていたもので、万治四年に大坂定番役となった板倉重矩に従って大坂に行く年寄・足軽目付・給人・歩行之者・足軽らの役職起請文である。諏訪家の霊社起請文は、天和二年（一六八二）に幕命によって諏訪家が行った越後高田領検地の際、諏訪家が村役人に提出させた起請文である。起請文を作成した経緯は不明であるが、藩で起請文を用意し、署判だけ据えさせるのが、当時の村役人からとる起請文の一般的な書かせ方だったので、書かれた神文は藩で用意したと考えてよいだろう。尾張徳川家・諏訪家・板倉家の起請文は、ここにあげたものしか確認できなかったため、霊社起請文がそれぞれの家中でどの程度使用されたのか検討することができなかった。

こうして神文を集め、通覧してみると、おおよそ江戸時代初・中期には、多くの霊社を勧請し、現世と来世の罰を記した霊社起請文・霊社上巻起請文と、式目神文勧請の仏神をベースとし、自国の鎮守・氏神を書き加えた準式目神文の、二系統の神文が併用されていたととらえることができる。

霊社起請文の使用数は、細川・島津家に多いが、これは大坂の陣の際、幕府が西国大名に提出を強要した「大坂の陣誓詞」の神文雛型が、霊社起請文であったことが影響しているだろう。細川家家中で使用された霊社起請文神文の中には、大坂の陣誓詞とほとんど同じ神文が少なからず存在し、幕府から示された大坂の陣誓詞神文＝霊社起請文を、「幕府公式神文」ととらえた西国大名は多かったのではないかと思われる。(9) 大坂の陣誓詞神文は家康の意思によって作成されたと思われるから、家康自身は式目神文ではなく、霊社起請文を西国大名に忠誠を誓わせる神文として望ましいと考えたことになる。しかし家康の死後、幕府内で神文に関する方針が転換し、家綱将軍期から式目神文が公式神文として望ましいとの見解が大名たちに示されることになるのである。霊社上巻起請文・霊社起請文が江戸時代初期には書かれていたが、やがて使用する大名家が少なくなっていく背景には、このような神文をめぐる幕府の方針の転換が関わっているのではないかと考えられる。

一方、現時点の調査結果から、細川家家中が江戸時代初期から中期まで霊社起請文神文を、島津家家中が霊社上巻起請文を、それぞれ使用していたことが明らかになった。大方の大名家で霊社起請文・霊社上巻起請文が使われなくなっていく中で、細川・島津両家家中がそれぞれ霊社起請文・霊社上巻起請文を使い続けたのは、これらの書式を重んじる意識が存在したからであろう。両家が霊社起請文・霊社上巻起請文に対してどのような意識を持ち、また、どのような点を重視したのか、という点は大変興味深い。そして、これらの問題を検討することは近世起請文の本質を明らかにする手段として有効であると思われるが、本書の検討方法と少しずれる。そのため、ここでは江戸時代における霊社起請文・霊社上巻起請文の有様の一端として事実を指摘するにとどめ、詳細な検討は機会を改めて行うこととしたい。

二　大名家家中起請文の牛玉宝印

大名家では起請文料紙としてどのような牛玉宝印が使われたのだろうか。調査した起請文の総数も、書かれた時期も大名家ごとに異なり、偏りがあるが、大まかな傾向を探るため、表6を作成してみた。調査した範囲での初見年と最終年も参考のため記した。そして、表6記載の大名家のうち、松代真田・柳河立花・延岡内藤の三家については個別に検討するので、ここでは全体を通してみられる傾向について述べてみたい。

表6でまず気づくのは、那智滝宝印はどの大名家でも使用された、という点である。わずか数通しか調査していない大名家を含む十四大名家中、十三家までが那智滝宝印を使用しており、幕府起請文制度にならって那智滝宝印を使い始めた家が多い、と結論付けたくなる。しかし、もともと那智滝宝印は、戦国時代以来起請文に最もよく使用されており、そのことと表6の結果がどの程度結びつくのか、慎重に検討する必要があるだろう。一方、その使用期間を詳細にみてみると、幕末まで使用する家（内藤・池田・真田・土井・越前松平）と、十八世紀後半までに使わなくなり、熊野山宝印や彦山御宝印などの牛玉宝印に変わる家（立花・伊達・稲垣・細川）があることに気づく。その理由はいくつか考えられるが、一つには、那智滝宝印の配布元である紀州熊野三山本願所の問題が関わっている可能性は高いだろう。第Ⅲ部で触れるが、紀州熊野三山本願所は元禄年間ごろから、非配下寺社による那智滝宝印の配布停止を幕府に強力に訴えていく。その結果、紀州熊野三山非配下寺社による那智滝宝印の配布は減少し、地域によっては那智滝宝印が手に入りにくい状況も出てくるようだ。このほか那智滝宝印に対しては、幕府使用の牛玉であるため、積極的に使用しようとする思想と、反対に遠慮しようとする思想が混在していた可能性もあり、大変興味深い。重要な問題

表6　諸大名家家中起請文の牛玉宝印

	那智滝宝印	熊野山宝印(本宮系)	熊野山宝印(新宮系)	彦山御宝印	八幡宮牛玉宝印(石清水八幡宮系)	その他
延岡内藤	○ 延宝8年～明治3年(一六八〇～一八七〇)	○ 寛延4年～慶応4年(一七五一～一八六八)				寺社名不詳牛玉宝印 元文5年(一七四〇)または天明5年(一七八五)～明治3年(一八七〇)
柳河立花	○ 元禄13年～寛延2年(一七〇〇～一七四九)			○ 享保13年～文久3年(一七二八～一八六三)	○ 享保9年～宝暦12年(一七二四～一七六二)	〃 天明元年～天保9年(一七八一～一八三八)
岡山池田	○ 寛永19年～文久3年(一六四二～一八六三)	○ 弘化2年～明治3年(一八四五～一八七〇)				蓮昌寺牛玉宝印 寛永19年(一六四二)
仙台伊達	○ 万治3年～寛保3年(一六六〇～一七四三)		○ 万治3年～文久年間(一六六〇～一八六一～一八六四)			塩竈宮牛玉宝印 天和2年(一六八二)
松代真田	○ 宝暦6年～慶応2年(一七五六～一八六六)					富士山宝印 万治4年(一六六一)
鳥羽稲垣	○ 寛政元年～同5年(一七八九～一七九三)	○ 寛政5年～文久3年(一七九三～一八六三)				
熊本細川	○ 元和10年～延享元年(一六二四～一七四四)		○ 寛永18年～寛延4年(一六四一～一七五一)	○ 寛永9年(一六三二)	○ 寛永20年～寛文9年(一六四三～一六六九)	大山寺宝印・愛宕勝軍地蔵護符 寛永18年～寛永20年(一六四一～一六四三)・寛永21年(一六四四)
福岡黒田	○ 寛永17年～元禄2年(一六四〇～一六八九)					
古河土井	○ 明和元年～慶応元年(一七六四～一八六五)		○ 天保2年～文久4年(一八三一～一八六四)			
秋田佐竹	○ 不明					金峯山宝印 享保3年～文化2年(一七一八～一八〇五)
高遠内藤	○ 天明2年(一七八二)					
上田松平	○ 安政3年(一八五六)					
越前松平	○ 弘化3年～安政元年(一八四六～一八五四)					
弘前津軽						岩木山宝印 元文5年(一七四〇)

であるが、この問題を検討するには現時点では家中起請文の調査数が少なすぎるので、追加調査を実施したのちにあらためて検討することとし、本書では指摘のみにとどめたい。

表6をみて次に気づくのは、大名領国内の地方寺社が配布したと思われる牛玉宝印（蓮昌寺牛玉宝印・彦山御宝印・塩竈宮牛玉宝印・金峯山宝印・岩木山宝印など）や、全国的に著名な牛玉宝印（富士山宝印・大山寺宝印・八幡宮牛玉宝印など）も、大半の大名家で使用されている点である。しかし、さらに細かくみてみると、十七世紀後半までに使用されなくなっていく牛玉宝印（塩竈宮牛玉宝印・蓮昌寺牛玉宝印・富士山宝印・大山寺宝印・愛宕勝軍地蔵護符など）と、十八世紀中ごろから使用され始めたと考えられる牛玉宝印（寺社名不詳牛玉宝印など）の二種類に大別される。全体としては地方寺社の牛玉宝印が使用されなくなっていく傾向にあることと、熊野牛玉宝印の使用が増える傾向にあることは、大名家家中起請文の特徴として指摘してよいだろう。

寺社名不詳の牛玉宝印については、何も情報がなく推測するしかないのだが、内藤家・立花家で使用されているものは、収集家による牛玉宝印貼り交ぜ帖や、研究者でコレクターでもあった中村直勝氏の著書、『国史大辞典』別刷図版「牛玉宝印」の写真等々でもみかけない図様であるため、十八世紀中ごろから新規に配布され始めた牛玉宝印の可能性もある。そうだとすれば、十八世紀中ごろから、自家独自の牛玉宝印を使用しようとする動きが出てくると解釈することができる。十八世紀中ごろから各藩で藩政改革が実施され、藩への忠誠心の強化や家中風紀の粛正を目的とした政策がしばしば出されており、牛玉宝印の問題もそうした改革の一環ととらえることもできる。もとより、起請文の調査数をもっと増やし、時期的・地域的に偏りのないデータをとったうえでなければ結論はでないが、以上述べたことは、牛玉宝印の使用状況の大まかな傾向であるといってよいだろう。

起請文に使用する牛玉宝印に、江戸時代の人々がどれほどの注意を払ったか、あるいはどれほどの意思をもって使い分けをしたのか、ということは非常に重要であるが、このようなことを物語る史料はほとんど見当たらないため、検討することは難しい。しかし、こうして家中起請文をごく一部でも集めてみると、大名家では牛玉宝印の選択に一定の意思を持っていたことがうかがわれる。そして、幕府起請文の牛玉宝印が那智滝宝印にほぼ定式化されていたことは、特異なことであったといえる。

以上、表5・表6を使いながら大名家家中起請文の神文と牛玉宝印の使用状況を検討してきたが、この二つの表は、幕府起請文書式の定式化が、大名たちにとって幕府権力の大きさを感じさせる十分な効果を持ったことを物語っているといえるのではないだろうか。

三　松代真田家の起請文

1　松代真田家に残る起請文の概要

松代真田家（以下「真田家」と呼ぶ）は、戦国時代には上田から上州沼田にかけて勢力圏としていたが、関ヶ原の戦後、信之の代に上田城を与えられ、九万五千石を領した。のち元和五年（一六一九）、松代に転封となった。代々十万石の大名として江戸城帝鑑間に詰め、幕末を迎えた。

真田家は信之の代に徳川氏と主従関係を結び、いわゆる「外様大名」となったが、寛政十年（一七九八）に家督を継いだ幸専は、彦根藩井伊直幸の四男、文政六年（一八二三）、家督を継いだ幸貫は松平定信の次男、と養子が続いた。そして幸貫は、外様大名としては異例にも老中を務めた。幸貫が老中に就任した天保十二年（一八四一）には嫡子幸

良は雁之間詰となっている。(10)

真田家に伝わった文書群は、現在、国文学研究資料館と長野市（真田宝物館）が分割して所蔵している。伝来数はおよそ七万点で、国文学研究資料館のデータベースにより「起請文」「誓詞」などのキーワードで検索してみると、起請文は、藩主が幕府に提出した代替り誓詞・役職就任起請文写や武芸起請文を含めても四十四通にとどまる。(11)しかも、その内訳は、家中起請文二十六、武芸起請文十五、藩主が幕府に提出した起請文写三、となっており、家中起請文と藩主が幕府に提出した起請文写が極端に少ない。七万点という、膨大な古文書を伝来している大名家であることを考えると、奇異な印象を受けるほどである。

他の大名家もそうであったように、真田家江戸藩邸もたびたびの火災で焼失しており、江戸藩邸で保管されていた奥向きの起請文は文政九年以降一度焼失したらしい。(12)しかし、このことを考慮に入れても伝存数が少なく、真田家が起請文をどのように保管していたのか、興味深い問題である。

また、四十四通のうち十五通が武芸起請文である、という点も注目される。これは真田家に限ったことではなく、武芸起請文は武士の家には比較的多く残っている起請文なのである。たとえば、古文書の伝存数が五万点におよぶ代官江川家でも起請文そのものの残存数は少ないが、その中で武芸起請文は多数を占める。

多くの家中起請文がおそらく廃棄されたなかで、なぜ武芸起請文が比較的多く残されたのか、また、武芸起請文は家中起請文の範疇に入れてよいのかどうかなど、武芸起請文をめぐっては検討を要する点は多いため、武芸起請文の検討は今後の課題とすることとし、とりあえずここでは武芸起請文を除いて検討を進めたい。

2　家中起請文の概要

ここでは家中起請文二十六通の概要を述べてみたい。

データベースの検索から抽出できた真田家家中起請文の年次は万治四年（一六六一）から明治二年（一八六九）まで、年次の記載がない家中起請文二通（真田宝物館所蔵九―一―五五―六・九）を除いた二十四通の概要を一覧表にしたものが表7である（以下、起請文は表7の番号で記す）。

1は、万治元年六月十四日、二歳で家督を相続した幸道の後見人内藤忠興（幸道の姉婿の父）が松代の家老衆に下した十七ヶ条の条目に対して、原主膳正言ほか四名の家老が藩主幸道とその後見人たちに宛てて提出した起請文である。（万治三年）十月二日付赤沢安重等連署状案[13]によれば、起請文は江戸藩邸で作成され、江戸の家老衆が血判を据えたのち、検使とともに松代に送られた。したがって、料紙に使用されている牛玉宝印（富士山宝印）は江戸で調達された可能性が高いが、国元から牛玉宝印を取り寄せている可能性もあり、確定はできない。真田家文書に残る起請文のうち例外はこの富士山宝印だけで、今のところすべて那智滝宝印が使われている。

2・3・4・5・6は、検地の際の村役人の役職起請文である。五通とも書き継ぎ起請文で、署判者のほとんどが名字・花押を持たず、印と血判の両方が据えられている事例が多数を占める。

7〜13・15〜17は、江戸藩邸または国元の諸役人の役職起請文である。16は単独署判の起請文で、「御内密御用」とあり、役職名は不明だが藩主の側近く仕える役職だったと思われる。

14・18〜23は、嘉永五年（一八五二）五月から慶応二年（一八六六）三月に隠居するまで藩主であった幸教の奥向き起請文である。

表7 真田家家中起請文一覧

	署判	年月日	書き始め	書き終わり	理由	端作り文言	神文	牛玉宝印	出典
1	連署	万治4年1月20日	一六六一		幼君への忠誠	起請文前書事	A	富士山宝印	宝物館吉134-6
2	書継	宝暦6年～文久4年2月	一七五六	一八〇四	検地竿打	誓詞前書	C	那智①・②	国文研き50
3	〃	宝暦11年～文久4年	一七六一	〃	地押(立札)改め	〃	B	〃	国文研く659
4	〃	宝暦13年～文政4年8月	一七六三	一八二〇	村役人御役誓詞	神文前書	〃	〃	国文研き45
5	〃	明和2年～嘉永4年	一七六五	一八五一	世話役	誓詞前書	C	〃	国文研き47
6	〃	明和5年～明治2年	一七六八	一八六九	検見附人	神文前書	〃	那智①・②・④	国文研き48
7	〃	文化7～8年	一八一〇	一八一一	物書	誓詞前書之事	(B)	正宮寺	国文研き49
8	〃	文政13年～慶応元年	一八三〇	一八六五	御広敷御台所帳附	誓詞前書	B	那智②・③	国文研き42
9	〃	〃	〃	〃	御守役物書	誓詞前書之事	〃	那智②	国文研き44
10	〃	〃	〃	〃	鍵番人	神文前書	〃	〃	国文研き43
11	〃	天保7年～慶応元年10月	一八三六	〃	〃	〃	〃	〃	国文研き34
12	〃	天保7年～慶応3年	〃	一八六七	御広敷御台所帳附	誓詞前書	〃	那智②・正宮寺	国文研き41
13	〃	天保7年～安政6年	〃	一八五九	上番御徒士	起請文前書之事	〃	那智②	国文研き33
14	〃	天保7年～文久3年	〃	一八六三	若御前様御中老 若女中御小姓	〃	〃	〃	国文研き40
15	〃	天保7年～安政6年	〃	一八五九	上番御徒士	〃	〃	那智②・③	国文研き32
16	単独	天保10年	一八三九		御内密御用	誓詞前書	〃	那智②	国文研き46

	署判	年月日	書き始め	書き終わり	理由	端作り文言	神文	牛玉宝印	出典
17	書継	天保13年6月3日～同14年閏9月21日	一八四二	一八四三	御手許御内用認物	起請文前書	B	正宮寺	宝物館6-13-4-43
18	〃	弘化3年～万延元年	一八四六	一八六〇	奥女中御役誓詞	誓詞前書	〃	那智②	国文研か2750
19	(書継)	弘化3年	〃		晴姫様御年寄	〃	〃	〃	国文研き35
20	書継	弘化3年～万延元年	〃	一八六〇	晴姫様御中老若女中御小姓	起請文前書之事	〃	那智②・③	国文研き36
21	〃	嘉永6～7年	一八五三	一八五四	晴姫様表使	誓詞前書	〃	那智②	国文研き37
22	連署	万延元年	一八六〇		御出生様御乳母	〃	〃	〃	国文研き38
23	単独	〃	〃		御出生様御抱守	〃	〃	〃	国文研き39
24	〃	慶応2年4月廿日	一八六六		御内条目拝見のため	なし	D	〃	宝物館9-1-39

※宝物館＝真田宝物館所蔵真田家文書、国文研＝国文学研究資料館所蔵真田家文書

14の包紙上書にある「若御前様」は、真田家では藩主夫人を指すので、14の起請文が書き継がれた時期（天保七年〈一八三六〉～文久三年〈一八六三〉）の「若御前様」は幸貫夫人あるいは幸教夫人晴（讃岐高松藩松平讃岐守頼恕の娘）が該当する。幸教夫人晴は万延元年（一八六〇）十月十八日に豊松を出産しており、22・23の包紙上書「御出生様」とは豊松のことである。

幸教夫人晴は弘化二年（一八四五）に江戸真田邸に引き移り、[14] 文久二年（一八六二）秋に松代に入部するまで在府していたことは確実なので、晴の奥向き起請文14・18～23の七通はすべて江戸で書かれたと思われる。

最後の24は単独署判で、「御内条目拝見」のための起請文で、役職起請文ではない。

3　端作り文言

真田家で使われている端作り文言（起請文冒頭の事書）は、「起請文前書（之事）」「誓詞前書（之事）」「神文前書」の三種類である。初出は順に、万治四年（一六六一）・宝暦六年（一七五六）・宝暦十三年（一七六三）となっている。万治四年の「起請文前書（之事）」がいちばん古いが、これは1で使用された端作り文言である。1は2以下の起請文と保管方法が異なり、「吉光御長持并御腰物箪笥」と呼ばれる容器に収納され、松代城花の丸御殿「御広間」の床の間に置かれていた。そのため、特別に現在まで伝来したのである。別の保管場所で保管されていた同時代の起請文はすべて失われ、現在残っているのは2以下の宝暦六年以降の起請文群に過ぎない。したがって、他の収納場所に納められていた同時代の起請文が伝来していたとすれば、「神文前書」「誓詞前書（之事）」を端作りとする起請文もおそらく存在したと考えられ、「起請文前書（之事）」が真田家でいちばん古い端作り文言であるとはいえない。

表7が示しているように、「起請文前書（之事）」「誓詞前書（之事）」「神文前書」の三種類の端作り文言のうち、「起請文前書（之事）」「誓詞前書（之事）」は幕末まで使用されたことが確認され、「神文前書」も天保七年（一八三六）に書き始められた起請文11で用いられているので、時期的な使い分けの可能性はなく、初出年から幕末まで使用され続けたと思われる。

書かれた場所での使い分けに関しても、江戸で書かれたことが明らかな14・18〜23の計七通のうち、「起請文前書（之事）」は二通、「誓詞前書（之事）」は五通と混在しており、江戸では両方が使われたことが確認されるので、おそらく江戸と国元での端作り文言の使い分けはなかったものと思われる。

4　神　文

神文は表7の「神文の型」から明らかなように、四種類の神文が使われている。仮にA〜D型と名付けた。

A型「日本之大小神義、別而伊豆箱根両□《(所)》権現、八幡大菩薩、神罰・冥罰各可□者也、」

A型は、万治四年の起請文1にのみ使用された神文である。前述したように、この起請文は江戸藩邸で作成され、藩主幸道やその後見人磐城平藩主内藤忠興にみせることを目的としたものである。当時真田家には幸道が幼主だったため幕府から目付が派遣されており(15)、そのための配慮からか、関東総鎮守伊豆山権現・箱根大権現を勧請している。

B型「梵天帝釋四大天王、總而日本國中六十餘州大小之神祇、殊諏訪大明神、八幡大菩薩、天満大自在天神、部類眷属神罰・冥罰可罷蒙者也、仍起請文如件、」

B型は使用例がいちばん多く、1・2・5・6・24の四例を除いて、すべてこの神文を用いている。7は「天満大自在天」としているところを「大自在天神」、「神罰」「冥罰」としているところを「神罪」「冥罪」とするなど、些細な違いはあるが、この一例しか確認できないので、書き間違いと考え、カッコつきの(B)型とした。梵天帝釋から始まり、式目神文の「伊豆箱根両所権現三嶋大明神」だけ書かず、代わりに信州の鎮守諏訪大明神を勧請しているところが特徴である。全体の事例そのものが少ないので確定はできないが、B型は真田家の役職起請文における公式神文であった可能性がある。

C型「梵天帝釋四大天王、總日本国中六十餘州大小神祇、殊當国當所之鎮守諏訪上下大明神、戸隠三社大権現、天満大自在天神八幡大神部類眷属神罰冥罰可相蒙者也、仍起請文如件、」

C型は、検地に関する村役人の役職起請文(2・5・6)に使われている。B型と同じように式目神文を基本とし、

「伊豆箱根両所権現三嶋大明神」の代わりに、「殊當国當所之鎮守諏訪上下大明神、戸隠三社大権現、天満大自在天神八幡大神」と書き、戸隠三社大権現を勧請するなど、関東鎮守や伊豆一の宮ではなく、在地に密着した神々を勧請している点が注目される。これは誓約者が村役人である点を考慮に入れたものと思われる。また、八幡大菩薩とは書かず、大神と書いている点も特徴といえる。B型では八幡大菩薩と表記されており、八幡神に関しては、真田家では「大神」と「菩薩」の表記が併用されていたことになる。

D型「日本国中之大小神祇、殊ニ別而ハ舞鶴山御両宮之御罰を蒙るへく候、」

D型は、慶応二年の24のみに使用されている。A～C型に比べると短い神文となっており、舞鶴山御両宮を勧請している点が特徴である。

「舞鶴山御両宮」とは、現在長野市松代町西条舞鶴山に鎮座する白鳥神社を指すと思われる。『長野県の地名』[16]によれば、白鳥神社は真田信之によって寛永元年（一六二四）の真田家松代移封の際、小県郡海野町から開善寺（新義真言宗）とともに現在地に移された。『開善寺調査報告書2』[17]によれば、その後開善寺が白鳥神社別当となり、開善寺は真田家の祈願寺と位置付られたが、その実態はよくわからないとのことである。

報告書に翻刻されている、万治三年から享保十九年（一七三四）ごろまでの寺の日記を編纂したと思われる『開善寺格式日記一』によれば、開善寺は城内稲荷・秋葉社の祭祀を担当しており、年始年末・立春など節目の日には藩主一家へ守札を献上するなど、牛玉宝印を配布していた可能性はあるものの、日記には牛玉配布に関する記事はなく、詳細は不明である。また、「御両宮」についても、真田家文書の中では白鳥神社とセットでよく使われる表現であることは確認できたが、関連史料が見当たらないという事情もあり、これ以上検討を深めることはできなかった。

なお、すでに文政七年（一八二四）閏八月一日付武芸起請文神文（真田宝物館所蔵真田家文書一一―二―九六）に「御両宮」の文言がみえ、「舞鶴山御両宮」は文政十年からみられるようになる。

幕末になると、家中起請文の神文が変化する大名家は多く、後述する延岡内藤家でも大きな変化がみられる。真田家のD型神文も幕末から始まる神仏分離や、幕府権力の後退に何らかの影響を受けての変化と考えられるが、本書では詳細を明らかにすることができなかった。

5　牛玉宝印

使用されている牛玉宝印は1を除き、すべて那智滝宝印である。しかし、それらは同一の図様というわけではなく、以下の五種類の図様が確認できる。

那智①型（図9）　2の宝暦六年（一七五六）から確認でき、現存する那智滝宝印の中では最も古い版である。3〜6の初期にも使用されているが、文化三年（一八〇六）からは使用例が確認できない。横に一本かなり大きな割れ目が入っており、図様もかなり荒れていて、古い版木から刷り出されたと推定される。朱宝印は肉眼では確認できず、捺されていなかった可能性が高い。

那智②型（図10）　2の文化二年から使用例が確認でき、24の慶応二年まで使用された。図様がわからないほど荒れた版面で、かなり古い版木と思われる。原本をみただけでは図様を読み取ることができなかったが、千々和到氏の発案で、トレースした結果、那智滝宝印であることが確認できた。千々和氏は、虫損の激しい版面から刷り出したためこのような図様になったのであろうと推定された。1・7・17以外のすべての真田家家中起請文に使用されている。真田家ではこのような、ほとんど図様が判明しないような牛玉宝印を江戸藩邸でも使っていたが、江戸で一般的に配布されていたとは考えにくい。国元で調達し、江戸へ送っていたと考えるのが自然だろう。朱宝印は那智①型同様肉眼ではみえず、捺されていなかった可能性が高い。那智①型と入れ替わるように登場する。なお、横に一本ある割れ目の位置が①型と酷似しており、また図様も似ているため、②型版木は①型版木が劣化したものという可能性もあるが、確定にはいたらなかった。

那智③型（図11）天保十四年（一八四三）から幕末まで使用される。那智②型だけに貼り継がれており、文化二年以降真田家で使用され始めたと思われる。宝珠形の中に「熊野宮」と刻まれた朱宝印が三つ、「那」「印」「滝」の文字のところに横一直線に捺されている。版は輪郭がはっきりしている。「印」部分に「日本第一」と刻まれ、その下

図9　那智①型（表7-3）

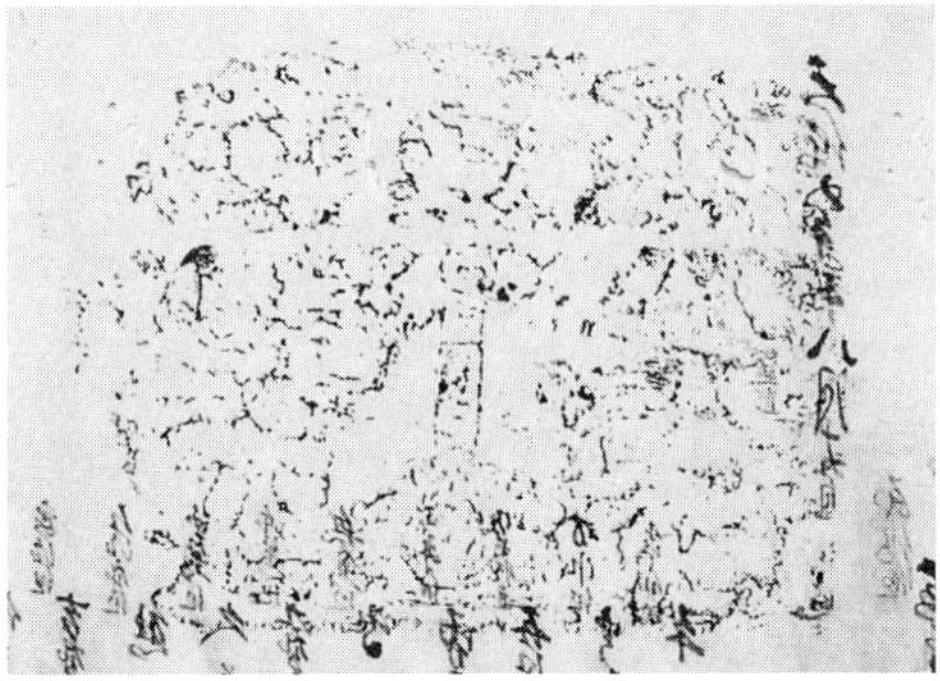
図10　那智②型（表7-6）

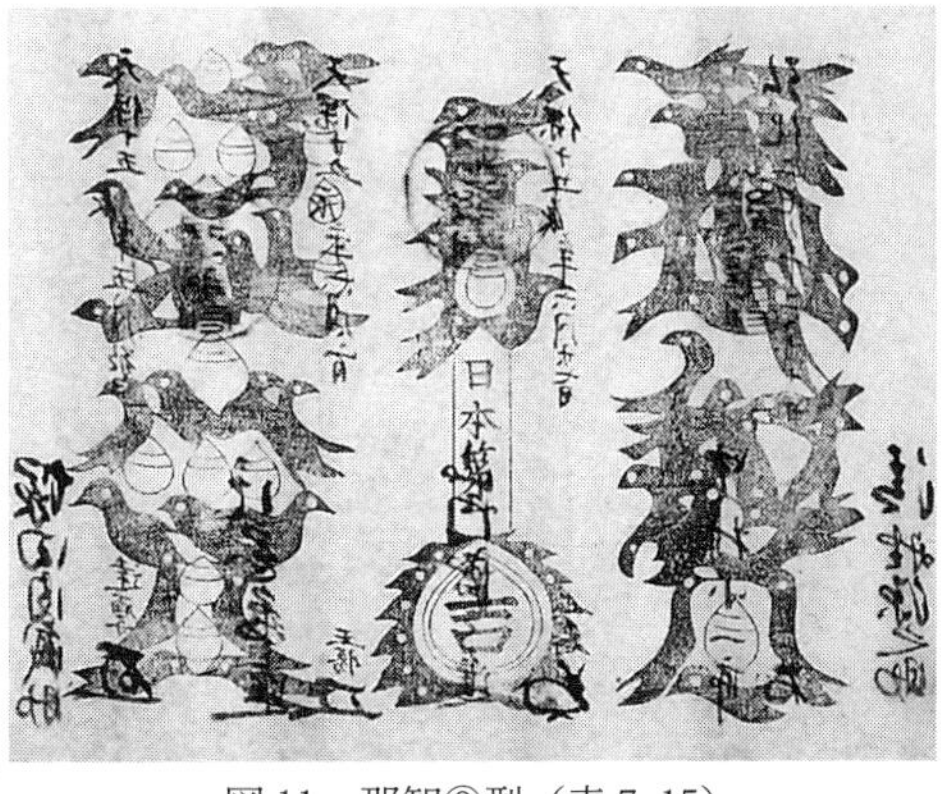
図11　那智③型（表7-15）

（図9〜13　人間文化研究機構　国文学研究資料館所蔵）

図12　那智④型（表7-6）

図13　正宮寺牛玉宝印（表7-12）

の宝珠の中に「吉」の文字が入っている。8・15・20に使用されており、20は幸教夫人晴の奥向き起請文で、江戸で書かれたものと考えられることから、江戸で配布された可能性もある。

那智④型（図12）文化七年（一八一〇）から十一年まで使用されている。6に一枚だけ使用され、他の起請文にはみられない。八つ手の葉を連想させる宝珠形の中にカーン（不動明王）の種字（梵字の種子）が刻まれた朱宝印が五つ、「那」「智」「滝」「宝」「印」の文字のところに一つずつ捺されている。

正宮寺牛玉宝印（図13）7の文化七年九月から確認でき、12・17に使用されている。本書ではこの牛玉宝印を「正宮寺牛玉宝印」と呼んでいるが、この呼称は私が便宜的に名付けたもので、広く認知されている呼称ではない。正確にいえば、これは江戸飯倉に鎮座する熊野権現の別当正宮寺が発行した牛玉宝印である。版面に「江戸飯倉正宮寺」との刷り込みがあり、発行元を確定できる例外的な熊野牛玉宝印である。なお、この正宮寺牛玉宝印については第Ⅲ部で詳しく触れることにする。

真田家の起請文料紙は基本的には那智①・②型であったと思われる。那智①型が先行し、文化二年ごろを境に那智②型と入れ替わっていると考えられる。どちらにも朱宝印が捺されていないことと、版面が判読不能なほど荒れた、古い版木を使用し続けていることが最大の特徴である。村役人の起請文にも、奥女中の起請文にも、家臣の起請文にもこれらの牛玉宝印が使われていることから、役職によって牛玉宝印を使い分けることはなく、書き継ぎ起請文の場合、一括して藩が各部局に料紙である牛玉宝印を支給し、それは江戸藩邸にまでおよんでいた可能性もある。

藩が那智①・②型のような古い版木から刷り出した牛玉宝印を各部局へ一括で支給したのだとすると、真田家ではこれらの版木をかなり重視していたことになる。これらの版木や発行元に、特別な意味や事情が存在していたのかもしれない。

6　松代真田家の起請文　まとめ

真田家では、武士である家臣の神文はみな同じ文言であることから、真田家としての公式な書式が存在したと思われる。しかし、端作り文言が三種類あり、使い分けの原則もなかったものとみられることから、幕府ほど厳密に藩の書式を守らせる、という思想はなかったのではないかと考えられる。作成する家臣たちも、藩の書式を一言一句違わぬように書く、という姿勢ではなかったことが、(B)型神文が存在することからわかる。

しかし、牛玉宝印に関しては、刷り上がった版面が読めないほど古い、荒れた版木から刷り出したもの(那智①・②型)を、家中起請文に必ず使っていることから、これらの版木にこだわる理由があったと思われる。それが何なのかは、本書では明らかにできなかったが、版木に特別な由緒などが存在した可能性もあろう。

また、これらの牛玉宝印には朱宝印が捺されていないが、それはなぜだろうか。牛玉宝印にとって、朱宝印は護符としての「いのち」ともいえるものである。[18] 近代にはこうした朱宝印の意味が忘れられ、朱宝印を捺さない牛玉宝印が配布される場合もあるが、近世において朱宝印を捺さずに寺社が牛玉宝印を配布するということはありうるのだろうか。藩の主導のもと、護符としてではなく、起請文料紙として刷られていた牛玉宝印であった可能性も視野に入れて、検討する必要があると思われる。

また、現存する家中起請文の料紙は1以外はすべて那智滝宝印だが、1が示すとおり、江戸時代初期には真田家では富士山宝印も使用しており、他の種類の牛玉宝印を使っていた可能性もある。前述したように、真田家では宝暦六年（一七五六）以降のごく一部の起請文群しか残っておらず、それ以前の起請文がどのような書式であったのかわからない。しかし、万治四年（一六六一）の起請文料紙に富士山宝印が使われていることから（起請文の実質的な提出先である内藤忠興の内藤家家中起請文にも、富士山宝印の使用例は一件もなく、内藤家への配慮から富士山宝印を選んだ、という可能性はない）、宝暦六年以前は那智滝宝印以外の牛玉宝印も使用されたものと思われる。真田家では宝暦六年までに、徐々に起請文料紙が那智滝宝印に限定されていったのかもしれない。

四　柳河立花家の起請文

1　柳河立花家家中起請文の概要および調査方針

関ヶ原の戦いでは西軍に属した筑後柳河城主立花宗茂は、改易となり筑後を離れたが、慶長十一年（一六〇六）家康から陸奥棚倉一万石を与えられた。その後二万石を加増されたのち、大坂の陣で戦功を立てたため、元和六年（一

表8　立花家家中起請文一覧

文書番号	役　職	年　月　日	西暦	神文の種類	牛玉宝印	宛名別紙	紙継ぎ目に「柔茂」
764	会所目付	元禄13年6月17日	1700	準式目A型	那智滝宝印	○	—
766	〃	享保5年～享保12年	1720～1727	〃	〃	○	●
770	〃	享保10年7月10日	1725	式目	八幡宮牛玉宝印	○	×
1158	〃	安政5年9月11日	1858	〃	彦山御宝印	○	×
768	城中目付	享保9年12月22日	1724	〃	八幡宮牛玉宝印	○	●
819	〃	宝暦12年閏4月18日	1762	準式目B型	〃	○	●
848	〃	明和7年6月24日	1770	式目	彦山御宝印	○	●
877	〃	天明元年6月7日	1781	〃	発行寺社不明牛玉宝印②	○	×
897	〃	寛政3年10月14日	1791	準式目B型	彦山御宝印	○	●
930	〃	文化元年7月11日	1804	準式目C型	発行寺社不明牛玉宝印①	○	×
941	〃	文化6年12月25日	1809	〃	彦山御宝印	○	●
951	〃	文化10年12月14日	1813	〃	〃	○	×
952	〃	文化11年7月1日	1814	式目	〃	—	×
964	〃	文政4年6月4日	1821	—	〃	○	●
967	〃	文政5年8月3日	1822	準式目C型	〃	○	×
970	〃	文政7年4月15日	1824	〃	発行寺社不明牛玉宝印②	—	—
971	〃	文政7年4月15日	〃	—	彦山御宝印	○	—
999	〃	文政9年8月22日	1826	—	〃	○	●
1004	〃	文政10年2月9日	1827	—	〃	—	—
1016	〃	天保2年5月10日	1831	—	〃	○	●
1019	〃	天保3年2月21日	1832	準式目C型	〃	—	—
1034	〃	天保5年5月24日	1834	〃	〃	—	—
1038	〃	天保7年11月18日	1836	式目	発行寺社不明牛玉宝印①	○	×
1043	〃	天保8年3月26日	1837	〃	彦山御宝印	○	●
1044	〃	天保8年4月10日	〃	〃	〃	○	●
1053	〃	天保11年11月24日	1840	準式目D型	〃	—	×
1065	〃	天保13年10月9日	1842	—	〃	—	—
1070	〃	天保14年10月9日	1843	式目	〃	—	—
1173	〃	安政6年10月25日	1859	準式目C型	〃	○	●
1177	〃	安政(7)年閏3月20日	1860	〃	〃	○	—
1178	〃	安政7年3月29日	〃	〃	〃	○	●
983	城中目付見習	文政7年8月10日	1824	—	〃	○	●
1002	〃	文政9年12月12日	1826	—	〃	○	—

文書番号	役　職	年　月　日	西暦	神文の種類	牛玉宝印	宛名別紙	紙継ぎ目に「忝茂」
775	右筆見習	享保17年9月18日	1732	式目	八幡宮牛玉宝印	○	—
780	〃	寛延2年2月29日	1749	〃	那智滝宝印	○	●
786	〃	宝暦2年3月2日	1752	〃	彦山御宝印	○	●
816	右筆	宝暦11年3月2日	1761	〃	白紙	○	—
831	右筆見習	明和2年6月28日	1765	〃	彦山御宝印	○	●
1047	右筆	天保9年11月3日	1838	〃	〃	×	●
1049	〃	天保9年12月25日	〃	〃	発行寺社不明牛玉宝印①	×	●
1059	〃	天保12年2月27日	1841	—	彦山御宝印	—	—
1067	奥右筆	天保13年12月6日	1842	—	〃	—	—
1080	右筆	天保15年8月20日	1844	式目	〃	×	—
1182	〃	万延元年6月25日	1860	〃	〃	○	●
772	中奥番	享保13年8月4日	1728	準式目E型	〃	○	—
1180	〃	万延元年4月11日	1860	〃	〃	○	●
1183	〃	万延元年6月25日	〃	〃	〃	○	●
767	不明	享保9年6月6日	1724	式目	〃	○	●
769	城付銀方	享保10年2月10日	1725	準式目D型	那智滝宝印	○	●
774	近習	享保13年8月吉日	1728	—	八幡宮牛玉宝印	—	—
1030	御花畠惣女中	天保4年5月	1833	その他	彦山御宝印	○	×
1202	用人	文久3年3月16日	1863	—	〃	○	●

六二〇）旧領柳河へ復帰し、十万九千六百余石を領することとなった。以後立花氏は転封されることなく、代々柳河を領国とし、幕末維新を迎えた。[19]

『柳河藩立花家文書目録』所収「はじめに」によれば、立花家の近世文書は同家に約一万点、福岡県立伝習館高校に残り半分が収蔵されていた。一九七五年に同家収蔵分については、九州大学文学部国史学研究室が中心となり整理が進められ、目録が完成したが、現在目録所載の立花家文書は柳川古文書館に収蔵されている。

目録によれば、立花家の近世文書のうち起請文は約四百四十通で、ほとんどが役職就任起請文である。書かれた年次は、元禄十三年（一七〇〇）の起請文が一通あるが、あとはすべて享保五年（一七二〇）以降の起請文で、最終年次は文久三年（一八六三）である。立花家文書が収蔵されている福岡県柳川市は東京から遠く、私が頻繁に調査に訪れることは困難であった。そこで、調査を実施するにあたっては、すべての役職をまんべんなく調査する手法はとらず、数種類の役職の起請文を、できるだけ江戸時代全時代にわたってピックアップし、書式の変遷や役職間の起請文書式の相違、立花家全体としての起請文書式があるかどうかなどの観点から調書を取った。

結果として私が原本調査を行うことができたのは五十二通（表8参照）で、得られた知見はごく一部のわずかなものに過ぎないが、代表的なものは調査できたので、これらのデータから立花家家中起請文の特質を検討することは可能だと考えている。

2 書　式

重点的に調べたのは目付と右筆の起請文であるが、そのほか、中奥番・近習・奥向女中・用人の起請文も数点ずつだが調べてみたので、役職ごとの特徴を述べる前に、全体に共通する特徴をあげてみたい。

立花家家中起請文の書式は、白紙に端作り文言・誓約内容（前書）を書き、それに牛玉宝印を貼り継いだ二紙目に神文・日付・署判をし、血判を据える、という江戸時代には最も一般的な書式である。ただし、宛名は牛玉宝印には書かず、白紙に書いて三紙目として貼り継いでいる起請文が多いのが特徴的である。宛名の書式を調べた起請文四十一通のうち、宛名を別紙に書いたものは三十八通あるが（表8○印）、別紙を貼り継がず、牛玉宝印の中に書き入れたものはわずか三通（表8×印）なので、立花家家中では宛名は別紙に書いて貼り継ぐ、という書式が一般的だったことが察せられる。この書式は、本来「護符」である牛玉宝印に敬意を表して、宛名を書くことを避ける意図があったのではないかと思われるが、同じ九州の大名である細川家家中起請文にも同様の書式がみられる。一方伊達家など東北の大名家中にはあまりみられない書式なので、九州の大名に伝わった書式といえるのかもしれない。

さらにもう一つ、全体に共通する書式は、継ぎ目上に神文の書き始め文言「忝茂」「辱茂」を書く点である。これは宛名を別紙に書く書式に比べると九州以外の大名家でもままみられる書式で、しかも宛名の書式に比べると立花家では例外が多く、この点を調べた起請文三十五通中、継ぎ目上に書かれたものが二十五通（表8●印）、そうでないものが十通（表8×印）である。立花家ではよくみられる書式の一つではあるが、立花家固有の書式というよりも、江戸時代の起請文書式の一つ、ととらえたほうがよさそうだ。

最後にあげておきたいのは、書き継ぎ起請文が少ない点である。目録でみてみると、書き継ぎ起請文は全部で六通、しかもその期間は最長で四十六年間である。他の書き継ぎ起請文の期間もごく短いものが多く、百年を超える書き継ぎ起請文も少なくない他家の事例と比べ、きわめて異例である。役職は、目付・奥女中に限られる。もちろん、これは目録上だけの情報であり、また伝来の過程で書き継ぎ起請文はすでに失われてしまった可能性もあるので、慎重に判断しなければいけないが、書き継ぎ起請文は多用されなかった、ということはできるだろう。

3　目付の役職就任起請文

目付の役職就任起請文は三十三通を調査した。その内訳は、会所目付四通・城中目付および同見習二十九通で、書かれた期間は元禄十三年（一七〇〇）から安政七年（一八六〇）である。ただし、調査時の記入漏れなどもあり、検討する書式の項目によって各起請文の総数に異同があることをお断りしておく。

まず端作り文言からみていこう。会所目付の起請文四通はすべて「起請文前書之事」だが、城中目付・見習の起請文二十四通はすべて「起請文前書」である。「之事」の有無がどれほどの差異にあたるのか、疑問を感じないこともないが、書かれた期間が会所目付は元禄十三年から安政五年までの百五十八年間、城中目付が享保九年（一七二四）

から安政七年までの九十年間であることを考えると、この差異は偶然ではなく、それぞれの役職で意図的にそれぞれの文言が選択され、書き続けられたと解釈できる。おそらく役職ごとに前書の雛型が存在し、新任者はその雛型に従って起請文を書き、提出したものとみられる。この点は、今後各前書の文言を比較検討することで、確定することができるだろう。

その一方で神文は複数の種類がある。会所目付の神文四通のうち、二通が式目神文だが、残りは準式目神文で、式目神文に筑後国鎮守坂本山王大権現を勧請した文言となっている。この神文を準式目A型と呼んでおく。

準式目A型「梵天・帝釈・四大天王、惣而日本國中六十餘州大小之神祇、殊伊豆箱根両所権現、三嶋大明神、天満大自在天神、八幡大菩薩、當國之鎮守坂本山王大権現神罰・冥罰、各於身可蒙御罰也、仍起請文如件、」

城中目付の神文も数種類ある。総数二十一通のうち、八通が式目神文、十三通が準式目神文で、さらに勧請している仏神によって準式目神文は三種類に分けられる。一つは、伊豆・箱根・三嶋・八幡・天神を勧請しない最も簡略な文言の神文で、準式目B型と呼んでおく。宝暦十二年（一七六二）と寛政三年（一七九一）の二通の起請文に使われている。

準式目B型「梵天・帝釈・四大天王、惣日本六十州大小神祇、可蒙神罰・冥罰於身者也、仍起請文如件、」

二つめは、式目神文から天神を除いた神文で、十通の起請文に使われている。目付の起請文では最も多く使用された神文で、文化元年（一八〇四）から安政七年まで書かれている。天神が勧請されていない点を除けば、式目神文にきわめて類似している。準式目C型と呼んでおく。

準式目C型「梵天・帝釈・四大天王、惣而日本國中六拾餘州大小之神祇、殊伊豆箱根両所権現、三嶋大明神、八幡大菩薩可蒙御罰者也、仍起請文如件、」

このほか、目付の神文はもう一種類あり、これは天保十一年（一八四〇）の一通にだけ使用されたもので、筑後国鎮守を坂本山王大権現とした準式目A型と異なり、鎮守を高良大菩薩、氏神を坂本山王大権現として勧請している。準式目D型と呼んでおく。

準式目D型「梵天・帝釋・四大天王、惣而日本國中六十餘州大小神祇、殊伊豆筥根両所権現、三嶋大明神、八幡大菩薩、天満大自在天神、當國鎮守高良大菩薩、氏神坂本山王大権現、神罰・冥罰可罷蒙者也、仍起請文如件、」

以上、目付の神文には式目神文のほかに四種類あることを指摘した。このことは、目付の役職就任起請文では前書に雛型はあっても神文にはとくに雛型はなかった可能性を示唆している。そして、端作り文言の検討から、前書はおそらく雛型どおり、かなり正確に書き写した一方で、神文については個人の選択に任されたか、もしくは、雛型があったとしてもそれはさほど強制力はなく、細かな仏神名の異同は問題にされなかったことが予想される。

最後に、目付の起請文に使用された牛玉宝印についてまとめておきたい。

会所目付の起請文に使用された牛玉宝印は、那智滝宝印・彦山御宝印・八幡宮牛玉宝印（石清水八幡宮系）の三種類である。城中目付の場合は彦山御宝印・八幡宮牛玉宝印に加えて発行寺社名不明の二種類の牛玉宝印が使われており、全部で四種類の牛玉がある。

目付の起請文では、調査した起請文の数（三十三通）に対して、牛玉宝印の種類が五種類と多いのが特徴的である。たとえば、前述した真田家家中起請文二十四通の牛玉宝印は二種類（富士山宝印・那智滝宝印）であったし、後述する内藤家六十五通の牛玉宝印は三種類（那智滝宝印・熊野山宝印・八幡宮牛玉宝印）である。真田・内藤両家の家中起請文は書き継ぎ起請文が主で、使用された牛玉宝印は立花家の牛玉宝印数をはるかに超える。このことを勘案すると、いかに立花家で使用された牛玉宝印の種類が多いかが理解できるであろう。そしてこのことは、立花家目付の起請文の牛玉宝印は、藩が一括して購入したものではなく、誓約者自らが牛玉宝印を用意して起請文を作成したことを想像させる。つまり、目付の起請文では神文同様、使用する牛玉宝印の種類も誓約者個人の選択に任されていたことがうかがえる。

4　右筆の役職就任起請文

右筆の起請文は、右筆・奥右筆七通、右筆見習四通の計十一通を調査した。書かれた期間は享保十七年（一七三二）から万延元年（一八六〇）である。ただし、目付同様、調書の漏れなどにより、検討の項目によって総数が異なる。端作り文言は、右筆六通（天保九年〈一八三八〉～万延元年）、右筆見習三通（寛延二年〈一七四九〉～明和二年〈一七六五〉）で調べてみると、右筆は六通すべてが「起請文前書之事」、見習は三通すべてが「起請文前書」であった。右筆の場合も目付同様前書に雛型があり、それに忠実に従った役職就任起請文が書かれたと考えられる。

神文は、右筆も見習もすべて式目神文である。

使用された牛玉宝印は、右筆が彦山御宝印と発行寺社不明牛玉①の二種類、見習が那智滝宝印・彦山御宝印・八幡宮牛玉宝印の三種類である。

右筆・右筆見習起請文は調査した総数が十一通と少なく、推定の範囲を出ないが、右の結果から考えると、右筆には神文も含めた起請文の雛型があり、右筆・見習ともにそれに従って起請文を作成したことになる。ただし、牛玉宝印は複数の種類にわたることから、その選択は個人の自由であったのだろう。

5　そのほかの役職就任起請文神文

目付・右筆以外の役職就任起請文神文は、中奥番三通、城付銀方・御花畑惣女中の起請文それぞれ一通ずつを調査した。

中奥番の起請文三通には、伊勢天照大神宮と坂本山王大権現を勧請した神文が使われている。仮にこの神文を準式目E型と呼んでおく。

準式目E型「梵天・帝釋・四大天王、惣日本六十余州大小之神祇、伊勢天照大神宮、八幡大菩薩、春日大明神、當所坂本山王大権現、神罰・冥罰於身可罷蒙者也、依起請文如件、」

このほか、城付銀方は準式目D型を使用しているが、注目すべきは御花畑惣女中の起請文である。これには「此世」と「御生」（後世）の罰を記した神文が使用されている。京都の霊社は勧請されていないので、本章冒頭で述べた定義にあてはめて「その他」に分類したが、今回調査した神文の中で唯一現世と来世の罰を書き記した神文である。同時にこの起請文は調査起請文中唯一の女性の起請文でもあり、女性の起請文であることと、現世来世の罰を記すことの関連性が予想される。この点については、立花家家中起請文中の女性の起請文を追加調査することで明らかにできるだろう。今後の課題としたい。

6　牛玉宝印

最後に、立花家家中起請文の牛玉宝印について見通しを述べておきたい。

目付・右筆の起請文に使用された牛玉宝印については前項でそれぞれ述べたが、ここではあらためて元禄十三年（一七〇〇）から文久三年（一八六三）までの起請文五十二通に使用された牛玉宝印全体に関しての所見をまとめてみる。

立花家では元禄十三年から文久三年までに五種類の牛玉宝印が使用されているが、それぞれの使用時期は以下のとおりである。

那智滝宝印　元禄十三年（一七〇〇）から寛延二年（一七四九）まで

八幡宮牛玉宝印　享保九年（一七二四）から宝暦十二年（一七六二）まで

彦山御宝印　享保十三年（一七二八）から文久三年（一八六三）まで

発行寺社不明牛玉①　文化元年（一八〇四）から天保九年（一八三八）まで

発行寺社不明牛玉②　天明元年（一七八一）から文政七年（一八二四）まで

立花家家中では那智滝宝印は、江戸時代初期から使われ始め、十八世紀前半には使用されなくなった可能性がある。次いで使用期間が短いのが八幡宮牛玉宝印で、十八世紀半ば過ぎには使用されなくなったと思われる。最も長い期間使用されているのが彦山御宝印で、那智滝宝印・八幡宮牛玉宝印と入れ替わるように使用され始め、幕末まで使われている。発行寺社不明の二種類の牛玉宝印は、『国史大辞典』別刷図版「牛玉宝印」など、牛玉宝印を集めた写真集などには未収録の牛玉宝印なので、おそらく筑後の地方社から配布された牛玉宝印と思われる。これらも彦山御宝印に少し遅れて使用され始め、天保九年までの使用が確認できる。

このような使用状況を勘案すると、那智滝宝印・八幡宮牛玉宝印といった、全国レベルで流通している牛玉宝印はしだいに使われなくなり、代わりに英彦山（彦山）など九州の霊社配布の牛玉が使用されていくのではないか、との仮説が立てられるように思われる。

ただし、ここで注意しなければいけないのは、今回調査した起請文（柳川古文書館所蔵の立花家家中起請文）がどこで書かれたか、という点である。大名家によっては江戸藩邸と国元で牛玉宝印の使い分けを行っていた形跡があり、その際江戸では那智滝宝印を使用し、国元では地元寺社配布の牛玉宝印を使用していた可能性がきわめて高いのである。[20]柳川古文書館所蔵の立花家家中起請文は、柳川の立花家別邸の呼称である「御花畠」の奥女中の起請文（一〇三〇号）を含み、また関連史料として、江戸に向けての書状（一二一八号）・藩主帰国時に差し出す起請文についての書状（一二一七号）も確認できるため、柳川で書かれた起請文群と考えられる。したがって、那智滝宝印・八幡宮牛玉宝印が使用されなくなっていくのは、今のところ国元柳川での現象であり、江戸藩邸での様子については、別に検討する必要があるだろう。

7　柳河立花家の起請文　まとめ

立花家家中起請文五十二通について検討した結果をまとめると、以下のようになろう。

立花家の会所目付・城中目付・城中目付見習の役職就任起請文では、役職ごとにそれぞれ同じ端作り文言を用いている。このことから、立花家では役職就任起請文前書には雛型があり、新任者は雛型どおり正確に書き写して起請文を作成したと考えられる。

一方神文に関しては、式目神文・準式目神文A～E型・その他、の計七種類の神文が確認された。立花家の場合、右筆は式目神文のみを使用していたが、会所目付・城中目付・城中目付見習は特定の神文だけ使用する、ということはなく、数種類の神文が使用されている。これは、立花家では藩としての公式の神文を持たず、起請文神文は個人もしくは各部局にその選択を任されていたためと考えられる。

牛玉宝印については、五種類確認されたことから、神文同様牛玉宝印も基本的には個人あるいは各部局の選択に任されていたと考えられる。これらの検討結果から、立花家では藩として特定の神文・牛玉宝印を強制する、という思想はなかったと結論付けられる。

このほか、特筆すべきことは、立花家の国元では、江戸時代初期から中期までは那智滝宝印や八幡宮牛玉宝印など、全国でよく知られた牛玉宝印も用いられたが、中期以降それらは使われなくなり、彦山御宝印など、国元で配布されたと考えられる牛玉宝印が使用されるようになった可能性がある、という点である。加えて、立花家家中起請文では書き継ぎ起請文は多用されなかった可能性があるが、この点についても注目しておきたい。

五　古河土井家の起請文

最後に古河土井家の家中起請文について紹介しておきたい。

古河土井家は、将軍秀忠・家光の時代に出頭人として活躍した利勝を初代とする家である。寛永十年（一六三三）下総佐倉から古河へ転封となり、以後鳥羽・唐津への転封を繰り返したのち宝暦十二年（一七六二）から再び古河に転封となった。

古河土井家は伝来する史料が少なく、調査できた家中起請文は、用人・家老職を務めた家臣鷹見家に残る起請文写、案文など十九通のみである。ほとんどが役職就任時起請文の前書案文で、年次や差出人・神文が明記されている起請文写は少ないが、明和元年（一七六四）から慶応元年（一八六五）までの八通が残る。神文は四種類で、以下のとおりである（すべて古河歴史博物館所蔵鷹見家歴史資料。史料番号のみ記す）。

A型「梵天・帝釋・四大天王、惣而日本國中大小之神祇、神罰・冥罰各可蒙罷者也、仍起請文如件、」

A型は、明和元年七月付鷹見十郎左衛門起請文控（前欠、K285）・嘉永六年（一八五三）十一月二十九日付鷹見又蔵（忠正、泉石息子）用人就任起請文（N716）・万延元年（一八六〇）九月十四日付（鷹見忠正）用人加役就任起請文（N712）・文久四年（一八六四）一月十六日付鷹見十郎左衛門起請文（前欠、G52―33）・慶応元年十一月十六日付神文案（前欠、C114―1）の五通に使用されている。

B型「ボン天タイシヤク四大天王惣而日本六十ヨシウ大小之神ギ殊に二八まん大ボサツ天マン大ジザイ天神別而氏神マリシソンテン神バツミヤウバツ各マカリコウムルベキ者也、仍而キシヤウモン如件、」

B型は、神文写（N713）に使用されている。

C型「梵天・帝釋・四大天王、惣而日本國中大小神祇、殊伊豆箱根両所権現、八幡大菩薩、天満大自在天神、部類眷属神罰・冥罰各可蒙罷者也、仍起請文如件、」

C型は、天保二年（一八三一）二月十一日付鷹見十郎左衛門（泉石）家老就任起請文（K29）に使用されている。

式目神文「梵天・帝釋・四大天王、惣日本國中六十余州大小神祇、殊伊豆箱根両所権現、三嶌大明神、八幡大菩薩、天満大自在天神、部類眷属神罰・冥罰各可罷蒙者也、仍起請文如件、」

式目神文は、文化十年（一八一三）閏十一月二十三日付鷹見十郎左衛門忠常（泉石）用人就任起請文（N722）・天保十二年一月九日付鷹見又蔵用人役公用人見習就任起請文（N673）の二通に使用されている。

A型・C型は、鷹見泉石・嫡子忠正が用人・用人加役・家老に就任した際の起請文に使用された神文である。両者とも式目神文に似ているが、三島大明神・伊豆・箱根両所権現の神社名が記載されず、式目神文とは異なる。鷹見家では用人・家老就任起請文にはこれら二種類の神文を使用したものとみられる。

B型は、神文をカナ書きで記したものなので、起請文を読み上げる際の、メモのようなものと考えられる。A型・

C型と内容が異なるので、用人や家老職を務めた鷹見家の歴代当主の誰かが、他の家臣の起請文提出の際、読み役を務めたときの心覚えとしたものではないだろうか。

式目神文は、藩主が老中を務めた期間、用人・公用人見習に任命された泉石・忠正の役職起請文に使われている。公用人とは老中の公務を補佐する役職で、江戸藩邸に詰め、老中と諸大名・旗本との面会日である対客日に応対したり、老中に提出される諸願書を受け付けたり、あるいは老中邸で行われる起請文提出儀礼の起請文読み役を務めるなどの仕事を担当する。[21] 鷹見家では藩主利厚が老中であった文化十年閏十一月二十三日に十郎左衛門忠常（泉石）が用人就任起請文（N７２２）を書き、また、藩主利位が老中であった天保十二年（一八四一）一月九日に泉石の息子又蔵（忠正）が用人格公御用人見習就任起請文（N６７３）を書いているが、このときの神文は、式目神文である。神仏名はもちろん文言の加除は一つもなく、正確な式目神文で書かれている。先に確認したように、本来土井家の用人就任起請文はA型が使われたと考えられるが、藩主が老中であった期間は式目神文が用いられるのである。又蔵（忠正）はその後嘉永六年十一月二十九日付で用人就任起請文を書いているが、このときの藩主利則は老中ではない。それに対応するように神文は式目ではなく、A型に戻っている。つまり、古河土井家では用人は通常準式目神文やその他神文で役職就任起請文を書くが、藩主が老中となり、用人が公用人を兼ねる、あるいは公用人同様の役職となると、幕府起請文の公式神文である式目神文で役職起請文を書いていた、と考えることができる。

公用人の実態については研究が始まったばかりでわからないことは多いが、老中用人・公用人見習が式目神文を使って起請文を書くという事実は、公用人・用人は幕府役人同様と認知されていたことを意味する。これが土井家だけのことなのか、それとも他の老中家でも行われていたのかどうかを今後明らかにしていく必要があるだろう。そして土井家の事例は、老中家臣の身分や位置付けを考えるうえで、神文は検討材料となりうることを示していると思われる。

まとめ

二十一家の家中起請文に使われた神文・牛玉宝印について検討してきたが、明らかにできた事柄から、次のような結論を導き出せるのではないだろうか。

江戸幕府が開かれた慶長八年（一六〇三）を目安として大名家家中起請文の神文を集めてみると、江戸時代初期に書かれていた神文は霊社上巻起請文・霊社起請文・準式目神文であった。このうち、霊社上巻起請文は新藩主への忠誠を誓うなど、重大事に使用する神文として使用されていたようだ。一方霊社起請文は新藩主代始めの起請文をはじめ、重要な誓約にも使われたが、一般的な役職就任起請文にも用いられ、幅広く使用された。霊社起請文神文をめぐっては、大名家によって使い分けの論理が異なったと考えられる。詳しい検討は別稿で行いたいが、おおざっぱに言えば、島津・細川家のような、室町幕府以来の伝統を持つ大名家では霊社起請文を比較的厚礼な神文としてとらえていたが、その一方で曽我流書札礼の解釈、すなわち「百姓等にハ霊社の誓詞也、侍者霊社不書由也」（「書礼袖珍宝」）との論理に従っていた家（高島諏訪家など）もあったと考えられる。しかし、ほとんどの大名家で霊社上巻起請文・霊社起請文は徐々に使用されなくなり、現時点では細川・島津家を除き、元禄二年（一六八九）を最後に確認できなくなる。この時期は将軍綱吉の治世にあたり、幕府起請文の世界では幕府公式神文としての式目神文の定式化がほぼ完成しつつあった。霊社上巻起請文・霊社起請文が使われなくなっていく動きには、式目神文の幕府起請文公式化が少なからず影響していたとみられる。

式目神文は、幕府起請文制度の二つの節目（家綱・綱吉期と吉宗期）から家中起請文に使用し始める大名家が多かったようだが、式目神文だけを家中起請文に使用した大名家は多くない。ほとんどの家が準式目神文や「その他」の神文も併用している。式目神文だけを家中起請文に用いる家は、徳川家の家門大名や、将軍の愛顧を受けて大名に取り立てられた新規の大名家に多い傾向があるが、これは、徳川家と親しい関係にあることの誇示や新規取り立てのせいで起請文をめぐる「家の作法」を持たないため、幕府の制度にならう、といった事情もあったと考えられる。

牛玉宝印は、那智滝宝印を使用した大名家が大半を占めたと予想できる。ただし、那智滝宝印だけを起請文料紙とする家は少なかったと考えられ、ほとんどの大名家では本宮系や新宮系の熊野牛玉宝印をはじめ、地方寺社発行の牛玉宝印や、全国的に著名な牛玉宝印も起請文料紙として使用された。大まかな傾向としては、江戸時代初期の起請文にはさまざまな種類の牛玉宝印が使われることが多く、しだいにそれは廃れていって、代わりに那智滝宝印など特定の牛玉宝印が使用されるようになる。そして江戸時代後期から幕末にいたると、新規に作られた可能性もある牛玉宝印が登場する大名家がいくつかみられるようになる。これは、江戸時代後期から幕末にかけての厳しい政治情勢の中で綱紀粛正や藩への忠誠心の強化を目的とした起請文の活用といった意味を含んでいる可能性もあり、注目すべき事象と思われる。

大名家家中起請文では、神文も牛玉宝印もともに、幕府起請文にみられるような厳密な定式化はみられず、端作り文言・神文・牛玉宝印をおのおの一種類だけに限定する幕府起請文制度の異例さが確認される結果となった。定式化された神文・牛玉宝印で起請文を書かせることは、幕府の優位性を大名に十分認識させる効果を持ったといえよう。

註

（1） 幕府起請文料紙は熊野牛玉宝印であれば那智滝宝印でなくともよいとされたが、現存する幕府起請文で、那智滝宝印以外の熊野牛玉宝印（熊野山宝印）を使用した事例は、管見の限りでは二例あるだけである。したがって、実質的に幕府起請文料紙は那智滝宝印に限定されていたと考えてよいだろう。なお、二例とは次の起請文である。享保十九年（一七三四）十二月二日付福嶋左兵衛小姓組番頭就任起請文控（豊橋市美術博物館所蔵松平家文書A―四三二、埼玉県文書館所蔵マイクロフィルム紙焼）、元文五年（一七四〇）四月六日付酒井忠恭大坂城代就任起請文控（姫路市立城郭研究室所蔵酒井家文書一一六三）。

（2）　江戸期大名家の家中起請文を史料として研究に使用した例は少なく、各地方自治体史や文書目録の解題のほかには、わずかに岡山池田家家中起請文と島津家家中起請文の一部などを検討素材とした研究がみられるだけである。それぞれの関連論文は以下のとおり。

岡山池田家家中起請文

深谷克己氏「法神習合の近世誓詞」（岡山藩研究会『藩世界と近世社会』岩田書院、二〇一〇年）、「近世政治と誓詞」（早稲田大学大学院『文学研究科紀要』第四八輯、二〇〇二年）、『近世人の研究』（名著出版、二〇〇三年）。

島津家家中起請文

島津宣史氏「熊野信仰と那智瀧宝印」（『牛玉宝印―祈りと誓いの呪符―』町田市立博物館図録第七八集、一九九一年）、千々和到氏「霊社上巻起請文―秀吉晩年の諸大名起請文から琉球中山王起請文へ―」（『國學院大學日本文化研究所紀要』第八八輯、二〇〇一年）、林匡氏「鹿児島藩記録所と文書管理―文書集積・保管・整理・編纂と支配―」（国文学研究資料館編『藩政アーカイブズの研究―近世における文書管理と保存―』岩田書院、二〇〇八年）。また、琉球王や三司官から島津家に提出された起請文に関しての研究として、梅木哲人氏「琉球国の起請文について」（山本弘文博士還暦記念論集刊行委員会編『琉球の歴史と文化』本邦書籍、一九八五年）がある。

（3）　国文学研究資料館所蔵諸礼書二七―二四七。本書は曽我流書札礼の伝授を受けた久保正元（正之）の子正貞が、父から伝授された書札礼のうち、当時実際に使用されている書札礼をまとめたもので、延宝二年（一六七四）の成立である。式目神文は御成敗式目の写本ごとに若干の文字の異同があるが、江戸幕府書札礼では、表記の文面を式目神文と考えていたといってよいだろう。

（4）霊社起請文は起請文の名称の一つで、史料上では十六世紀中ごろから確認できる。千々和到氏によれば、発生期（十六世紀初頭大永年間）における霊社起請文の定義を「誓約内容と神文が別の料紙に書かれる」起請文としている（「大師勧請起請文—南北朝・室町時代の特殊な起請文—」、羽下徳彦氏編『中世の社会と史料』吉川弘文館、二〇〇五年、一四頁）。また、世俗で用いる厳粛な起請文の様式であったのではないか、と推測されている（同一八頁）。だが、本書では大名家家中起請文神文の分類に、江戸幕府の書札礼である曽我流における霊社起請文の定義を参考とし、これに従って分類してみた。例示した『和簡礼経』は曽我尚祐が撰述し、尚祐死去後の寛永三年（一六二六）に嫡子古祐がまとめたものである。また、曽我流書札礼では霊社起請文を「現世未来ヲ書キ入ラルヲ霊社《（ママ）》之霊社ノ起請ト云也」（森尹祥編「彝用聞書」寛政三年〈一七九一〉、内閣文庫五三—二五五）と認識しているため、定義に加えた。

（5）「湯島天神御繁昌の事」、『慶長見聞集　巻之十』（芸能史研究会編『日本庶民文化史料集成　第十二巻』三一書房、一九七七年）。

（6）「霊社上巻起請文—秀吉晩年の諸大名起請文から琉球中山王起請文へ—」（『國學院大學日本文化研究所紀要』第八八輯、二〇〇一年）。

（7）細川家の元和十年（一六二四）から正保二年（一六四五）までの起請文については、『細川家文書　近世初期編』所収の稲葉継陽氏「永青文庫所蔵の近世初期文書群と藩政」に詳しい。

（8）国文学研究資料館所蔵板倉家文書二三九。

（9）細川家の家中起請文に大坂の陣誓詞が使用されている起請文は、『細川家文書　近世初期編』一八〇・一八一・一八八・一九四・二〇七・二〇八・二〇九・二一四・二二九・二三一・二四三・二五二・二五三・二五四・二五五。

（10）『史料館所蔵史料目録　第二十八集』「解題」（一九七八年）、工藤寛正編『江戸時代全大名家事典』（東京堂出版、二〇〇八年）、「天保十二辛丑年日記」（真田宝物館所蔵真田家文書）。

（11）このほか、真田幸貫が老中在職中に師範（新任者を指導・補佐する役）を務めた西丸老中戸田日向守（のち山城守）忠温の役職就任起請文案文（真田宝物館所蔵真田家文書〈以下「宝物館真田家文書」と略記〉六—二一—一〇四—二）一通がある。なお、現存する真田家文書は膨大なため、データベースでは検索できない誓文状（簡単な神文を記す起請文の一種）などをすべて探し出すことは難しい。ここでは「起請文」「神文」「誓詞」「誓紙」などのキーワードで検索することができた文書のみを検討対象としている。

(12)　国文学研究資料館所蔵松代真田家文書（以下「国文研真田家文書」と略記）に、その事例を示す史料（き二二五―二）が
ある。この史料については、次章で詳しく触れている。

(13)　宝物館真田家文書吉一三四―九。

(14)　国文研真田家文書か二五九四～二六〇四。

(15)　宝物館真田家文書吉一三四―三。

(16)　『日本歴史体系20　長野県の地名』（平凡社、一九九〇年）。

(17)　『開善寺調査報告書2』（松代文化施設等管理事務所、二〇〇六年）。

(18)　千々和到氏「「書牛玉」と「白紙牛玉」」（石井進氏編『中世を広げる―新しい史料論をもとめて』吉川弘文館、一九九一
年）。

(19)　丸山雍成氏「はじめに」（九州大学文学部国史学研究室九州大学文化史研究施設編『柳河藩立花家文書目録』一九七六年）。

(20)　内藤家がこの事例にあたる。次章参照。

(21)　老中公用人については大友一雄氏「天保期幕府老中職にみる公用方役人について―松代藩真田幸貫を事例に―」（『松代』
第二四号、二〇一〇年）がある。

第二章　延岡内藤家の起請文

はじめに

第一章では大名家家中起請文の神文・牛玉宝印について全体のおおまかな傾向を検討し、松代真田・柳河立花・古河土井の三家の起請文書式について述べた。本章では現在残されている起請文を、ほぼ全点原本で調査することができた延岡内藤家の起請文書式について論じていく。

現在明治大学博物館に所蔵されている日向延岡藩内藤家（以下内藤家と呼ぶ）文書には百通を超える起請文の原本・写・案文が残されており、加えて起請文案文集が十数冊、起請文関連史料も数点確認される。近代になって、起請文は儀礼的・形式的史料と評価されて顧みられず(1)、散逸しがちであったなかで、これだけのまとまった起請文および関連史料が譜代大名家に残されていることは大変貴重である(2)。

本章ではこれらの史料を素材として、内藤家家中起請文の有様を江戸時代ほぼ全期間を通して検討し、江戸幕府譜代大名家家中起請文の具体相の一端を明らかにしたい。

なお、内藤家では起請文そのものを「神文」と呼ぶため、本章に限り、起請文の神文を「罰文」と呼ぶ。

一　内藤家とその文書

1　内藤家歴代藩主と領地

内藤家は三河以来の徳川譜代の直臣である。三河国額田郡菅生郷に居住した義清とその子清長は松平（徳川）信忠・清康に、家長は徳川家康にそれぞれ仕え、天正十八年（一五九〇）上総佐貫二万石を与えられた。家長の子政長は元和八年（一六二二）陸奥国磐城平七万石の大名となる。その後忠興・義概・義孝・義稠と続き、政樹の延享四年（一七四七）、日向延岡七万石に転封となる。政樹の隠居のあと襲封した政陽は分家上野安中藩内藤家からの養子である。以後他家からの養子が増え、政陽の養子政脩は尾張徳川宗勝十四男、一代あとの政義は彦根藩井伊直中十五男、政義の養子で最後の藩主となった政挙は掛川藩太田資始三男である。(3)

2　内藤家文書の保管・移譲

木村礎・渡邉博吏両氏によれば、明治以降内藤家文書は東京渋谷の内藤邸・延岡内藤家事務所・延岡城西の丸の旧内藤邸の三ヶ所に保管されていたが、そのうち藩政史料は昭和十六年（一九四一）、延岡から東京渋谷の内藤邸へ移送され、のち昭和三十八年六月明治大学に移譲されたということである。

一方、延岡に残された史資料のうち、延岡城西の丸の旧内藤邸保管分は昭和二十年六月二十九日の延岡大空襲により焼失し、延岡内藤家事務所に保管されていた史資料は昭和三十八年・平成五年（一九九三）の二回に分けて延岡市

内藤記念館へ移された。(4)

3 検討対象とする起請文

本章で検討対象とするのは、起請文正文九十八通、写・案文（下書）五通の計百三通である。これらは寛文四年（一六六四）から明治三年（一八七〇）の間に書かれている。

表9・表10はこれらの起請文群のうち、慶応元年（一八六五）以降の起請文を除いた分を、書かれた年次順に一覧表にしたものである。表9は役職に就任・転役する際に職務を全うすることを誓った役職就任起請文（当時の呼び方にならい、以下「御役誓詞」と呼ぶ）正文、表10は特別な事件・出来事の際に書かれた、御役誓詞以外の起請文と御役誓詞下書の一覧である。

内藤家御役誓詞を調査してみると、前書・罰文を共有し署判だけ書き継いでいく、いわゆる「書き継ぎ起請文」の形式をとるものと、単独署判のものの二種類の形式があったことがわかった。

表9には載せていないが、単独署判の御役誓詞の大多数は、慶応元年以降に書かれた三十二通である。これに対し、慶応元年以前の単独署判による御役誓詞は八通（表9―15～17・20・31・33・38・52）にしか過ぎず、このことから慶応元年まで、内藤家御役誓詞の基本書式は書き継ぎ形式であったことがうかがわれる。しかし、慶応元年からは御役誓詞はすべて単独署判となり、料紙に牛玉宝印が使用されず、罰文も記さなくなっており、それまでの書式に比べきわめて大きな変化が認められる。これは幕末に諸藩で起こった仏教批判と関係があるように思われる。

すでに天保期から水戸・長州・薩摩・津和野の諸藩で寺院整理と廃仏毀釈が行われたことは広く知られているが、(5)内藤家でも同様の動きが慶応元年から起こっていた結果、このような大幅な書式の改変が行われたとも考えられる。

表9 内藤家御役誓詞一覧

		書き始め年月日	西暦	書き終わり年月日	西暦	役職名	端作り文言	罰文	牛玉宝印	文書番号
	1	宝永六・六・一一～	一七〇九～	安政六・一・一三	一八五九	門番	神文前書	式目	熊野(正宮寺・那智)	三―一―一〇六
	2	享保一五・一二・九～	一七三〇～	延享元・一〇・二〇	一七四四	(奥女中ヵ)	起請文前書	〃	熊野(那智)	三―一―一三九
	3	寛延四・八・二～	一七五一～	文政五・五・二〇	一八二二	六本木御門番	神文前書	〃	熊野(尾崎太夫・那智・正宮寺)	三―一―五八
●	4	宝暦一一・一一・一二～	一七六一～	天保七・四・一五	一八三六	料理人	〃	〃	熊野(那智・正宮寺)	三―一―六〇
●	5	宝暦一四・六・一八～	一七六四～	文政九・六・一九	一八二六	中間小頭・足軽小頭	〃	〃	熊野(那智)	三―一―六一
●	6	明和三・一二・一一～	一七六六～	天保五・八・六	一八三四	食焚	〃	〃	〃	三―一―六二
●	7	明和四・四・一一～	一七六七～	〃	〃	賄役	〃	〃	熊野(那智・正宮寺)	三―一―六三
●	8	明和五・五・二五～	一七六八～	〃		椀方	〃	〃	〃	三―一―六四
●	9	明和七・六・一八～	一七七〇～	慶応三・一二・二三	一八六七	近習役	〃	〃	熊野(本宮・尾崎太夫・那智・正宮寺)	三―一―六五
●	10	明和七・八・一一～	〃	慶応三・一一・二九	〃	御側勤	〃	〃	〃	三―一―六六
●	11	明和七・一〇・～	〃	文化八・一二・一四	一八一一	下目付	〃	〃	熊野(那智・正宮寺)	三―一―六七
●	12	明和八・四・～	一七七一～	天明元・五・二三	一七八一	御部屋様御次・奥御側・奥御頭	〃	〃	熊野(尾崎太夫・那智)	三―一―六八
●	13	明和八・一二・二九～	〃	文政九・七・九	一八二六	板之間	〃	〃	熊野(那智)	三―一―六九
	14	明和九・三・一三～	一七七二～	安永七・九・二七	一七七八	錠之口番	なし	明和九年分はなし、安永七年分のみ式目	明和九年分は白紙、安永七年分は熊野(本宮)	三―一―一〇〇
	15	明和九・四・一	一七七二			近習	〃	なし	白紙	三―一―一四〇
	16	明和九・四・一一	〃			新町様重役	〃	〃	〃	三―一―七〇
	17	〃	〃			側勤	〃	〃	〃	三―一―七一
	18	明和九・四・一一～	一七七二～	慶応四・三・六	一八六八	御納戸役	神文前書	式目	熊野(那智・尾崎太夫・正宮寺)	三―一―七二
	19	明和九・四・一三～	一七七二	明和九・五・九	一七七二	武具方仮役・賄仮役・奥様御用達仮役仮神文	〃	なし	白紙	三―一―七三
	20	明和九・五・一三	〃			大目付所御用認物	〃	〃	〃	三―一―七四

21		明和九・七・六〜	一七七二〜	天保一一・三・一四	一八四〇	武具方下役	〃	式目	熊野(那智・正宮寺・尾崎太夫)	三―二―七六
22		〃	〃	安政五・六・四	一八五八	武具方	〃	〃	熊野(那智・正宮寺)	三―二―七七
23		明和九・七・二二〜	〃	文久五・六・四	一八六四	御坊主御小僧	〃	〃	〃	三―二―七八
24		安永二・九・八〜	一七七三〜	弘化三・七・二二	一八四六	書物方	〃	〃	〃	三―二―八五
25		安永二・一二・一〜	〃	天保八・八・一三	一八三七	広間坊主	〃	〃	熊野(尾崎太夫・正宮寺)	三―二―八四
26		安永三・九・二九〜	一七七四〜	寛政九・二・二	一七九七	徒部屋目付	〃	〃	熊野(尾崎太夫)	三―二―八六
27		安永五・二・九〜	一七七六〜	寛政六・七・一五	一七九四	五郎松様御用達	〃	〃	熊野(那智・本宮)	三―二―八七
28		〃	〃	寛政九・六・六	一七九七	五郎松様御附重役	〃	〃	熊野(那智)	三―二―八八
29		安永五・六・二五〜	〃	天保一四・三・六	一八四三	大納戸方御買方	〃	〃	熊野(那智・正宮寺)	三―二―八九
30		安永六・八・一三〜	一七七七〜	慶応三・一二・六	一八六七	土蔵方	〃	〃	〃	三―二―九〇
31		安永六・一〇・一一	一七七七			諸稽古掛合	〃	〃	熊野(那智)	三―二―九一
32		安永七・九・一〇〜	一七七八〜	安永九・六・一二	一七八〇	六本木御殿詰新組	〃	〃	〃	三―二―九二
33		天明元・八・一	一七八一			勝手方本〆(大内郷左衛門)	〃	〃	熊野(尾崎太夫)	三―二―九四
34		安永一〇・三・二六〜	一七八一〜	慶応四・四・二六	一八六八	判帳附返神文	判帳附返神文	〃	熊野(那智・正宮寺)	三―二―九三
35		天明元・一〇・二三〜	〃	文政二・三・二	一八一九	本〆役	神文前書	〃	熊野(尾崎太夫)	三―二―九八
36		天明三・四・四〜	一七八三	天明三・一一・一三	一七八三	別廻御先手	別廻御先手神文	〃	熊野(尾崎太夫・本宮)	三―二―九五
37		天明三・三・八〜	〃	天明三・六・一八	一七八三	内用方	神文前書	〃	熊野(本宮)	三―二―九六
38		天明四・一〇・二	一七八四			江戸御在所御勘定之儀(宍戸信右衛門)	〃	〃	〃	三―二―九七
39		天明八・一〇・五〜	一七八八〜	享和二・八・九	一八〇二	若殿様御給仕勤	〃	〃	熊野(本宮・那智・正宮寺)	三―二―九九
40		文化二・九・一八〜	一八〇五	文化二・一一・一一	一八〇五	六本木御屋敷御内用掛	〃	〃	熊野(正宮寺)	三―二―一〇三
41		文化一三・六・一〜	一八一六〜	慶応四・四・二六	一八六八	判帳附	〃	〃	熊野(那智・正宮寺・本宮)	三―二―一〇四
42	★	文政七・七・二七(嘉永五年)〜	一八二四〜	慶応四・二・七	〃	家老・組頭・年寄・用人	〃	八幡・稲荷	八幡宮	三―二―一〇八
43	★	文政一一・一二・二五(嘉永二年)〜	一八二八〜	慶応元年一二・七	一八六五	側医	〃	〃	〃	三―二―一〇七
44		嘉永元・一一・三〜	一八四八〜	慶応四・三・一五	一八六八	船奉行	〃	〃	〃	三―二―一一三

	書き始め年月日	西暦	書き終わり年月日	西暦	役職名	端作り文言	罰文	牛玉宝印	文書番号
45	嘉永二・一一・八〜	一八四九〜	明治三・五・九	一八七〇	大目付	神文前書	八幡・稲荷	八幡宮	三-二-一〇九
46	嘉永五・三・二〇〜	一八五二〜	明治二・一〇・二三	一八六九	吟味役	〃	〃	〃	三-二-一一〇
47	嘉永五・四・一八〜	〃	明治三・九・一九	一八七〇	返り神文	〃	〃	〃	三-二-一一三
48	〃	〃	明治三・四・二九	〃	納戸役	〃	〃	〃	三-二-一一一
49	〃	〃	明治三・一〇・二九	〃	土蔵方	〃	〃	〃	三-二-一一二
50	嘉永五・四・二〇〜	〃	明治三・九・一九	〃	大目付役返り神文	〃	〃	〃	三-二-一一四
51	〃	〃	〃	〃	返り神文	〃	〃	〃	三-二-一一五
52	嘉永五・五・一	一八五二			御雇目付役	仮神文前書	〃	〃	三-二-一一八
53	嘉永五・五・五〜	一八五二〜	明治二・五・晦	一八六九	徒目付	神文前書	〃	〃	三-二-一一六
54	〃	〃	明治二・九・二九	〃	徒目付返り神文	〃	〃	〃	三-二-一一七
55	嘉永六・二・八〜	一八五三〜	慶応四・八・九	一八六八	不明(船奉行関連役職)	〃	〃	〃	三-二-一二四
56	嘉永六・七・二七〜	〃	明治元・九・二五	〃	(大坂目付)	〃	〃	〃	三-二-一一九
57	〃	〃	(明治三)・九・一九	一八七〇	(返り神文)	〃	〃	〃	三-二-一二〇
58	〃	〃	明治二・三・二五	一八六九	坊主	〃	〃	〃	三-二-一二一
59	嘉永六・八・三〜	〃	明治二・一〇・二〇	〃	(御側役)	〃	〃	〃	三-二-一二三
60	嘉永六・八・一三〜	〃	明治三・五・五	一八七〇	小姓	〃	〃	〃	三-二-一二六
61	嘉永六・一二・晦〜	〃	慶応四・四・二六	一八六八	錠口番	〃	〃	〃	三-二-一二五
62	文久二・四・一五〜	一八六二〜	文久三・一〇・三	一八六三	軍役備立取調	〃	〃	〃	三-二-一二七
63	文久三・二・一〇〜	一八六三〜	慶応三・一二・二二	一八六七	家老・用人	〃	式目	熊野(正宮寺)	三-二-一二八
64	文久三・三・一〜	〃	明治二・四・一三	一八六九	中小姓頭	〃	八幡・稲荷	八幡宮	三-二-一二九
65	文久三・一一・一三〜	〃	明治元・一二・二五	一八六八	不明	〃	〃	〃	三-二-一三〇

したがって、慶応元年以降の内藤家御役誓詞の検討にあたっては神仏分離の問題を加味する必要があり、江戸時代中・後期の御役誓詞の検討と同列に扱うことはできない。そのため、慶応元年以降の御役誓詞に関してはまた別の機会に論じることとし、今回は検討対象から除外することにしたい。

慶応元年以降の三十二通を除いた御役誓詞六十五通を書き始め年次ごとに数えてみると、第一のピークが明和九年（一七七二）の十通、第二のピークが嘉永五年（一八五二）の九通で、おのおのその前後の年に書かれ始めた御役誓詞を合わせると、明和九年が十四通、嘉永五年が十六通となる。前述したように内藤家御役誓詞は基本的に書き継ぎ形式で書かれるから、このことは、明和九年・嘉永五年前後にそれまで用いられてきた書き継ぎ御役誓詞がいっせいに新しいものに取り替えられたことを意味し、何らかの事情が生じたものと思われる。

内藤家家中起請文の年次別の構成は以上のような状況である。次に表9から書式について検討してみよう。

表10　御役誓詞下書および御役誓詞以外の内藤家家中起請文

		年月日	西暦	端作り文言	罰文	牛玉宝印	文書番号	内容
写	1	（寛文四年）	一六六四	起請前書之事	式目	記載なし	二―九―六―三	円智・正誉の一味甚宗親類が提出した起請文
写ヵ	2	延宝八年五月	一六八〇	起證文前書	日本大小神祇殊八幡大菩薩稲荷大明神可蒙神罰冥罰者也	熊野（那智）	二―一―二七―一	御小姓騒動に関する起請文
〃	3	享保四年正月一八日	一七一九	なし	日本国中大小之神祇神罰冥罰立處可被蒙候	白紙	二―一―四七	松賀騒動に関する起請文
写	4	享保四年二月	〃	〃	日本六十余州大小之神祇神罰可罷蒙者也	〃	二―一―四八	〃
下書	5	元文五年五月二二日	一七四〇	神文前書	梵天帝釋四大天皇惣而日本六十余州大小之神祇殊當所八幡大菩薩稲荷大明神神罰冥罰可罷蒙者也	八幡宮牛玉宝印	三―二―一四一	側廻り役職起請文
正文	6	（文化三年八月）	一八〇六	〃	式目	熊野（正宮寺）	三―二―一五九	病中の藩主に御次向役人が忠節を誓う起請文

起請文書式を構成する要素は端作り文言（冒頭の事書）・罰文・署名・血判・料紙などいくつかあるが、ここでは起請文の重要な構成要素である料紙（牛玉宝印）と、そこに書かれた罰文に注目してみたい。

二　内藤家家中起請文の書式

1　牛玉宝印

近世の起請文は、誓約内容が白紙に書かれ、それに護符の一種である牛玉宝印が翻して貼り継がれ、そこに罰文と署名が書かれることが一般的である。内藤家の御役誓詞料紙も、基本的には白紙に牛玉宝印を貼り継いだ二紙で、白紙に誓約内容、牛玉宝印に罰文（勧請する神仏名および呪詛文言）・日付・署判を書いている。しかし、明和九年（一七七二）四月・五月の六通（表9—15〜20）のみ、一通（表9—18）の例外を除きすべて牛玉宝印は使われず、白紙一紙に誓詞前書・日付・署判を書き、罰文は書かれていない。白紙の使用に関して明和九年の状況は他の時期に比べて特異で、白紙を使用する確固たる理由が存在することが予想される。

明和九年以外の時期の様子をみてみると、内藤家で使用されている起請文の牛玉宝印は大別すると二種類である（表9・表10「牛玉宝印」欄参照）。

一つは紀州熊野三山を勧請した寺社から出された熊野牛玉宝印で、内藤家での使用の初見は延宝八年（一六八〇）である（表10—2）。もう一つは表の上では文政七年（一八二四）から登場し（表9—42）、八幡宮から配布されたと思われる、寺社名不詳の牛玉宝印（本章では仮に八幡宮牛玉宝印と呼ぶ）である。

以下順番に、熊野牛玉宝印と八幡宮牛玉宝印についてもう少し詳しく検討してみよう。

熊野牛玉宝印

熊野牛玉宝印とは、紀州熊野三山勧請社から発行される牛玉宝印の総称で、版面に「那智滝宝印」「熊野山宝印」（本宮系・新宮系）「神蔵牛玉宝印」と刻まれた四つのタイプがある。近世の熊野牛玉宝印では、「那智滝宝印」「熊野山宝印」「神蔵牛玉宝印」の文字が烏と宝珠（烏点宝珠）でデザイン化されて描かれている。本書では、このうち「熊野山宝印」については、現行の熊野本宮大社発行の牛玉（「熊」の四つの点を表す四羽の烏が二羽ずつ向かい合って一つの輪のようになっている）の特徴を有するものを「本宮系熊野山宝印」、同じように現行の熊野速玉大社発行の牛玉（「熊」に□が二つデザインされている）の特徴を有するものを「新宮系熊野山宝印」と呼ぶことにする。内藤家御役誓詞に使われている熊野牛玉宝印は、このうちの「那智滝宝印」と「本宮系熊野山宝印」で、さらに細かくいえば、「那智滝宝印」も「本宮系熊野山宝印」もそれぞれ図様によって二種類ずつ計四種類に分類できる。

内藤家で使用された四種類の熊野牛玉宝印のうち、二種類には発行元が牛玉版面に記されており、一つが江戸飯倉の熊野権現別当である正宮寺から配布された那智滝宝印（仮に正宮寺牛玉宝印と呼ぶ。図14）、もう一つが版面に「本宮御師尾崎太夫」と刷り込まれた本宮系熊野山宝印（仮に尾崎太夫牛玉宝印と呼ぶ。図15）である。

正宮寺牛玉宝印については第三部第一章で詳しく触れるので、概要だけ簡単に述べておくと、正宮寺は応永年間（一三九四〜一四二八）に慶祚阿闍梨が熊野権現を勧請しその別当寺として創建された、との故事が伝わる寺で、東叡山の末寺であった（「御府内寺社備考」）。熊野新宮本願庵主文書の中に延享四年（一七四七）五月六日付の牛玉宝印配布をめぐっての紀州熊野三山と正宮寺との和議に関する証文があり[6]、「麻布飯倉町熊野権現別当正宮寺」と記されてい

図14　那智滝宝印（明治大学博物館所蔵内藤家文書 3-2-64）

るので、延享四年以前から江戸飯倉町で牛玉宝印を配布していたことが確認できる。

版面の「江戸飯倉正宮寺」の刷り込みは、右にあげた延享四年の紀州熊野三山との和議の中で取り決められた事項であり、以後正宮寺では紀州熊野三山発行の熊野牛玉宝印と区別できるよう、配布する牛玉宝印に「江戸飯倉正宮寺」と刷り込むことになった。

正宮寺が牛玉宝印をどのような方法で配布したのかについては明らかではないが、現在確認できる範囲では、御師が遠隔地まで配布に出向いたり、参詣者がお守り（守牛玉）として購入した形跡は見当たらない。たとえば、安政三年（一八五六）御徒となった幕臣山本政恒は、その回想記「政恒一代記」の中で「麻布には、熊野神社は飯《ママ》倉三丁目にあり。（中略）武家尊崇厚く、仕官の時又契約を結ぶ時、当社に詣で牛王《ママ》と称する神符を拝受すと云。」と記している[7]。政恒は明治二年に浜松に移住するまで出生以来江戸に在住しており、江戸の寺社仏閣に関する知識はある程度持ち合わせていたと思われる。もし江戸時代の正宮寺で守牛玉が参詣人に配布されていたとしたら、政恒は引用部分のような書き方はしなかったのではないだろうか。

御徒役の場合、御役誓詞は書き継ぎ起請文の形式をとり、御徒頭宅まで出向いて血判のみ据えればよく、御役誓詞を自分で用意する必要はなかった。したがって政恒は、牛玉宝印を購入した経験がなく、正宮寺の牛玉宝印についてよく知らなかったため、引用部分のような表現になったのだろう。正宮寺は江戸で、起請文料紙として求める者にのみ、牛玉宝印を配布していたのではないだろうか。

　また、私が知っている正宮寺牛玉宝印を使用した起請文は、内藤家以外では江戸在住の旗本久松松平家文書や内閣文庫多聞櫓文書の幕臣の御役誓詞、江戸の大判座後藤家（四郎兵衛家、江戸在住）の御役誓詞、伊達家・宇土細川家文書の将軍代替り誓詞、島津家・真田家家中の御役誓詞などであるが、大名の代替り誓詞や幕臣・大判座後藤家の起請文は江戸で書かれたことが確実である[8]。つまり、現在確認されている正宮寺牛玉宝印を使用した起請文の大半が江戸で書かれたものということになり、正宮寺牛玉が江戸の町でのみ配布されていたのではないかとの予想を裏付けている。これらの検討から、正宮寺牛玉宝印は江戸の町でのみ起請文料紙として配布された可能性が濃厚で、これを料紙とした内藤家の御役誓詞は江戸で書かれたものと規定できる。

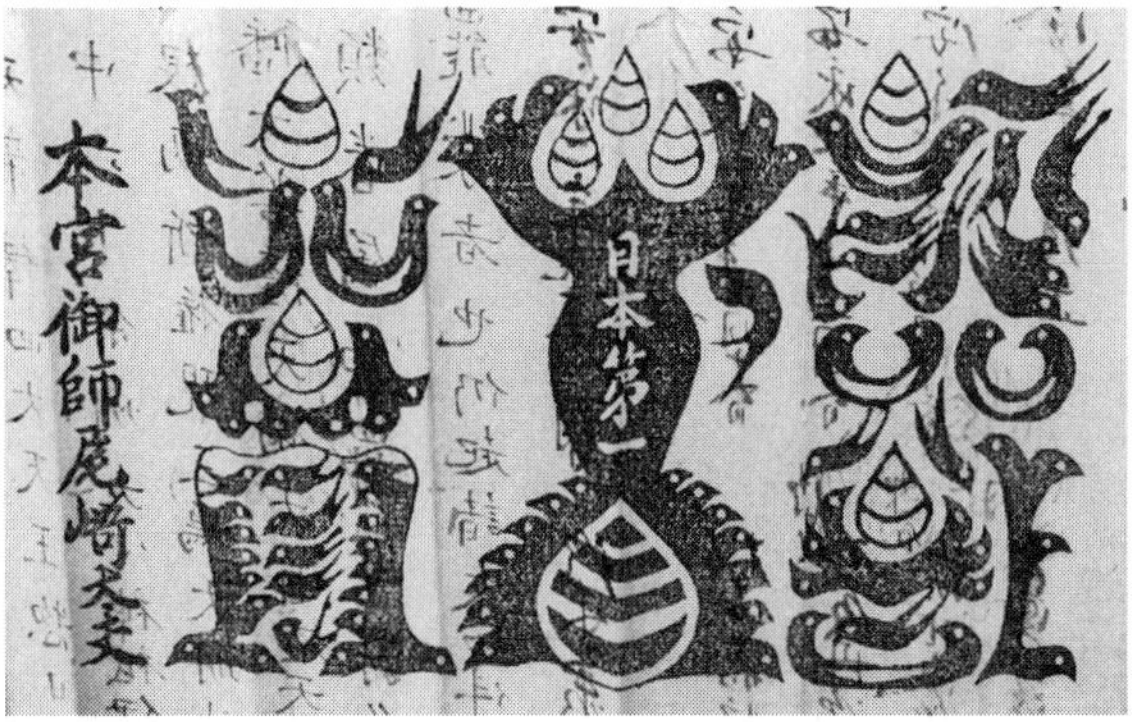

図 15　本宮系熊野山宝印（明治大学博物館所蔵内藤家文書 3-2-84）

　一方、もう一つの配布元である尾崎太夫とはどのような存在であろうか。『新宮市誌』[9]九九九頁所収の安永七年（一七七八）五月付那智山宿坊実方院および社家の寺社奉行所への口上書に「御師共国分有之、武蔵一国は尾崎太夫引受、江戸表へは毎年六月より十二月迄御師手代差出し、檀家へ守札等為配、右の者持参之、牛王配り、残りを旅宿南横町一丁目木地屋新右衛門へ預置（中略）」とあり、武蔵一国の牛玉配布を担当した御師であったことがわかる。尾崎太夫はまた、『熊野年代記古写』宝暦八年（一七五八）条に「於江戸表、当春ヨリ本宮尾崎坊、本山方山伏ノ牛王為売弘候間」とあり、『熊野年代記古写』では宝暦八年ごろから江戸で熊野牛玉宝印を配布していたとしている。しかし、内藤家ではすでに寛延四年（一七五一）八月二日付誓詞に尾崎太夫牛玉宝印を使用しており（表9―3）、実際には宝暦八年以前から江戸での配布は始められていたとみられる。盛岡藩家老の執務日誌である『雑書』[10]寛文二年（一六六二）十月三日条にも「伊勢・熊野為御代参上候、自光坊・慈勝院・侍従右三人下着候由ニて、今日登城仕、三日市太夫二郎より壱万度御はらい幷熨斗弐把、新宮石垣貴助より御祈禱仕御札、伊藤大蔵・三上民部・法橋より御札守、尾崎坊より御札守、右品々ハ江戸ニて上ル由、右四人より之状、此外実報院より之状、尾崎坊より之状共ニ五通持参、自光坊より御札上ル」とあり、盛岡藩の山伏自光坊・慈勝院が藩主の代参として伊勢・熊野へ向かった際、江戸で尾崎坊から藩主へ献上する御札守を受け取った、と記されているので、江戸での牛玉宝印の配布は寛文二年ごろまでさかのぼる可能性がある。

尾崎太夫は武蔵一国を牛玉配布圏としており、内藤家も延享四年からは磐城平から日向延岡に転封となるので、内藤家が尾崎太夫牛玉宝印を入手していた場所は江戸と考えられ、尾崎太夫牛玉宝印を使用した内藤家家中誓詞も江戸藩邸で書かれた可能性がきわめて高い。つまり、正宮寺牛玉と尾崎太夫牛王のどちらかの牛玉が使用された誓詞は、江戸藩邸で書かれたものとみてよいことになる。

八幡宮牛玉宝印

表の上では文政七年（一八二四）から登場し、八幡宮から配布されたと思われる、今のところ発行寺社名不詳の牛玉宝印である（図16）。

八幡宮牛玉宝印を使った御役誓詞正文の初見は、文政七年七月二十七日から書き始められる表9―42（表9に★）

で、文政七年から慶応四年（一八六八）まで二十人が署判を加えている。冒頭の署判は次のとおりである（〔　〕内は当該年の役職）。

文政七申年七月廿七日　穂積吉弥（花押・血判なし）〔組頭見習〕
天保十四卯年二月十三日近藤惣兵衛（花押・血判なし）
天保十亥年九月廿日　近藤主馬（花押・血判なし）

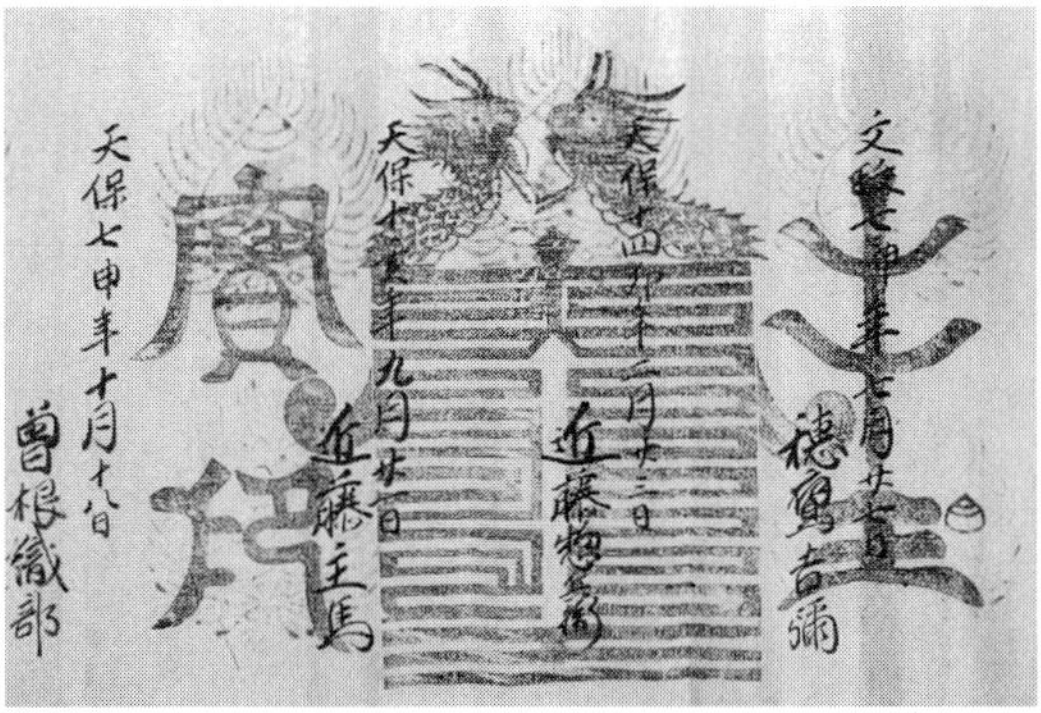
図16　八幡宮牛玉宝印（明治大学博物館所蔵内藤家文書3-2-108）

天保七申年十月十八日　曽根織部（花押・血判）〔用人〕
嘉永二酉年八月廿七日　今西弥学（花押・血判なし）〔用人〕
嘉永四亥年九月廿一日　大嶋味膳（花押・血判なし）〔用人〕
嘉永五子年四月十四日　児玉輔之進（花押・血判なし）
嘉永五子九月八日　松田多膳（花押・血判）
（松田多膳の後は年次に矛盾はなく、花押・血判も全員確認できる）

天保十四年（一八四三）二月十三日の近藤惣兵衛から天保七年十月十八日の曽根織部までの署判者三人は、年次の順に矛盾がある。また、先頭から嘉永五年（一八五二）四月十四日の児玉輔之進までの署名者七名のうち六名には、花押も血判も認められない。花押・血判を備えた通常の起請文書式となるのは、嘉永五年九月八日の松田多膳からである。これ以降は一般的な書式となるので、この御役誓詞は嘉永五年九月ごろに、文政七年にさかのぼって作られたのではないかと考えられる。

同様に文政十一年十二月から書き始められる表9―43（表9に★）の冒頭署判も確認してみると、こちらも署判年次に矛盾があり、先頭から順に文政十一年十二月二十五日・天保十二年十二月廿四日・天保七年十月廿四日・天保十年十二月廿一日・同年同月同日・嘉永二年十二月三日（以下略）となっている。嘉永二年からは矛盾のない日付となっており、こちらも嘉永二年ごろ、文政十一年にさかのぼって御役誓詞が作成されたと考えられる。

右から、八幡宮牛玉宝印が起請文正文に使用された確かな初見は、嘉永元年（一八四八）十一月三日付船奉行御役起請文（表9―44）であり、延岡では嘉永元年ごろから御役誓詞を新しく作り替えることが多くなり、嘉永五・六年に作り替えのピークがあったことになる。本章冒頭で述べたが、表9からは八幡宮牛玉宝印を使った御役誓詞正文の初見は文政七年であるかのようにみえたが、じつはそうではなく、確実な初見は嘉永元年である。

表9―42・43の書き始め年を訂正したうえであらためて表9をみてみると、内藤家家中起請文の牛玉宝印は嘉永元年を境に種類が入れ替わっているようにみえる。すなわち、表9―1＝宝永六年（一七〇九）から表9―41＝文化十三年（一八一六）までは熊野牛玉宝印、それ以降は一通（表9―63）の例外はあるものの、あとはすべて八幡宮牛玉宝印が使われるようになる、という具合である。しかし、表9の誓詞の「書き終わり年」欄をよくみてみると、表9―41以前の御役誓詞のほとんどは八幡宮牛玉宝印が登場したあとも書き継がれ、料紙には熊野牛玉宝印が貼り継がれて使われていることがわかる。つまり、熊野牛玉宝印と八幡牛玉宝印は「嘉永元年を境に入れ替わっている」わけではなく、「宝永六年から文化十三年までは熊野牛玉宝印が使われ、嘉永元年から明治三年（一八七〇）までは熊野牛玉宝印と八幡牛玉宝印の両方が使われている」とする理解が正確である。

ただし、ここで留意しておきたいのは、内藤家では八幡宮牛玉宝印を嘉永元年以前から使用していた可能性がある、という点である。確かに正文での使用初見は嘉永元年であるが、元文五年（一七四〇）もしくは天明五年（一七八五）

に書かれたと思われる、八幡宮牛玉宝印を使用した御役誓詞下書（表10―5）が内藤家に残されている。

表10―5をみていただきたい。この御役誓詞下書は、延岡から江戸藩邸に送られたと考えられるもので、八幡宮牛玉宝印一紙に前書と罰文（「梵天・帝釋・四大天皇、惣而日本六十余州大小之神祇、殊當所八幡大菩薩、稲荷大明神、神罰・冥罰可罷蒙者也」）がともに書かれている。包紙は、現在は一枚の紙になっているが、包紙上部に封をした墨の印と封書の蓋のように折り返したあとが残っており、もとは封筒であったものが、一端が切られて一枚の紙になってしまったものと思われる。包紙には向かって右端から次のように書かれている。

①「御覧被　遊候而、如斯封ジ仕廻置」

②「御側廻り神文前書下書」

③「元文五年申五月廿二日」

④「天明五年己五月廿一日　於御用部屋、神山新右衛門殿被相渡、為後年見合受取置」

⑤「古神文前書」

右の包紙上書は、まず元文五年五月二十二日に①～③が書かれ、その後天明五年五月二十一日に④⑤が書かれたものと思われる。解釈すると、①～③は「（藩主内藤備後守政樹が）ご覧になったあとこのように封じ、しまっておく。御側廻り神文前書下書　元文五年五月二十二日」、④⑤は「天明五年五月二十一日に御用部屋において神山新右衛門殿から渡された。後日の承合のために受け取った。古神文前書」ということになろう。

文中の神山新右衛門は江戸年寄にして、享保期から安永期までの覚帳記事内容から項目ごとに「覚帳頭書」四十一冊をまとめた人物である。(11)「覚帳頭書」以外にも、神山によって編纂された「小川町様御内用覚書」（明治大学博物館所蔵内藤家文書一―九―七六。以下番号のみ記す）「内藤鉄之進様御家中取扱諸帳面神山神右衛門覚」（一―九―四五一―一〇）など覚がいくつも残っている。神山は寛政元年（一七八九）に致仕するまで江戸年寄として在職していたので、包紙上書の「御用部屋」は江戸藩邸の御用部屋を指し、下書の受け渡しは江戸藩邸でのこととわかる。

上書にある「御側廻り神文」とは、藩主の側廻りに仕える役職の御役誓詞を指すと思われるが、この包紙にくるまれていた御役誓詞下書には具体的な役職名は記載されておらず、前書は「一、極御内蜜《ママ》之御沙汰御座候ニ付而者、急度心を盡し相心掛、万事油断仕間敷候、一、右御沙汰趣之儀ニ付他人者不及申、親子兄弟たり共、毛頭他言仕間敷候」の二ヶ条のみなので、この下書が元文五年当時の御側廻りの御役誓詞前書下書なのかどうかは、正確には不明である。しかし、役職が何であれ、内藤家では少なくとも元文五年あるいは天明五年までには誓詞料紙として八幡宮牛玉宝印が使われていたことはこの下書から明らかなので、前述した内藤家御役誓詞料紙の具体相は以下のように訂正しなければならない。すなわち、内藤家御役誓詞料紙は、延宝八年（一六八〇）から熊野牛玉宝印が使われ、元文五年あるいは天明五年までには熊野牛玉宝印と八幡宮牛玉宝印の両方が使われるようになったと考えられる。

八幡宮牛玉宝印は、版面の文字さえ何と読むのかわからず、二匹の龍が八の字を表しているところから、かろうじて八幡宮から配布されたものと想像できる。私は内藤家と同じ九州の大名である柳川立花家・熊本細川家・鹿児島島津家の起請文の一部を調査したことがあるが、この牛玉宝印は見当たらなかった。また、延岡転封以前の領地磐城平に近い仙台伊達家の起請文の一部や信濃真田家の起請文も調査をしたが、ここでも同じ牛玉宝印は見つからなかった。牛玉宝印の収集家であった中村直勝氏旧蔵の牛玉宝印コレクションにも、牛玉宝印を数多く所有する國學院大學のコレクションにも含まれていない。今のところ内藤家の御役誓詞にのみみられ、江戸や大坂といった大都市ではなく、地方（磐城又は延岡）で配布された牛玉宝印であったことが予想される。

捺されている朱宝印は二種類で、火焔の中に梵字が一個描かれた朱宝印と、梵字が六個描かれた朱印である。梵字一個の朱宝印が先行し、のち梵字六個の朱宝印は慶応元年から捺され始め、その後捺される朱宝印はこれのみとなる。このことから配布元は一ヶ所で、慶応元年ごろ朱宝印の図様を改変したものと考えられる。

延岡での内藤家があつく尊崇した神社に今山八幡宮があり、今は廃絶した別当寺は善龍寺という。八幡牛玉は図様に龍が描かれ、八幡宮から配布されたことは確実なので、配布元は今山八幡宮別当寺の可能性もある。今山八幡宮名誉宮司岩切重信氏、同宮宮司伊藤俊郁氏に面会し、聞き取り調査をさせていただいたが、確実な情報は得られず、神社には版木や朱印のハンコなども残っていない。牛玉宝印を配布していたとする伝えなどもないそうで、今のところ善龍寺と八幡宮牛玉宝印をつなぐ手がかりはない。

2 罰文

内藤家御役誓詞では二種類の罰文が使われている。一つは御成敗式目の最後に記された、いわゆる「式目罰文」で、もう一つが八幡大菩薩と稲荷大明神を勧請する罰文（本書では八幡・稲荷罰文と呼ぶ）で、それぞれ次のようなものである。

式目罰文　「梵天・帝釋・四大天王、惣日本國中六十余州大小神祇、伊豆箱根両所権現、三嶋大明神、八幡大菩薩、天満大自在天神、部類眷属神罰・冥罰各可罷蒙者也、仍起請文如件」（表9―9）。

八幡・稲荷罰文　「梵天・帝釋・四大天皇、惣而日本六十余州大小之神祇、殊當所八幡大菩薩、稲荷大明神、神罰・冥罰可罷蒙者也」（表9―42）。

興味深いことにこれら二種類の罰文は、先にあげた二種類の牛玉宝印とそれぞれセットになっている。すなわち、熊野牛玉宝印の起請文には必ず式目罰文が書かれ、八幡宮牛玉宝印の起請文には必ず八幡・稲荷罰文が書かれている。

この対応関係は、一件の例外（表10—2）を除いてすべて守られており、料紙と罰文の対応は、かなり厳密に守られていたことがうかがえる。

以上、表9・表10から内藤家御役誓詞について概観してみたが、明和九年（一七七二）・嘉永五年（一八五二）前後、の二つの時期に注目する必要がありそうである。また、熊野牛玉宝印と式目罰文、八幡宮牛玉宝印と八幡・稲荷罰文、という組み合わせの、二種類の書式が存在する点も非常に興味深い。そこで、明和九年の状況、嘉永五年の状況、牛玉宝印と罰文の関係、の三点についてさらに検討していくことにしたい。

三　明和九年の役職就任起請文

1　目黒行人坂火事と「明和九辰年諸神文前書」

明和九年（一七七二）については、「明和九辰年諸神文前書」（以下「明和九年案文集」と呼ぶ）と表紙に記されている案文集が残されているため、御役誓詞をめぐる比較的細かい事情を知ることができる。(12)

この史料は、タテ二五チセン・ヨコ十七・七チセン・百二丁の竪帳で、記主名や奥付はない。目次には九十二の役職名と返神文（辞職または転任時提出する起請文）提出役職名七が記されているが、本文にはおおよそ八十八の御役誓詞案文と返神文案文九が記載され、目次と本文は必ずしも対応していない。また、表紙に「明和九辰年」と記されているものの、本文には「安永四、十五番御用札ニ申来ル」の註記のある案文や「天明元丑十月直井三右衛門御者頭格本〆役取扱神文前書」と冒頭に書かれた案文が記載されており、天明元年（一七八一）ごろに完成したものと思われる。一六丁「御徒目付」案文上部には「諸神文不残焼失ニ付、此度御在所江申遣仕立候内、御目付神文六本木門番神文斗焼残候付、御在所より参候は不相用、引続右両通は以前之神文相用ひ候、朱書之分当時相用、墨書は不相用、」と書かれた貼り紙があり、ここから、明和九年二月に発生した火事（目黒行人坂火事）によって江戸藩邸で保管していた目付・六本木門番（下屋敷門番）以外の御役誓詞が焼失したため、江戸藩邸では国元から起請文案文を取り寄せて、この案文集を作成したことがわかる。(13)

また、五六丁から五七丁にかけては、次の記述がある。

一　貞享二丑年より諸神文追々相極ル、年号略之、認方左之通、

　　神文前書

一――――

一――――

一――――

　右之條々於相背者、

○梵天帝釋四大天王、
総日本國中六十余州
大小神祇、伊豆箱根両
所権現三嶋大明神八
幡大菩薩天満大自
在天神、部類眷属
神罰冥罰各可罷蒙

梵天帝釋四大天王、惣而
日本國中大小之神祇殊
當所八幡大菩薩・稲荷
大明神之神罰冥罰各
可蒙罰者也、仍而起請
文如件、（八幡・稲荷罰文）

者也、仍起請文
如件（式目罰文）

右は明和九年当時の内藤家御役誓詞の書式雛型であるが、式目罰文は冒頭に朱の〇が記され、小文字の朱書で八幡・稲荷罰文の上段に書かれている。五六丁から五七丁にかけての記述から、内藤家家中起請文書式がおおむね貞享二年（一六八五）ごろに確定されたこと、御役誓詞の端作り文言（冒頭の事書）は「神文前書」であること、そして明和九年ごろにはすでに式目罰文、八幡・稲荷罰文の二つが使われていたこと、の三点がわかる。

この案文集には随所に朱書や文頭に朱の〇印が記されている部分があるが、朱の〇については、目次末尾に「〇此印当時江戸表相用候分」と、朱書の註記があるので、江戸藩邸で用いられた文言を示す印と考えられる。そうだとすれば、式目罰文冒頭には朱の〇印がついているから、式目罰文は江戸藩邸で用いられていたということになる。一方、八幡・稲荷罰文は墨で書かれている。「明和九年案文集」では墨書部分は国元（延岡）から取り寄せた御役誓詞案文であるから、八幡・稲荷罰文は国元で使われていた罰文、ということになる。つまり、「明和九年案文集」の記述に従えば、表9にみえる式目罰文を使った御役誓詞は江戸で、八幡・稲荷罰文を使った御役誓詞は国元で提出されたものである可能性が出てきた。

以上、「明和九年案文集」の記事から、①式目神文を使用した御役誓詞は江戸の、八幡・稲荷罰文を使用した御役誓詞は国元の御役誓詞であること、②明和九年二月の目黒行人坂火事によってそれ以前に書かれた目付・六本木門番（下屋敷門番）以外の御役誓詞が焼失してしまったこと、③焼失した御役誓詞案文復元のため国元から各種御役誓詞案文が江戸藩邸まで取り寄せられたこと、の三つの事実が判明した。

2　明和九年以前の御役誓詞

「明和九年案文集」で明らかになった点を踏まえてあらためて表9をみてみると、式目罰文を使っている御役誓詞で明和九年二月以前のものが十通も残されていることに気づく（表9●印4〜13）。「明和九年案文集」の記述によれば式目罰文使用の御役誓詞は江戸藩邸で書かれ、なおかつ明和九年に江戸藩邸の目付・門番以外のものは焼失したはずである。目付・門番の御役誓詞ではない表9―4〜13の御役誓詞はなぜ存在するのだろうか。「明和九年案文集」の記述は必ずしも事実を伝えていないのだろうか。まずこの点について考えてみたい。

なお、表9―2も明和九年以前の御役誓詞であるが、享保十五年（一七三〇）から延享元年（一七四四）までの書き継ぎ御役誓詞なので、明和九年二月当時現用文書ではなかった。江戸藩邸では古い御役誓詞類は現用とは別の場所に保管していたようで、たとえば同様に現用文書ではない表10―5（元文五年作成の「古神文」下書）は、大目付所（現用誓詞の保管所）とは別の場所に保管されていた。保管場所が異なっていたため、表9―2は焼け残ったと考えられるので、考察の対象からはずすこととする。

焼失したはずの、明和九年以前の御役誓詞十通が残されている理由として考えられる第一は、この十通が江戸藩邸ではなく、じつは延岡で書かれ、延岡で保管されていた御役誓詞ではないか、ということである。前述したように、延岡保管分の内藤家文書は昭和十六年（一九四一）、東京渋谷の内藤邸へ移送されている。現在の内藤家文書は江戸・延岡両方に保管されていた文書が混在しているから、現存する明和九年以前の門番・目付以外の御役誓詞はみな延岡の御役誓詞だ、と考えれば矛盾はない。ところが、こう考えると、明和九年以前の御役誓詞（表9●印4〜13）はみな式目罰文を使っているから、式目罰文は延岡でも使用されていたことになり、「式目罰文は江戸藩邸で、八幡・稲荷

図17　文書番号 3-2-61（表 9-5）

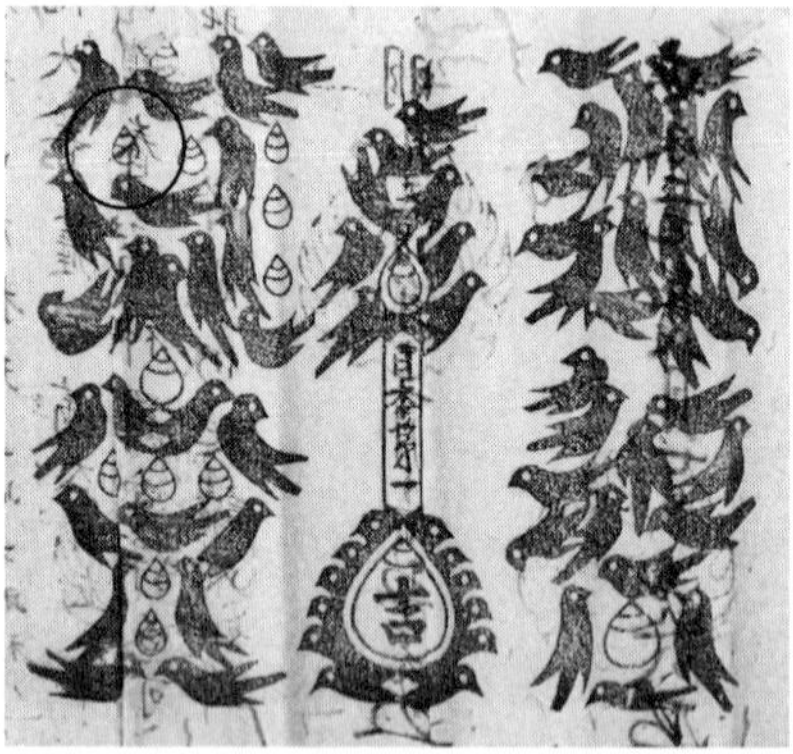

図18　文書番号 3-2-62（表 9-6）

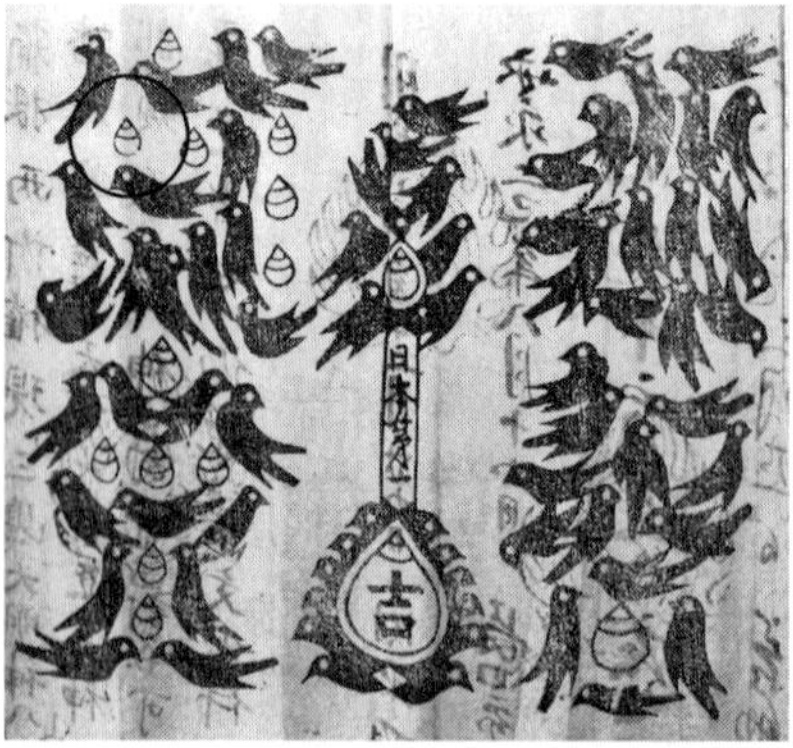

図19　文書番号 3-2-69（表 9-13）

（図17〜19　明治大学博物館所蔵内藤家文書）

罰文は延岡で使用した」とする「明和九年案文集」の朱書の註記は誤りとなってしまう。

しかし、役職名や使われた牛玉宝印をよくみてみると、明和九年以前の誓詞はやはり江戸で書かれた可能性がきわめて高いのである。

「明和九年案文集」目次には「御膳椀部屋神文―（以下朱字）江戸表御椀方」というように、朱字で江戸での呼び名を書き入れた役職名が三つ記されている。他の二つは「御中間御足軽小頭」「御武具方」であるが、これら三つの役職名は江戸藩邸だけの呼び方であり、この役職名を使った御役誓詞は江戸藩邸で書かれたと確定できる。そこでこの三つの御役誓詞を表9の「誓詞の理由」欄から探していくと、表9―5が「御中間小頭・御足軽小頭」、8が「御椀方」なので、この二通は江戸藩邸での御役誓詞であると確定できる。

次に牛玉宝印をみてみると、明和九年二月以前の起請文十通のうち七通（表9―4・7〜12）には江戸で配布されたことが確実な正宮寺牛玉宝印と尾崎太夫牛玉宝印が使用されている。つまり、明和九年以前の起請文十通（表9―4〜13）のうち八通（表9―4・5・7〜12）は江戸で書かれたことが確実で、場所を特定できないのは表9―6と13であるが、この二通も江戸で書かれたことが確実な表9―5と同版の那智滝宝印と考えられる。図17は表9―5、図18は表9―6、図19は表9―13の那智滝宝印であるが、三通ともに「滝」の横に二つ並んだ宝珠のうち、向かって左側の宝珠の右下に小さな欠けがあり、このことから三通は同版の那智滝宝印と断定でき、表9―6と13も江戸で頒布された牛玉を使っていることになる。なお、図17〜19の写真は、版面にそれぞれ少し違いがあるようにみえるが、これは文書にシワが寄っているためである。

役職名や使用されている牛玉宝印から、明和九年以前の御役誓詞十通は江戸で書かれたものであると確定できた。(14)式目罰文は江戸藩邸で使用される、との記述については事実であったことが確認できたが、目黒行人坂火事で目付・門番以外の起請文は焼失した、との記述のほうは正しいのだろうか。焼失したはずの御役誓詞がなぜ残っているのか、あらためて考えてみたい。

3　書き継ぎ御役誓詞の復元

大名家家中起請文では、火事で御役誓詞が焼失した場合、作り直すことがある。国文学研究資料館所蔵真田家文書に、その事例を示す右の史料（き二二五―二）がある。

誓詞八通　内

御年寄　壱通、御中老・若女中・御小姓　壱通、　表使　壱通、上番御徒士　壱通、御次御台子・御中為端末

壱通、物書帳付・鍵番　三通、

〆八通、

右之通焼失仕候、右者物書仁左衛門義、誓詞并日記類一同、日記簞笥引出シに一同入、拾路頭上穴倉江持参り候処、井上様御長屋火懸吹懸強、穴倉迄不得入、穴倉脇ニ差置、焼失仕候而、何共恐入奉存候、右ニ付誓詞御渡被成下候様仕度奉存候、此段申上候以上、

五月　　藤田為之丞
　　　　畑権兵衛(15)

年次は不明であるが、真田家江戸藩邸に火事が迫り、「御年寄」から「鍵番」までの誓詞八通を物書仁左衛門が日記簞笥に入れ、避難用の穴倉に持ち運ぶ途中、火勢が激しくなり、穴倉に入れることができず焼失してしまったらしい。そこで、「誓詞をお渡しくださるよう、お願いいたします」と願い出ている。文面には「右ニ付誓詞御渡被成下候様」としか記していないが、誓詞を作り直してお渡しください、という意味と思われる。

真田家で誓詞の作り直しが行われていたということは、内藤家でも行われたはずである。その際、明和九年以前にその役職についた人物が存命だったとしたら、就任した年次にさかのぼって誓詞を作り直すことがあったのではないだろうか。ためしに明和九年以前の御役誓詞十通（表9●印4〜13）の署判の先頭を詳しくみてみると、次のような様子が確認できた。

①　4・9・10・11　署判先頭前後に無駄な空白がある。

②　5　署判の年次が前後し、矛盾がある。

③　12　署判先頭の明和八年四月だけ日にちを欠き、名前に合点がつけてある。署判の年次も矛盾。

④　6・7・8・13　不自然なところはない。

明和九年以前の御役誓詞十通のうち、六通の先頭署判に不自然なところがみられた。通常書き継ぎ御役誓詞はたくさんの人が署判を加えるため署判の間隔が狭い。そして、就任時ごとに書き込んでいくため、年次が前後することはほぼありえない。服忌などで署判を加えられない場合でも名前だけ書き込み、その旨を記しておくことが多い。①・②にみられる不自然な空白や年次の矛盾は、あとからさかのぼって書かれたために生じたことと思われる。また、③の日にちを欠く点も合点も後続の署判者にはみられないことで、通常とは異なる書かれ方であった。④は、署判先頭は明和九年の数年〜数ヶ月前なので、通常の形での作り直しが可能であったと考えられる。①から③の不自然さは、いずれも明和九年以前から署判が始まる冒頭部分のみであり、どの御役誓詞もそれ以降は通常の書き方に戻っている。したがって、明和九年以前の御役誓詞十通は、明和九年以降、年次をさかのぼって作り直された、と結論付けてよいのではないだろうか。そして、「明和九年案文集」の起請文に関する記述は事実と合致し、この案文集の信憑性が高いことを確認できた。

以上、明和九年の御役誓詞に関してまとめると、次のようになろう。

①　明和九年始まりの書き継ぎ御役誓詞が多いのは、同年の目黒行人坂火事で江戸藩邸の誓詞のほとんどが焼失したため、新たに御役誓詞を作成したためである。

②　明和九年以前の署判がある、現存する門番・目付以外の御役誓詞はすべて江戸藩邸で書かれたものである。これらは目黒行人坂火事で焼失したため年次をさかのぼって作り直された。

③　江戸藩邸で書かれた起請文はすべて式目罰文と熊野牛玉宝印を使って書かれている。したがって、江戸藩邸で

は式目罰文を使用する、との「明和九年案文集」の記述は正しく、「明和九年案文集」の信憑性は高いことが確認できた。

四　嘉永五年の役職就任起請文

1　国元の御役誓詞

次に、御役誓詞の書き始め年の第二のピーク、嘉永五年（一八五二）について検討してみよう。表9をみてみると、嘉永五年前後の起請文群は、八幡宮牛玉宝印と八幡・稲荷罰文を使用して書かれていることがわかる。「明和九年案文集」の記述に従えば、八幡・稲荷罰文は国元で使用されるから、嘉永五年前後の起請文は国元（延岡）で書かれた起請文ということになる。「明和九年案文集」の信憑性が高いことを考えると、このことはまず正しいと思われるが、念のため個々に確認してみたい。

八幡・稲荷罰文を使用した起請文である嘉永元年から明治元年（一八六八）までの御役誓詞計二十三通（表9―42〜62・64・65）のうち、延岡で書かれたと確認できるものを拾い出してみると、表9―42・44・49・55・59・60・65の七通が該当した。

表9―42は包紙の上書に「御家老・御年寄・御組頭・御用人」とあり、文政七年（一八二四）から慶応四年（一八六八）まで二十人が署判を加えている。御用部屋におかれていた、嘉永元年までの役人履歴「御役人前録」（二―一―一九二）や嘉永二・四年「万覚帳」（二―一〇―九六・一―六―一七六）で役職が確認できたのは二十人の署判者のうち

七人で、いずれも延岡の組頭見習・組頭・用人・家老である。また署判した年次の役職は確定できなかったが、数年前後に延岡の用人・年寄になっている者が上記以外に三人いるので、表9―42は延岡の御役誓詞と確定してよいと思われる。表9―44は端裏書から船奉行御役誓詞とわかり、表9―55は前書文言に「御船之新規御造立之節」とあるので、両通とも延岡の御役誓詞であることは間違いない。表9―49は土蔵方御役誓詞であるが、江戸には安永六年（一七七七）以来書き継ぎ、慶応三年まで続いた当該期の土蔵方御役誓詞が存在する（表9―30）。したがって49は延岡の土蔵方御役誓詞と判断できる。表9―59は前書文面から側役御役誓詞とわかる。文面が「明和九年案文集」に記載された、延岡の側衆御役誓詞案文と同文なので、延岡の御役誓詞と判断できる。表9―60は小姓御役誓詞だが、肩書に「道中御雇」と記されている署判者が複数認められ、また前書文中に「江戸表勤方之儀、別而申合可相勤候」の文言がある。これは延岡から江戸に向かう際の務め方を記した文面と解釈できるから、延岡の御役誓詞と判断できる。表9―65は、役職名・端裏書はないものの、前書文面から家老・組頭・年寄・用人の打ち込みの御役誓詞（後述）とわかる。この御役誓詞は文久三年（一八六三）十一月十三日に任命されたと思われる六人が同日付で署判を加えているが、同年二月十日付の、正宮寺牛玉宝印を使った家老・組頭・年寄・用人の打ち込み御役誓詞（表9―63）が残っており、こちらは二月十日付任命者八名の署判がある。つまり、江戸において文久三年二月に江戸家老・組頭・年寄・用人八名の任命が行われ、江戸で表9―63の御役誓詞が作られ、同年十一月には延岡において家老・組頭・年寄・用人六名の任命が行われ、延岡で表9―65の御役誓詞が作成された、と考えられる。したがってこの御役誓詞は延岡で作られたと考えてよいだろう。

残り十六通（表9―43・45〜48・50〜54・56〜58・61・62・64）は確定できなかったが、第三節での検討結果も勘案すると、延岡での御役誓詞と判断してよいのではないだろうか。以上の検討から、「明和九年案文集」の記述どおり、八幡・稲荷罰文を使用した起請文は延岡で書かれた起請文と確定してよいと思われる。そして、延岡では嘉永五・六年をピークとして御役誓詞の書き替えが行われことになるが、それはなぜだろうか。

2　延岡における嘉永年間の御役誓詞

嘉永五・六年には「諸神文前書控　嘉永五子年十一月」（一―二一―四〇四。以下「嘉永五年案文集」と呼ぶ）、「諸神文前書控　嘉永六丑年二月」（二一―一一―一九三。以下「嘉永六年案文集」と呼ぶ）の二つの案文集がある。なぜこれらの案文集が作成されたのか、編集の事情については何も書かれておらず不明だが、案文集を新たに作る必要があったからこそ作成されたと考えられ、たとえば書式の改変などが行われた可能性が想像される。まずはこれらの史料から、嘉永五年の御役誓詞をめぐる事情を探っていこう。

「嘉永五年案文集」はタテ四一・七チセン、ヨコ二二・三チセンの八十三丁からなる竪帳で、記主名や奥付はない。「嘉永六年案文集」は「嘉永五年案文集」とほぼ同様の竪帳であるが、十三丁しかない。ただし表紙に「佐野太門・南里美」と記主名が記してあり、両者は大目付なので、御役誓詞の管理を大目付が行っていたことがわかる。

「嘉永五年案文集」には七十五役職の御役誓詞案文と六の返り神文（辞職または転任時提出する起請文）の案文が載せられているが、「打ち込み」と呼ばれる、異なる役職で一つの書き継ぎ誓詞を兼用する形式を採用しているので、実際の案文数は四十五である。「明和九年案文集」では九十二（本文は八十八）の役職名と返り神文七（本文は九）が記されており、加えて「打ち込み」は採用されていなかったから、明和九年（一七七二）に比べると嘉永五年の御役誓詞は、数がかなり少なくなっていることがわかる。役職名も明和九年当時からだいぶ変わっており、同じ役職名は二十のみである。

正確にいえば、御役誓詞の「打ち込み」形式は嘉永五年に始まったわけではなく、天明末年ごろからすでに始まっているが、天明期の場合、同じ役職内での「打ち込み」である。一例を示すと、端裏書に「五郎松様重役神文」と書かれた御役誓詞がある（表9—28）。これは、のち十二代藩主政韶となる五郎松の御附重役の御役誓詞として安永五年（一七七六）二月九日から書かれ始めたもので、前書に「五郎松様御附重役」の文言が入っている。しかし、天明八年（一七八八）十二月二日には「幾千蔵様重役」の肩書のついた署判がみえ、寛政四年（一七九二）二月十五日には「亀之進様重役」が署判を加えている。幾千蔵は分家三河挙母藩内藤家に養子に入った政峻のことで、政韶の兄弟である。亀之進は十一代政脩の子で十三代藩主となる政和である。

いわば「五郎松様重役神文」にみえる天明期からの「打ち込み」は、藩主の子供たちの御附重役の御役誓詞を子供ごとに作らず、「子供たち付きの重役」というくくりで一通の誓詞を共有する形である。しかし、「嘉永五年案文集」にみられる「打ち込み」は、いくつかの役職が一つの前書を共有する形になっている。たとえば、「家老・組頭・年寄・用人」は同じ前書、「吟味役・本〆役・本〆下役」は同じ前書、というような具合である。

嘉永の「打ち込み」の場合、前書に役職名や具体的な職務が記されると複数の役職で前書を共有することがやりにくくなるから、なるべく抽象的な前書のほうがよい。嘉永年間の前書に役職名が入らず、何の役職の御役誓詞なのかわかりにくいものが多いのは、このような事情によるものと考えられる。

以上のことから、嘉永五年前後から始まる御役誓詞が多いことの理由の一つとして、前書を「打ち込み」に適した内容に変えるために新調した、ということがあげられるのではないだろうか。ただし、江戸藩邸での御役誓詞は嘉永五・六年にとくに新調された形跡はなく、「打ち込み形式」への変更は延岡藩庁だけのものであった可能性もある。

また、八幡・稲荷罰文は必ず八幡宮牛玉宝印に書かれているが、この組み合わせは嘉永年間から徹底された可能性もある。八幡宮牛玉宝印そのものは元文五年（一七四〇）または天明五年から使用されていたようだが、延岡での御役誓詞に必ず八幡宮牛玉宝印を使うことになったのは、嘉永年間からといえる。つまり、延岡では嘉永元年ごろから御役誓詞書式の改変が行われ、嘉永五・六年に改変が完成したため案文集が新たに作られたと考えられる。この際採用された新書式は、打ち込み形式、八幡・稲荷罰文、八幡宮牛玉宝印、の三つの組み合わせだったのではないだろうか。

現時点で嘉永五・六年の御役誓詞に関して指摘できることは以上の事柄である。この改変がどのような政治判断のもと行われたのか、また、それはどのような効果があったのかについては検討する準備がなく、ここで論じることはできない。この点については今後の課題としたい。

五 起請文の使い分け――江戸藩邸と国元

前節までの検討によって、内藤家家中起請文に関するいくつかの事実を指摘したが、最も興味深いのは、江戸藩邸と国元藩庁で起請文の使い分けがなされた点である。このことを明らかにできたのは、内藤家に起請文関連史料、江戸と国元の日記類、役人名簿などが比較的豊富に残されていたからこそといえる。他家でも使い分けがなされていた可能性は十分あるものの、現時点ではそのような指摘がなされた先行研究はなく、大名家家中起請文を検討するうえで今後「ものさし」になりうる重要な観点の一つと思われる。そこで、内藤家の起請文の使い分けについて、さらにもう少し掘り下げた検討を試みたい。

1　罰文の使い分け

江戸藩邸の式目罰文、国元の八幡稲荷罰文は、それぞれいつごろから使われ始めたのだろうか。まず式目罰文のほうから検討してみよう。

内藤家中での式目罰文使用例を探してみると、表10―1が初見となる。表10―1は磐城平藩当時の寛文四年（一六六四）に起こった、内藤家世子義概呪詛事件（「円智・正誉一件」）に関連して書かれた起請文である。

内藤家文書に残る「円智・正誉御仕置一件」（一―二一―四九七）によれば、「円智・正誉一件」は寛文二年の磐城真言宗薬王寺と同浄土宗専称寺の争いから端を発し、訴訟に負けた薬王寺役僧円智・正誉が専称寺住持と懇意であった世子義概を逆恨みして呪詛した事件である。呪詛の事実は密告により藩の知るところとなり、円智・正誉は同年九月十二日処刑され、両者や呪詛加担者の親類縁者多数が処罰された。

円智・正誉が役僧を務める薬王寺は幕府朱印地であったため、首謀者および呪詛加担者は江戸藩邸に留め置かれ、幕府主導のもと、処罰内容が決定された。その結果、首謀者二人は打ち首、呪詛加担者は国元（磐城）の親類預かりとなった。この際、預かり先となった親類たちは起請文を提出させられたが、表10―1は呪詛加担者の一人である常勝院甚宗の親類たちが藩に提出した起請文の写である。

これは円智・正誉一件の際に藩に提出された起請文を写した竪帳（二―九―六―三）の一五丁に記され、年紀・罰文を欠くが、年紀については寛文四年十月三日付の、江戸年寄三松仁右衛門らから国元用人頭近藤惣兵衛らに宛てた書状（二―九―五―三三）から寛文四年（十月）であることがわかる。[16]江戸藩邸からの書状は次のとおりである（傍線は筆者）。

一筆令啓上候、然者、円智・正誉同類宗誠・宗円・円真迎ニ親類共被遣、則去月晦日誓詞被　仰付、相渡遣申候間、左様ニ御心得可被成候、右三人之僧共之義被　仰付候趣、書付別紙ニ遣申、親類預り人共被　仰付候誓詞之案文、重御中屋敷より被　仰出次第遣可申候間、其内ハ諸親類師匠坊主以下へ御預ケ置可被成候、

一平久保常勝院儀、右三人之僧共一同ニ誓詞被　仰付、埒明申候、然共是ハ迎之者無之候間、遠下屋敷ニ指置申候、早々慥成常勝院親類壹人迎ニ可被遣候、早々指下可申候、恐惶謹言、

十月三日（以下差出・宛名人省略）

右の書状によれば、呪詛加担者（宗誠・宗円・円真）については、国元から迎えの親類が江戸に到着し、九月晦日には親類らが起請文を提出している（傍線部①）。さらに、起請文は国元での預り人にも提出させることになっており、その案文は江戸の中屋敷から国元へ遣わされることになっていた（傍線部②）。

先にあげた常勝院（甚宗）親類たちの起請文は、国元での預り人としての起請文であるから、江戸中屋敷から出された案文に基づいて起請文が書かれたことは確実である。案文は右の書状が書かれた十月三日の数日後には磐城に送付されたと思われるので、甚宗親類らの起請文は、寛文四年十月に年代比定することができる。

さて罰文については、甚宗親類らの起請文を記した竪帳二五・二六丁に記載がある。竪帳に写されている起請文は、僧侶のものと呪詛加担者親類・村役人（俗人）のもの十六通ほどであるが、すべて罰文は省略した形で記載され、二五・二六丁に僧侶の罰文と俗人の罰文とがまとめて記されている。それには「梵天・帝釋・四大天王、惣而日本國中六拾余州大小神祇、別而伊豆筥根両所権現、三嶋大明神、八幡大菩薩、天満大自在天神、部類眷属神罰・冥罰各可罷蒙者也、仍起請如件、右者俗人之神文写、」とあり、甚宗親類らの起請文罰文は式目罰文であったことがわかる。これが現存する式目罰文の初見である。さらに、傍線部②に明記されているように、この罰文は江戸の中屋敷から提示

されているから、内藤家では寛文四年にはすでに江戸藩邸で式目罰文を使用していたことになる。

では、八幡・稲荷罰文の初見はいつだろうか。

表10―2は延宝八年（一六八〇）五月に書かれた、御小姓騒動に関する起請文の写であるが、ここに書かれた罰文は「日本大小神祇、殊八幡大菩薩、稲荷大明神、可蒙神罰・冥罰者也」である。「明和九年案文集」の八幡・稲荷罰文と比べると、「梵天・帝釋・四大天王」の神名を欠くが、八幡大菩薩と稲荷大明神を勧請しており、八幡・稲荷罰文にきわめて類似する罰文である。

御小姓騒動とは、渡り小姓と呼ばれた一代限りの小姓である若者たちが、延宝八年四月、支配頭山野井八郎右衛門を惨殺して逃亡を企て、処刑された事件である。表10―2は殺害された山野井八郎右衛門の弟茂右衛門に与力した加藤葉雨・岡素洵・今西吉左衛門・塚本十兵衛から藩に提出された起請文の写で、八郎右衛門の仇討ちを終えたのちはただちに帰宅することを誓う、といった内容である。

八郎右衛門が延宝八年四月二十四日に殺害されたあと、同月二十七日から二十九日にかけて、弟茂右衛門が磐城年寄衆加藤伊兵衛らに仇討ち出発の許可・御暇願いを提出している。これに対し藩は仇討ちを許可する一方、出立はしばらく待つよう止め、その間藩主義概は仇討ちの件を月番老中に報告するとともに奉行所に仇討ち許可の申請を出すよう指示している(17)。

このように、内藤家では茂右衛門の仇討ちを公的なものとしてとらえ、幕府への諸届も法に基づいて申請している。表10―2の、茂右衛門に与力する加藤葉雨・岡素洵・今西吉左衛門・塚本十兵衛四人の起請文写は、宛名を欠いているため、藩に提出されたものかどうか決め手に欠けるものの、この仇討ちに対する藩の対応から、藩に提出された公的な起請文であると考えてよいのではないかと思われる。

以上、八幡・稲荷罰文にきわめて類似した罰文が延宝八年には藩への公的な起請文に使用された可能性が高いことが明らかになった。江戸藩邸での式目罰文使用の初見が寛文四年、八幡・稲荷罰文につながる、類似した罰文の初見が延宝八年、しかもそれは国元での使用例であり、罰文の使い分けの萌芽が感じられる。

内藤家が江戸では式目罰文を使用した理由は明らかではないが、考えられる理由は、やはり式目罰文が江戸幕府公式罰文であったからであろう。式目罰文の初見として取り上げた「円智・正誉一件」関係の起請文に式目罰文が使用されたのは、この事件が幕府の主導によって裁かれた事件であったからと思われる。内藤家は寛文四年八月十九日に寺社奉行から事件に関わる証文類の提出を求められており（「円智・正誉御仕置一件」）、多数の書類が幕府に提出されていることが確認できる。この事件に関する起請文が幕府に提出されたのかどうかは明らかではないが、内藤家ではこの事件に関わる起請文は幕府起請文に準ずるとの意識をもって、式目罰文を使用したと考えてよいのではないだろうか。

幕府に関わる事案の起請文は、実際に幕府に提出するかしないかにかかわらず、幕府起請文に準ずる、という内藤家の考え方を示すもう一つの事例をあげておきたい。それは銀山方の御役誓詞である。

延岡の御役誓詞案文集である「嘉永五年案文集」に記載される銀山方御役誓詞は、端作り文言が「起請文前書」、罰文は式目罰文である。「明和九年案文集」で確認できたように、内藤家御役誓詞の端作り文言は「神文前書」であり、書式が定まった貞享二年（一六八五）以降の、現存する御役誓詞正文端作り文言は、慶応元年（一八六五）以降を除き三件の例外があるものの、すべてこの文言である。したがって、銀山方御役誓詞端作り文言を「起請文前書」としたのは、きわめて意図的であることがわかる。

この、端作り文言「起請文前書」と式目罰文の組み合わせは、幕府起請文書式の組み合わせである。[18] 江戸時代鉱山は「天下之御山」であり、大名・旗本のみの領有に帰属しないとされ、試掘・開発には幕府の許可が必要とされた。(19)内藤家が銀山方御役誓詞を幕府起請文書式に準じて定めたのは、公的性格を帯びる銀山方の特殊な職務に配慮してのことだったのは、ほぼ間違いないだろう。

江戸藩邸で国元罰文ではなく式目罰文が用いられたのは、幕府への恭順の意を示す意向がこめられていたと解釈できる。起請文の歴史の中では、相手方の信仰する仏神や氏神・鎮守を勧請して罰文を書くことは恭順の意をより強く表現する効果があったが、(20)内藤家にもこのような意識があり、将軍の居所である江戸での起請文は幕府の罰文に従った、と結論付けることができるのではないだろうか。

2 牛玉宝印の使い分け

前項の検討では、江戸藩邸で式目罰文が使われたのは、幕府への服従の意を示す目的や意識があったからではないか、との可能性を指摘したが、それでは牛玉宝印の使い分けに関しても幕府の影響があるのだろうか。

江戸藩邸では宝永六年（一七〇九）から熊野牛玉宝印に式目罰文を記載する書式をとっているが、現存する起請文に関する限り、一例の例外もない。したがって、江戸藩邸では江戸幕府への服従の意をこめて、幕府の起請文に使用される熊野牛玉宝印を選択した可能性が高いのではないだろうか。一方、国元では元文五年（一七四〇）または天明五年（一七八五）までには八幡宮牛玉宝印が使用されたことは確認できるが、八幡宮牛玉宝印だけ使用されたのか、元文五年以前はどうだったのか、などの点については不明である。なぜならば、明治大学博物館が所蔵する内藤家家中起請文は、江戸藩邸に保管されていた使用ずみの古起請文と、明治三年（一八七〇）十月二十九日まで使用された江戸藩邸および延岡藩庁の現用起請文から構成されていて、延岡藩庁で保管されていた使用ずみ古起請文を欠いている。そのために国元での牛玉宝印の使用状況を知ることができないからである。

しかし、少なくとも内藤家では元文五年もしくは天明五年までには八幡宮牛玉宝印を使い始めており、国元では「自家の牛玉宝印」を使おうとする意図はこのころから認められるのではないかと思われる。

前述したように、八幡宮牛玉宝印は他地域にはみられない特異な図様の牛玉宝印で、地誌などにも記載がない。九州には彦山御宝印をはじめ黒髪山牛玉宝印など地元寺社から配布される牛玉宝印が多種多様に存在する。しかし、内藤家ではそれらを使用していないことから、意識的に八幡宮牛玉宝印を使用した可能性がある。これは自家独自の牛玉宝印を使用しようとする意識の表れと解釈することができ、その意味では、幕府の起請文には熊野牛玉宝印のみを使用させた幕府の影響を受けているといえるかもしれない。そして、八幡・稲荷罰文を熊野牛玉宝印に記載した事例が延宝八年（一六八〇）には確認されるので（表10―2）、磐城平藩時代の内藤家には国元で自家独自の牛玉宝印を家中起請文に使わせようとする意識はあまりなかった可能性がある。そうだとすれば、自家の牛玉宝印＝八幡牛玉宝印と、自家の罰文＝八幡・稲荷罰文を、家中起請文にセットで使用させようとする意識は日向延岡転封後に内藤家の中で芽生えていったことになる。磐城から日向への、他に例をみない大移動に、藩内の動揺が大きかったことは容易に想像できる。藩への帰属意識・一体感を高めるため、延岡での起請文書式をこのように改変した、と解釈するのは、あながち間違っていないのではないか。そして、嘉永元年（一八四八）にいたり、使用の徹底が図られたといえるのかもしれない。

ま と め

内藤家御役誓詞について、残された正文を中心にしてその具体相を検討してきたが、結論をまとめると次のようになる。

一　江戸藩邸と延岡藩庁では起請文の使い分けが行われ、江戸藩邸では式目罰文と熊野牛玉宝印、延岡藩庁では八幡・稲荷罰文と八幡宮牛玉宝印が使われた。

二　江戸藩邸では式目罰文が寛文四年（一六六四）には使われているが、これは江戸幕府が幕府起請文の公式罰文として式目罰文を提示し始めた時期と一致する。一方、八幡・稲荷罰文とほぼ同じ罰文は延宝八年（一六八〇）には使用されており、内藤家としての罰文の存在が確認できる。したがって、内藤家江戸藩邸での式目罰文の使用は、幕府の意向を意識してのことと考えられる。

三　江戸藩邸では熊野牛玉宝印が起請文料紙としてほぼ一例の例外もなく使用されており、牛玉宝印についても幕府の意向を反映した選択がなされたと考えられる。

四　内藤家では、天明五年（一七八五）までには八幡宮牛玉宝印が使用され始めており、このころから、内藤家領地内では自家独自の牛玉宝印を使用していこうとする意識が芽生えたと考えられる。そして、磐城平から日向延岡への転封を機に自家独自の罰文とセットで家中起請文を書かせるといった、内藤家独自の起請文書式が考案され、藩への帰属意識・一体感を高めようとした可能性がある。この内藤家独自の起請文書式は嘉永元年にいたり使用の徹底が図られた。

内藤家は幕府の起請文制度に敏感に反応し、江戸では幕府の制度に服従する形でその書式を取り入れたが、その一方で自国内では幕府の起請文制度を模倣して、家中起請文には定まった罰文と牛玉宝印を使用させて内藤家としての書式を作り上げたといえる。また、内藤家では嘉永五年（一八五二）前後に延岡での起請文書式に大きな改変が加えられ、さらに冒頭で述べたように慶応元年（一八六五）にいたって牛玉・罰文を使用しないという劇的な書式改変が実施された。内藤家の、政治状況に敏感に反応したきめ細かな起請文に対する処置は、起請文の影響を重視したゆえのことと考えられ、起請文が幕藩体制下の大名家で一定の役割を果たしていたことが想像される。

嘉永期以降の起請文書式改変が何を意味するのか、それがどのような思想に基づいて行われたものなのかを検討する必要があるが、本書では十分行うことができなかった。内藤家には豊富な史料が残されているので、嘉永期前後の記録を丹念に追っていけば検討は可能なのではないか、と考えている。今後の課題としたい。

註（内藤家文書については、史料番号のみ記した）

（1）石井良助氏「起請文のこと」（『新編　江戸時代漫筆　上』朝日選書、一九九一年、一九七九年初版）一四九～一五〇頁、北島正元氏『日本古文書学講座　第六巻　近世編Ⅰ』（雄山閣出版、一九七九年）二六三頁、宮島敬一氏「戦国期権力の形成と地方寺社」（本多隆成編『戦国・織豊期の権力と社会』吉川弘文館、一九九九年）一一八頁など。

（2）熊本細川家・柳川立花家・岡山池田家・仙台伊達家など、いわゆる外様大名家旧蔵文書には江戸時代家中起請文が多数残されている。

（3）『国史大辞典10』「内藤氏」項（木村礎氏執筆分）。日比佳代子氏「譜代大名内藤家の歴史」（明治大学博物館二〇〇五年度特別展図録『江戸時代の大名　日向国延岡藩内藤家文書の世界』）。

（4）「あとがき―研究経過の概要」（明治大学内藤家文書研究会編『譜代藩の研究　譜代内藤藩の藩政と藩領』八木書店、一九七二年）、「内藤家とその資料について」（明治大学博物館二〇〇五年度特別展図録『江戸時代の大名　日向国延岡藩内藤家文書の世界』）六八～七二頁。

（5）安丸良夫氏『神々の明治維新―神仏分離と廃仏毀釈―』（岩波新書、二〇〇三年、初出一九七九年）三八～四四頁。

（6）熊野新宮本願庵主文書二一一（熊野本願文書研究会編『熊野本願所史料』清文堂出版、二〇〇三年）。

（7）『幕末下級武士の記録』（時事通信社、一九八五年）二八六頁。

（8）文化十三年（一八一六）松平但馬守御役誓詞控（国文学研究資料館所蔵久松家文書一三二）、元治元年（一八六四）五月七日付松平因幡守・蒔田相模守御役誓詞（国立公文書館所蔵内閣文庫多聞櫓文書一三八一二）、天保八年（一八三七）十月十六日付伊達斉邦代替り誓詞控（仙台市博物館所蔵伊達家文書古七七—二）、安永二年（一七七三）七月十九日付寺社奉行町奉行書継誓詞（東京大学史料編纂所所蔵島津家文書七〇—一四—五）など。代替り誓詞や幕臣の御役誓詞は江戸で書かれ、提出されたことが各種記録で容易に確認できる。

（9）新宮市編『新宮市誌』（一九三七年）。

（10）盛岡市教育委員会・盛岡市中央公民館編『盛岡藩雑書　第二巻』（熊谷印刷出版部、一九八六年）。

（11）「御役人前録」（二—一一—一九二）「江戸御年寄」項に、神山新右衛門が安永七年六月十五日に江戸御年寄に就任したことが記されている。神山の覚帳編纂については、明治大学博物館二〇〇五年度特別展図録『江戸時代の大名　日向国延岡藩内藤家文書の世界』七九頁（出展品解説52、「覚帳頭書　異変之部」日比佳代子氏執筆分）を参照した。

（12）「明和九辰年諸神文前書」と表紙に記されている案文集は二—一一—一四二・一四三の二冊がある。記載されている御役誓詞の文言はほぼ同じであるが、一四三には一四二にみられる貼り紙や天明元年十月付御役誓詞の写の記載がないうえ、空白の頁があり、全体の傷みも激しいため、一四三は一四二に先行して作成され、しかも未完成品と考えられる。そのため、本章では一四二をテキストとして用いることとしたい。

（13）目黒行人坂火事による江戸藩邸の被害状況については、同年三月に延岡から江戸藩邸に送った書状案文（江戸状案紙〈一—一四—一二六〉三月分）に次のように書き記されている。

去ル二日之御連状義、拝見候、然者、去月廿九日、南大風御座候處、目黒行人坂辺より出火ニ候得共、風烈候ニ付、諸役所帳面類取始末致候處、次第及大火御近所、御屋敷江火移、俄ニ火吹掛ケ御上屋敷　御殿向御茶屋稲荷社、并御長屋表囲共御類焼被成候、併稲荷上之御土蔵弐棟、同下御土蔵三棟、并中之□（御ヵ）前御土蔵壱棟、御上地以来出来之稲荷、下御長屋弐棟相残候迄ニ而御座候由、誠ニ御大変可申様茂無之御座候、（中略）一、前段之通諸役所随分手回シ致、諸帳面相仕廻候得共、御用部屋幷御書方・大目付所古キ　御帳面類、御土蔵江火入、不残焼失致候、併少々穴蔵江入候分相残申候由（以下略）

江戸上屋敷は土蔵六棟と、稲荷、下長屋二棟を残すのみであとはすべて焼失し、御用部屋・御書方・大目付所の古い帳面類も残らず焼失したが、穴倉へ避難させた分少々は焼け残ったことが確認できる。内藤家では御役誓詞の管理は大目付所が行っており、江戸藩邸大目付所に保管されていた御役誓詞がほとんど失われてしまった様子が具体的にうかがわれる。なお、明和九年四〜五月に書かれた御役誓詞六通が白紙に書かれているのは、この火事によって牛玉宝印が入手できなかったためであろう。

(14)　もちろん、江戸で配布された牛玉宝印を使った御役誓詞が、江戸で書かれたものであるとは限らない。江戸で購入した牛玉宝印を国元に送り、御役誓詞料紙としていた大名家もないとはいえないだろう。たとえば佐竹家は江戸で購入した牛玉宝印を国元に送っているが、これは幕末になってからの話で（齊藤壽胤「秋田の牛王宝印―その行方」、『牛玉宝印―祈りと誓いの呪符』町田市立博物館図録第七八集、一九九一年）、基本的には国元の御役誓詞には国元の牛玉を使用するのが通常だったと考えられる。

(15)　国立資料館編『史料館叢書8　真田家家中明細書』（東京大学出版会、一九八六年）によれば、藤田為之丞は寛政十二年（一八〇〇）三月十五日から、畑権兵衛は文政九年（一八二六）六月一八日から召し出されているので、この史料は文政九年以降に書かれたものとなる。両者ともに江戸で「若殿様」「御前様」（藩主夫人）などの守役・膳番・刀番などを務めている。なお、このとき焼けた真田家江戸藩邸は、文中に「井上様御長屋」とあるので、井上家江戸藩邸が隣だった麻布溜池上屋敷であった可能性がある。

(16)　三松仁右衛門・近藤惣兵衛の役職の比定は「御役人前録」（二―一―一九二）による。

(17)　山井茂右衛門およびその与力たちと藩との交渉は、二―一―三七・二―一―一―三・二―一―一二―（一）〜（三）（五）・二―一―三・二―一―一七などによる。

(18)　第Ⅰ部第一章参照。

(19)　荻慎一郎氏『近世鉱山社会史の研究』（思文閣出版、一九九六年）六三頁。

(20)　龍造寺家文書などに事例がみられる。

第三章　鳥羽稲垣家の起請文

はじめに

稲垣氏は文明年間（一四六九〜一四八七）から三河国牛窪に居住し、重宗の代に今川氏の武将牧野氏に仕えた。その後重宗の子長茂が徳川家康の家臣となり、関ヶ原の戦いののち一万石の加増を受け、諸侯に列することとなった。領地は二代重綱・三代重昭・四代重富の三代で下野伊勢崎を振り出しに越後藤井・越後三条・三河刈谷・上総大多喜・下野烏山と目まぐるしく変わり、享保十年（一七二五）十月、五代昭賢にいたって志摩国鳥羽三万石へ転封となった。以来領地は定置となり、幕末を迎えた(1)。

鳥羽稲垣家および家臣家史料は、私が確認している限りでは、三重県立図書館・鳥羽市立図書館・皇学館大学史料編纂所・神宮文庫・国文学研究資料館・明治大学博物館・國學院大學神道資料館にそれぞれ分散して所蔵されているが、その分量は多いとはいえない。とくに起請文関係の史料はほとんど見当たらず、國學院大學神道資料館に所蔵されている鳥羽藩御側坊主等起請文群が今のところ唯一のものである。

鳥羽藩御側坊主等起請文群（以下「鳥羽藩起請文群」と略記）は國學院大學神道資料館が二〇〇二年に古書店を通じて購入したもので、寛政元年（一七八九）から文久三年（一八六三）までの起請文四十通からなる。起請文はすべて稲垣家に提出された役職就任起請文で、その役職は側坊主や茶部屋坊主・草履取などである。この辺の事情は、千々和到氏「誓詞針」・「牛玉宝印の版木の寿命」に詳しいので、ご参照いただきたい(2)。

譜代小藩の起請文は残存率が極めて低く、わずか四十通ながら鳥羽藩起請文群は原本で確認できる譜代小藩役職就任起請文として大変貴重なものであるという事情を念頭に置きながら、以下、明らかになったことをまとめてみたい。

一　朱宝印について

鳥羽藩起請文群は、料紙として使われている熊野牛玉宝印のうち百四紙が本宮系熊野山宝印（以下本宮牛玉宝印と呼ぶ）である(3)。これらの刷りはおおむね良好で、図様は肉眼ではっきりと確認することができる。しかし紙面に捺されている朱宝印については、鮮明にみえるものとみえないものとが混在しており、当初は数種類の朱宝印が使用されているようにも思えた。そこで、千々和氏の発案により、使用されている朱宝印の種類を確定するため、すべての朱宝印についてトレースを行った。その結果、鳥羽藩起請文群には二種類の朱宝印が使用されていることが判明した。

二種類の朱宝印のうち、一つは蓮座の上に直線的な放射光で描かれた光背があり、中に梵字「サ」が描かれた朱宝印（仮にこの形を光背形と呼ぶ。図20）で、もう一つは蓮座の上に火焔で描かれた光背があり、中に梵字「アー」が描かれた朱宝印（仮にこの形を火焔形と呼ぶ。図21）である。光背形は起請文が書かれた寛政五年（一七九三）から文久三年（一八六三）までの七十年間全般にわたって牛玉宝印に捺されている。一方火焔形は文化五年（一八〇八）から弘化二年（一八四五）までの三十七年間にのみ、牛玉宝印に捺されている。

さらに朱宝印の捺し方を調べてみると、寛政五年九月十八日から天保十一年（一八四〇）七月二十三日までは光背形も火焔形も牛玉宝印の「宝」「印」「野」の烏点宝珠による文字のあたりに三ヶ所、真ん中が一番高い位置になるような形で捺されている（仮にこの捺し方を山型捺しと呼ぶ。図20・図21）。火焔形は天保十一年以降も捺す位置は変わらないが、光背形のほうは天保十一年を境に朱宝印の捺し方が変わり、牛玉宝印の真ん中に三つ並んで一列に捺されるようになる（仮にこの捺し方を一列捺しと呼ぶ。図22）。

つまり、鳥羽藩起請文群に使われている本宮牛玉宝印は、朱宝印の形と捺し方で年代を分けることができることに

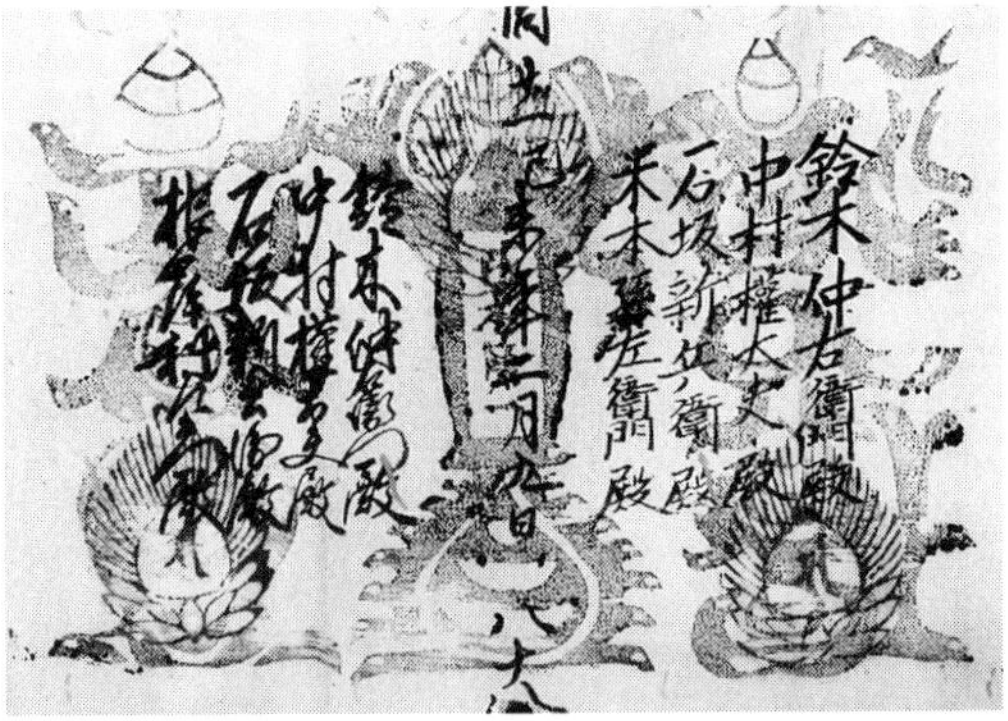

図20　鳥羽藩起請文群8（寛政11年十吉等起請文）

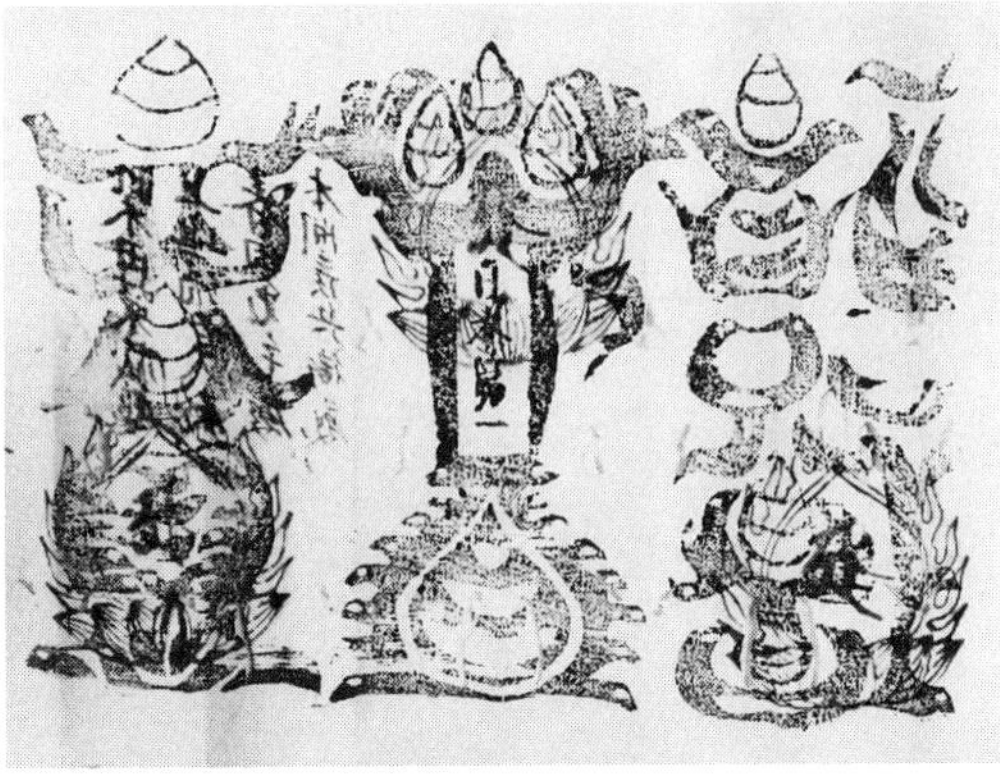

図21　同4（寛政4年根岸亀鶴等起請文）

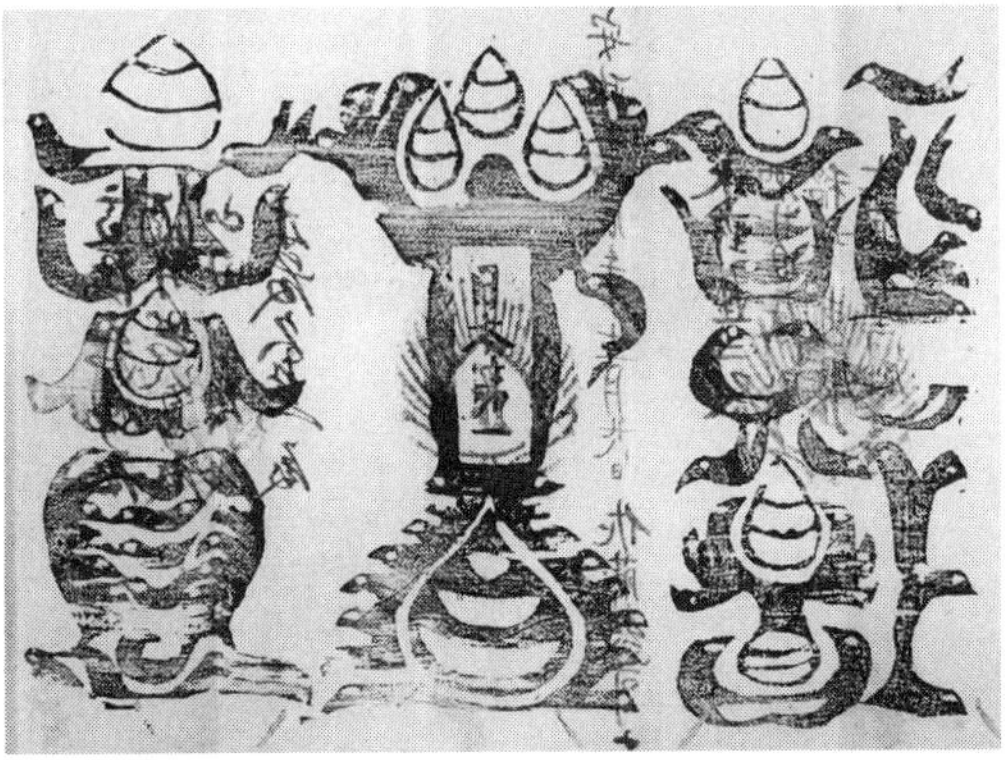

図22　同9（寛政8年芦沢清佐等起請文）

（図20～24　國學院大學神道資料館所蔵）

なる。すなわち、光背形朱宝印が山型に捺されている寛政五年九月十八日〜文化四年六月六日までの第一期、そこに火焔形が同じ捺し方で加わって光背形と火焔形が混在する文化五年六月二十日〜天保十一年七月二十三日の第二期、光背形の一列捺しと火焔形の山型捺しが混在する天保十一年七月二十三日〜弘化二年（一八四五）三月十九日までの第三期、朱宝印は光背形の一列捺しのみとなる弘化三年五月五日〜文久三年十二月十九日の第四期である。

二種類の朱宝印が存在すること、朱宝印の捺し方が時期的に変化することは、これらの本宮牛玉宝印を稲垣家に配布した寺社・御師が、寛政五年〜弘化三年の間に加わったり入れ替わったりした可能性を想像させる。しかし今回の調査では稲垣家がどのように牛玉宝印を入手していたのかを知りうる史料にめぐり会うことができず、稲垣家に本宮牛玉宝印を配布した寺社・御師を明らかにすることができなかった。今後の課題としたい。

二　牛玉宝印について

次に、鳥羽藩起請文群の料紙についてまとめておきたい。

千々和氏によれば、鳥羽藩起請文群に使われている牛玉宝印の版木は、左上の「山」上端の宝珠下部左右の欠損が時間とともに広がり、最終的には右下「野」の字の下端も欠損する形となる、とのことである。[4]今、仮に「山」上端宝珠の下部分のみの欠損段階を第一段階（図23）、「山」上端宝珠の上部分も欠損する段階を第二段階、右下「野」下部欠損段階を第三段階（図24）とすると、第一段階は寛政五年（一七九三）九月十八日付池田八右衛門起請文（整理番号七。以下番号のみ記す）から、第二段階は弘化三年（一八四六）十二月二十日付健助起請文（一七―一一）から、第三段階は安政五年（一八五八）十二月二十九日付輿惣松起請文（四〇―三）から、それぞれ欠損が確認できる。

このように、欠損はほぼ時間の流れに従って広がっていったものと考えられ、このことを根拠として千々和氏は、鳥羽藩起請文群に用いられている熊野本宮牛玉宝印は、すべて同一の版木によって刷られたものと推測されている。その推測は正しいであろう。ただ、鳥羽藩起請文群の中には、起請文が書かれた時期が、すでに版木が第二・第三段階の欠損にいたっていた時期であるにもかかわらず、第一・第二段階の牛玉宝印が用いられている起請文が存在する（表11―③〜⑩・⑭）。この問題をどのように考えればよいのであろうか。

　この問題を考えるうえで手がかりとなるのが、稲垣家では家中起請文がどのような料紙に、どのように書かれたのか、ということである。残された史料は非常に少ないが、検討を試みたい。

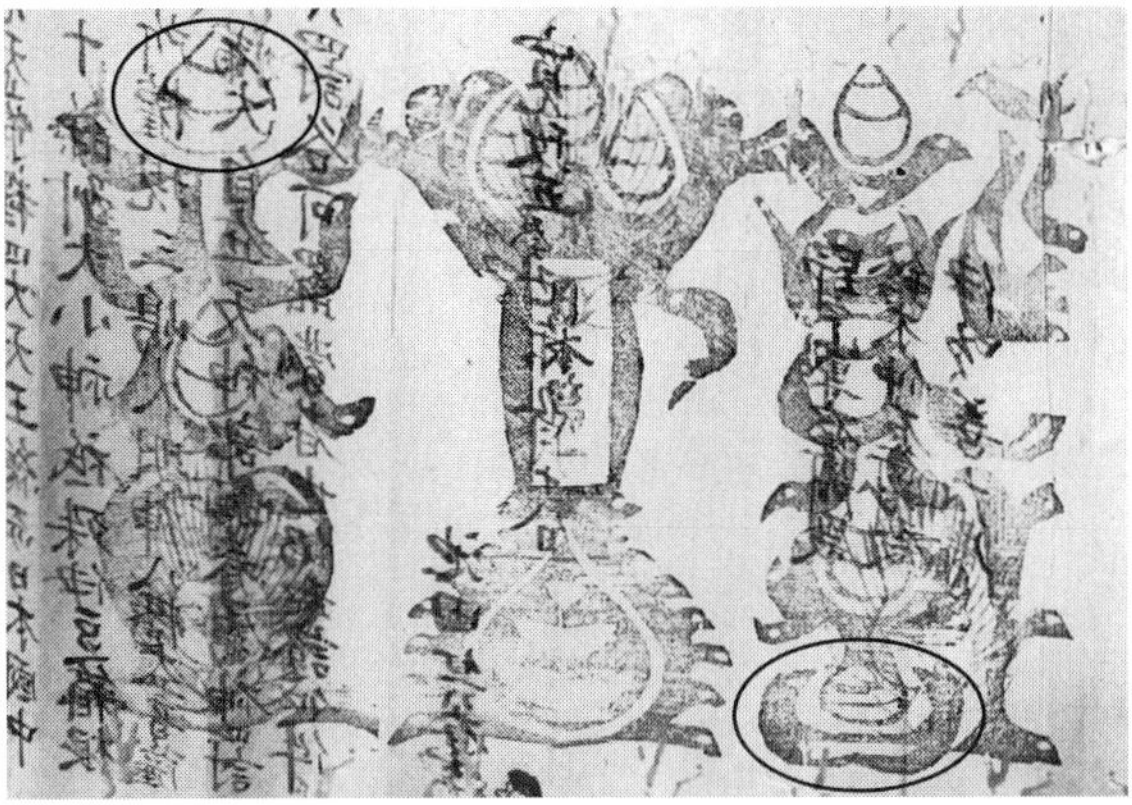
図23　鳥羽藩起請文群7（寛政5年池田兵八右衛門起請文）

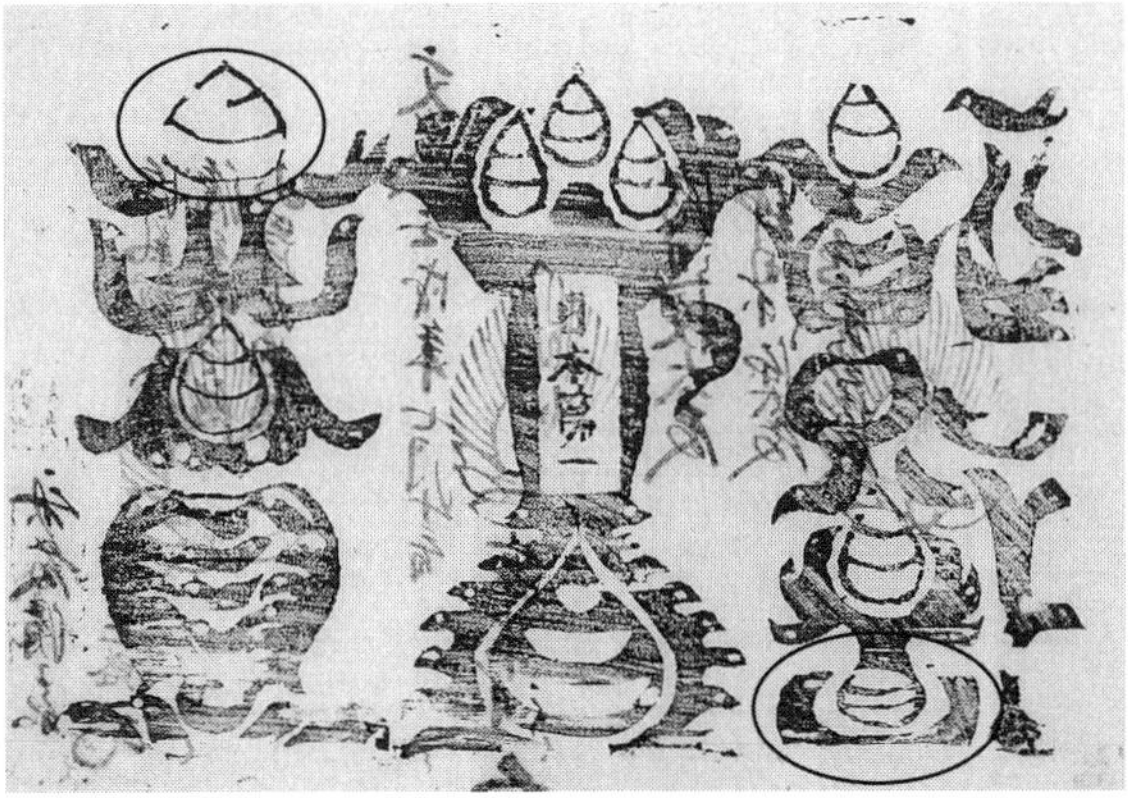
図24　同24-8（文久2年二宮半弥起請文）

　すでに版木が第二・第三段階の欠損にいたっていた時期であるにもかかわらず、第一・第二段階の牛玉宝印が用いられてい

表11　版木の欠損と書かれた場所・時期の関係

	年月日	西暦	差出人	場所	根拠となる史料	版木と時期のズレ	整理番号
①	天保13年12月28日	1842	大岡□甫	江戸	御供留	無	22-4
②	天保14年4月3日	1843	重蔵	〃	〃	〃	8-29
③	嘉永2年12月28日	1849	二宮半弥	〃	定府嘉永2	有	9-11
④	〃	〃	鈴木嘉悦	〃	〃	〃	10-8
⑤	〃	〃	長坂昇	〃	〃	〃	30-2
⑥	〃	〃	吉田栄喜	〃	〃	〃	31-2
⑦	嘉永3年6月22日	1850	亀吉	不明		〃	37-2
⑧	嘉永3年6月23日	〃	亀吉	〃		〃	17-13
⑨	安政3年9月26日	1856	半助	〃		〃	40-1
⑩	安政3年12月28日	〃	鈴木嘉悦	江戸※		〃	32-3
⑪	安政4年6月7日	1857	二宮半弥	江戸	日記安政4	無	42
⑫	安政4年7月29日	〃	小川儀斎	大坂	〃	〃	24-6
⑬	安政4年12月2日	〃	三代蔵	〃	〃	〃	40-2
⑭	文久2年7月24日	1862	二宮半弥	江戸※		有	38-4

※書かれた場所が確定できる起請文と，第二・三段階の欠損が版木に発生している時期に第一・二段階の刷りの牛玉宝印を使用している起請文を一覧表にした．場所の特定については，差出または宛名人のうち一人でも居場所が確定できればその場所で書かれたと判断した．

※御供留＝「御供諸事留帳」，定府嘉永二＝「定府分限帳嘉永二年」，日記安政四＝「大坂加番日記」安政4年．

※⑭の文久2年7月24日付二宮半弥起請文は文久二年の大坂加番において側坊主をつとめる予定であったところ，何かの事情で変更になったことによる返誓詞と考えられる．したがって⑭も江戸で書かれたと考えられる．二宮半弥は9-11・24-8・32-4・38-4・42の計5通起請文を書いているが，5通中3通が江戸で書かれたものであるから，江戸在住だった可能性が高い．このため，二宮半弥と同じ立場にあった鈴木嘉悦も⑩を江戸で書いたと考えた．

る起請文は、表11の③〜⑩・⑭である。

これらの起請文が、どのような形式であるか注目してみると、すべて署判のみを書き継いでいく、書き継ぎ起請文であることがわかる。通常書き継ぎ起請文の料紙は、あらかじめ複数の牛玉宝印を貼り継いでおき、何人分もの署判が書き込めるように準備していたようである。福井松平家や延岡内藤家には、何も書かれていない牛玉宝印がすでに貼り継がれている、書き継ぎ起請文が残されている(5)。こうした事例と、鳥羽藩起請文群では単独で提出された起請文の牛玉宝印には版木の欠損時期と署判時期とに矛盾がある事例はみられないことを勘案すると、稲垣家でも書き継ぎ起請文はあらかじめ複数の牛玉宝印を貼り継いでおいたと考えられる。つまり、稲垣家の書き継ぎ起請文では、何年も前に刷られた牛玉宝印に署判する場合もあり、その結果、書かれた時期と版木に欠損が生じた時期にズレが生じた、と思われる。

さらに、稲垣家では、起請文にはその年に刷られた牛玉宝印を必ず使った、との確証は今のところ得られていない。江戸時代、各大名家中では、起請文に使用する牛玉宝印を大量に一括購入していた可能性がある。たとえば、幕末の佐竹家では起請文用の牛玉宝印は御雑用処から受け取った、と『伊豆園茶話』に記されており、[6] 藩が牛玉宝印を一括購入し、使用者に配布していたことが確認できる。一括購入した場合、牛玉宝印は当然余ったり足りなくなったりしたと考えられるから、牛玉宝印は毎年新しいものだけを使用したかどうかは不明である。むしろ、紙の倹約に気を遣っていた時代であれば、余れば年を越えても使う場合も多かったのではないだろうか。牛玉宝印が一括購入された場合、刷られた時期と実際に使用する時期とにズレが生じることは十分ありうるのである。

三　書かれた場所について

今度は鳥羽藩起請文群がどこで書かれたのかについて考えてみたい。

鳥羽藩起請文群には差出・受取人合わせて二百五十余名が記されている。これらの人々の中には、「文政九年八月大坂御加番御城出御行列帳」、天保十五年（一八四四）の「江戸勤向心得方控」、嘉永二年（一八四九）・慶応四年（一八六八）の「定府分限帳」、安政四年の「大坂加番日記」・「志州鳥羽藩禄高控付明細帳」、天保十三年の「御供諸事留帳」などから、その居所が確定できる者もいる。[7]

書かれた場所が確定できた起請文は、表11の①〜⑥・⑩〜⑭である。十一通中九通が江戸で書かれたもの、残り二

表12　二四（文化十二年四月十四日～文久二年七月十三日側坊主加人書き継ぎ起請文）詳細

	整理番号		氏名（側坊主加人）	場所	江戸勤務経験	出典	年月日	西暦
1	二四(一)	差出	加藤一甫		不明		文化一二・四・一四	一八一五
2		宛名	稲垣又蔵		〃			
3			酒井忠右衛門		有	定府嘉永二		
4			中川猪之助		〃	江戸勤向心得方控文政八、定府嘉永二		
5	二四(二)	差出	鈴木静可		不明		文化一四・一〇・八	一八一七
6		宛名	林金吾		有	定府嘉永二		
7			酒井忠右衛門		〃	〃		
8			中川猪之助		〃	江戸勤向心得方控文政八、定府嘉永二		
9	二四(三)	差出	鶴田友弥信定		不明		文政八・七・一	一八二五
10		宛名	酒井忠右衛門		有	定府嘉永二		
11			秋元庄司		〃	江戸勤向心得方控天保四、定府嘉永二		
12			本間彦兵衛		不明			
13	二四(四)	差出	鶴田敬甫		〃		天保一四・八・二一	一八四三
14		宛名	酒井俊平		有	定府嘉永二		
15			門野嘉織		不明			
16			渡辺直右衛門		有	定府嘉永二		
17			木藤久左衛門		〃	定府嘉永二・慶応四		
18	二四(五)	差出	永田良意		不明		天保一四・一二・五	一八四三
19		宛名	酒井俊平		有	定府嘉永二		
20			門野嘉織		不明			
21			渡辺直右衛門		有	定府嘉永二		
22			塚本八十八		不明			
23	二四(六)	差出	小川儀斎	大坂	〃	日記安政四	安政四・七・二九	一八五七
24		宛名	浮気織人	〃	〃	日記安政四、御家中分限元治一		
25			水野直三	〃	有	日記安政四、定府嘉永二		

26			白井吉之丞	〃	不明	日記安政四、御家中分限元治一		
27	二四(七)	差出	斉藤清嘉		〃		文久一・六・二三	一八六一
28		宛名	浮気織人		〃	日記安政四、御家中分限元治一		
29			渡辺牧太		有	定府嘉永二・慶応四		
30			山岸九内		不明			
31	二四(八)	差出	二宮半弥		有	定府嘉永二、日記安政四	文久二・七・一三	一八六三
32		宛名	渡辺牧太		〃	定府嘉永二・慶応四		
33			野田弥源太		不明			
34			上嶋秀兵衛		有	定府嘉永二・慶応四		

通(⑫⑬)が大坂で書かれたものであることがわかった(後述)。また、場所が確定できなかった起請文に関しても、宛所となっている人物は、江戸勤務を経験している者が多い。数の上からいえば、宛名人となっているのべ百十九名中三十四名が江戸勤務経験者であった。数少ない史料で確認作業を行ったことを考えると、江戸勤務経験者が比較的多いといえるのではないだろうか。

稲垣家では江戸詰勤務の人たちをどのように行っていたか明らかではないが、比較的固定的な人事が行われていたのではないかと考えられ、「定府分限帳」には同姓の人名が多くみられる。たとえば秋元逸平治と秋元庄司は、嘉永二年の「定府分限帳」にそれぞれ記載されている。また同様の例は酒井俊平・酒井進左衛門・酒井忠衛門・酒井與三郎の酒井家、鈴木小三郎・鈴木仲右衛門の鈴木家にもみられ[8]、江戸定府の家系がある程度固定化していたことがうかがえる。

このほか鳥羽藩起請文群には江戸藩邸の稲垣家「若殿様」に関する起請文が含まれており[9]、これらの事実を総合的に考え合わせると、鳥羽藩起請文群は、江戸藩邸で書かれたものを多く含むといってよいだろう。

しかし、その一方で、鳥羽藩起請文群には⑫・⑬のように大坂で書かれた起請文も含まれている。

安政四年（一八五七）、稲垣家は大坂加番役を務めることとなり、その際、側坊主加人を務めることになった小川儀斎（二四―六）は、藩主稲垣長明とともに江戸を発った。藩主一行は同年七月二十七日には大坂に到着しており（「大坂加番日記」）、七月二十九日付の小川儀斎の署判（二四―六）は、大坂でなされたことが確実である。また、草履取と湯殿掛を務めることになった三代蔵（四〇―二）は、「大坂加番日記」には名前が出てこないものの、宛名人とした浮気織人・水野直三・白井吉之丞の三人がいずれも安政四年七月二十七日には大阪に到着していることが「大坂加番日記」により確認できる。さらにこのうち白井吉之丞は翌安政五年八月まで大坂にとどまっていたことが確認できるため、三代蔵の同年十二月二日付の署判も、大坂でなされたことが確定できる。

以上、小川儀斎（二四―六）・三代蔵（四〇―二）が大坂で署判したことが明らかとなった。二四・四〇はいずれも書き継ぎ起請文であるが、それでは小川儀斎・三代蔵の前後の署判も大坂でなされたものなのだろうか。表12・表13は二四・四〇の書き継ぎ起請文すべての差出・宛名人を書き出し、それぞれの詳細を一覧表にしたものである。この表を使って、二四・四〇のそれぞれの署判がどこでなされたのかを検討してみたい。

まず二四から検討しよう。二四には、八人の差出人がそれぞれ別の年月日に署判している（表12）。小川儀斎以外の署判された年月日はすべて「家中分限帳」や「定府分限帳」など、居所を確定できる史料に該当しないときの署判であるため、居所を確定することはできなかった。ただし、二四は側坊主加人の役職就任起請文であるので、藩主が滞在する場所、すなわち江戸または鳥羽のどちらかで書かれたことは間違いない。

四〇には、三人の差出人がそれぞれ別の年月日に署判している（表13）。四〇も二四と事情は同じで、三代蔵以外の二人の署判はどこでなされたのか確定することはできなかった。しかし四〇は湯殿掛の役職就任起請文であるので、江戸または鳥羽で書かれたことは間違いない。

二四・四〇の書き継ぎ起請文の個々の署判が、江戸または鳥羽と大坂の少なくとも二ヶ所でなされたことがほぼ明らかになった。そしてこのことは、二四・四〇の二つの起請文が、江戸または鳥羽から大坂に送られ、大坂で署判がなされたのち再び江戸または鳥羽に送られたことを意味する。四〇には三代蔵以外に半助（四〇―一）・與惣松（四〇―三）の署判が含まれているにもかかわらず、包紙の上書に「誓詞　御湯殿掛御草履取　三代蔵」と書かれている。おそらくこの包紙は、大坂で三代蔵が署判を加えたあと、江戸または鳥羽に送られた際つけられた包紙であり、二

表13　四〇（安政三年九月二十六日〜同五年十二月二十九日湯殿掛等書き継ぎ起請文）詳細

	整理番号		氏名	役職	場所	江戸勤務経験	出典	年月日	西暦
1	四〇(一)	差出	半助	湯殿掛		不明		安政三・九・二六	一八五六
2		宛名	水野直三			有	定府嘉永二、志州明細安政四		
3			酒井進左衛門			〃	定府慶応四		
4			近藤誠一郎			〃	定府慶応四		
5	四〇(二)	差出	三代蔵	湯殿掛・草履取		不明		安政四・一二・二	一八五七
6		宛名	浮気織人		大坂	〃	志州明細、安政四日記安政四		
7			水野直三		〃	〃	日記安政四		
8			白井吉之丞		〃	〃	〃		
9	四〇(三)	差出	與惣松	湯殿掛		〃		安政五・一二・二九	一八五八
10		宛名	酒井操			有	日記安政四、定府慶応四		
11			稲垣束			不明			
12			渡邊牧太			有	定府嘉永二・慶応四		
13			清水昌七郎			〃	定府慶応四		

四・四〇の書き継ぎ起請文が江戸または鳥羽と大坂を往復した痕跡ともいえるのではないだろうか。なお、小川儀斎の署判部分は二四の四紙め、三代蔵の署判部分は四〇の二紙めの、ともに途中から書かれており、後日署判部分を二四・四〇に貼り継いだものではない。

以上、鳥羽藩起請文群がどこで書かれたものかを検討してきたが、まとめてみると次のようになろう。

① 分限帳その他の史料から、百四通のうち、九通は江戸または鳥羽で書かれ、二通は江戸または鳥羽から大坂へ送られて書かれた署判を含む起請文であることが確認できた。

② 江戸在住の若君付の役職（坊主・剣術の相手）就任起請文三通を含んでいる。

③ 側坊主・湯殿掛など、藩主の奥向きを務める役職就任起請文が多い。

④ 宛名人のべ百十九名中三十四名が、文政八年（一八二五）〜慶応四年（一八六八）の「定府分限帳」「江戸勤向心得方控」「御家中分限帳」などで江戸在府だったことが確認できる。

①から④の事実を勘案すると、鳥羽藩起請文群は国元鳥羽ではなく、江戸藩邸で保管されていた家中起請文の一部ではないかと考えられる。

四　本宮牛玉宝印の配布場所

最後に、鳥羽藩起請文群に使用された本宮牛玉宝印がどこで配布されたものであったかについて検討してみたい。鳥羽藩起請文群に使用されている本宮牛玉宝印は、幕府に提出される起請文に用いられることは少ないが、大名家の家中起請文や幕府代官に提出された起請文には数多く使用されたと思われる。

今のところ管見に触れたのは、以下の起請文である。ただし、内藤家文書には第Ⅱ部第二章表9で示したように多数の本宮牛玉宝印が使用されているが、すべては記載できないので、ここでは図様の異なるものを一例ずつあげた。(10)
なお、dは最初の署判の日付である。

a　宝永五年（一七〇八）一月二十九日付樫井村小百姓起請文（関西大学図書館所蔵奥家文書一〇八一）
b　寛延三年（一七五〇）島津継豊側小姓衆等起請文（東京大学史料編纂所所蔵島津家文書七〇―一六―七）
c　天明元年（一七八一）八月一日付大内理十衛門起請文（明治大学博物館所蔵内藤家文書三―二―九四。図25）
d　寛政二年（一七九〇）二月二十八日付御側勤起請文（明治大学博物館所蔵内藤家文書三―二―六六、牛玉六紙め）
e　天明八年（一七八八）二月付船頭水主起請文（財団法人江川文庫所蔵江川家文書S六一五―二―七）
f　天明八年五月付廻米上乗起請文（同江川家文書S五九〇）
g　享保十九年（一七三四）三月飯野七右衛門起請文（仙台市博物館所蔵伊達家文書古記一九―一五）
h　慶応四年（一八六八）一月二十日付丹後田辺藩主牧野誠成起請文（東京史料編纂所所蔵復古記原本）

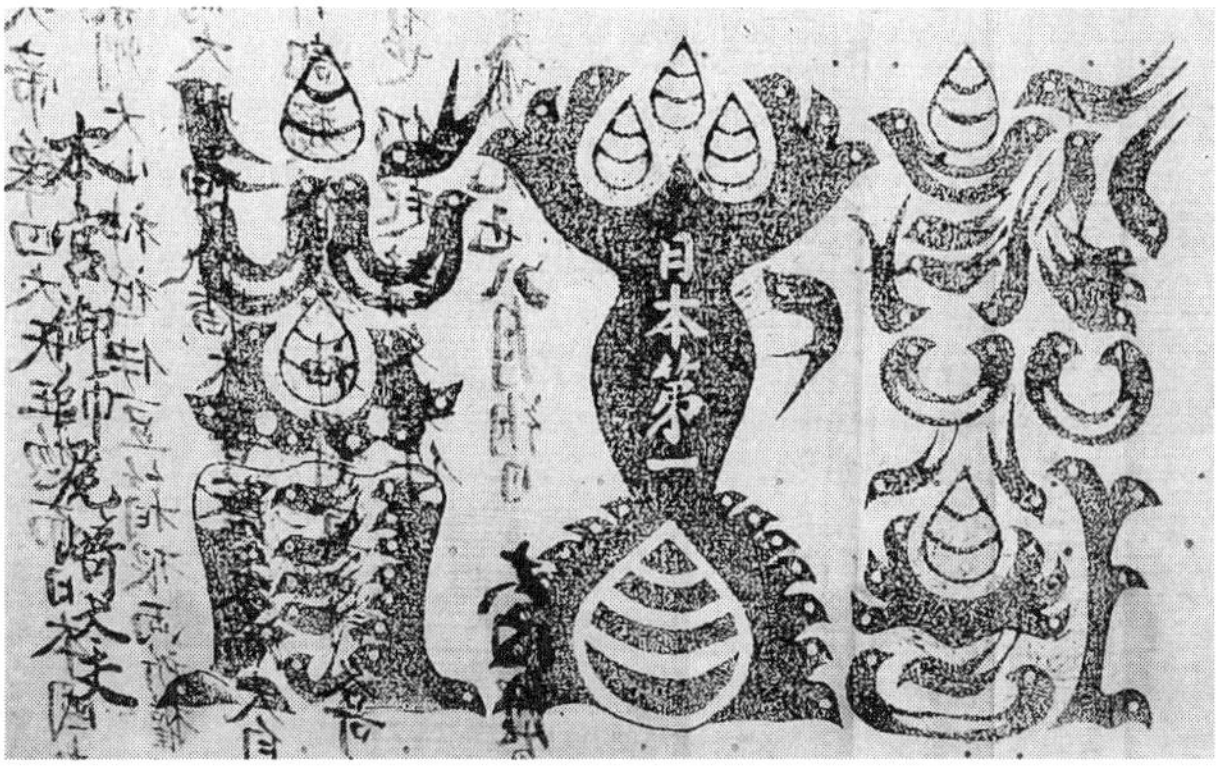
図25　天明元年（1781）8月1日付大内理十衛門起請文（明治大学博物館所蔵内藤家文書 3-2-94）

これらの本宮牛玉宝印はすべて同版ではなく、朱宝印も異なる。しかし、「熊」の字の図様の特徴から三つのグループに分けることができる。グループ分けの詳細は次のとおりである。

Ⅰグループ　「熊」の字の四つの点の部分が四羽のカラスで表現された図様……a

Ⅱグループ　「熊」の字の四つの点の部分が二羽のカラスが作った輪二個で表現された図様……b・c・e・f・g

Ⅲグループ　「熊」の字の四つの点の部分が二羽のカラスが向かい合った形二つで表現された図様……d・h

鳥羽藩起請文群はⅡのグループにあたる。Ⅱのグループの本宮牛玉宝印は同版ではないものの、互いに図様が非常によく似ている。また、cには牛玉宝印の版面に「本宮御師尾崎太夫」と刷り込まれているが、この「尾崎太夫」とは、江戸で本宮牛玉宝印を配布していた本宮尾崎坊（「熊野年代記古写」宝暦八年〈一七五八〉条）であろう。[11]これらの事柄と、前項で検討したように、鳥羽藩起請文群が江戸藩邸で書かれ、保管された可能性が高いことを考え合わせると、稲垣家の使用した本宮牛玉宝印は本宮尾崎太夫配下の御師・寺社によって、江戸や江戸近郊で配布されたものであるといってよいのではないか。そして、鳥羽藩起請文群は江戸で配布された本宮牛玉宝印を料紙として書かれ、江戸藩邸で保管されたものであると確定できるのではないかと思われる。

ま　と　め

以上の検討作業から、鳥羽藩起請文群は江戸藩邸に保管されていた役職起請文であり、その料紙である本宮牛玉宝印は江戸で配布された可能性がきわめて高いことが明らかとなった。

従来江戸時代における熊野牛玉宝印の配布については、まったく研究が進められておらず、その具体相は不明であった。わずかに熊野牛玉宝印のうち、那智滝宝印に関して、麻布飯倉熊野権現別当正宮寺・神田覚泉院（熊野本願目代所代役）が那智滝宝印を配布していた可能性を指摘した先行研究があるばかりであった。(12)しかし、今回の鳥羽藩起請文群の分析によって、本宮牛玉宝印が少なくとも十八世紀半ばには江戸の町で配布されていた可能性が出てきた。

また、大名家によっては家中の起請文に使用する牛玉宝印は江戸で一括購入していた、ということも明らかになった。この点については、前述したように、佐竹家が江戸の覚泉院から家中起請文用の牛玉宝印を一括購入していたらしいということはすでに指摘されていたが、実例を確認できたのは稲垣家の事例が初めてといえる。

そのほか、鳥羽藩起請文群の本宮牛玉宝印に二種類の朱宝印があり、捺し方に変化がみられることを確認できた点も、本宮牛玉宝印の配布のあり方を考えるうえで、大きな材料となることであろう。朱宝印は牛玉宝印のいわば命にあたるものであり、配布する主体のシンボルとも考えられるものである。(13)しかし、従来印影が十分に観察できない、という理由からほとんど詳細に観察されることがなかったように思われる。

鳥羽藩起請文群では、トレースをすべての朱宝印に対して実施する、という方法で朱宝印を詳細に検討することに成功した。鳥羽藩起請文群の場合、朱宝印が年代によって入れ替わり、捺し方も変わったが、このことは、稲垣家に牛玉宝印を配布したと考えられる本宮尾崎太夫関連の組織の中で、鳥羽藩を担当する人物が年代によって交代した可能性も示唆する。今回はこれらの詳細を明らかにすることはできなかったが、従来まったく不明であった本宮牛玉宝印の江戸における配布のあり方の一端をかいまみることができた、という意味で意義ある成果であると思われる。

註

（1）　工藤寛正編『江戸時代全大名家事典』（東京堂出版、二〇〇八年）、『藩史大事典』（雄山閣出版、一九八八年）。

（2）「誓詞針」（『館報』vol. 3、國學院大學神道資料館、二〇〇二年）、「牛玉宝印の版木の寿命」（『民藝』六〇八号、日本民藝協会、二〇〇三年八月）。

（3）本宮牛玉宝印については、相田二郎氏の「起請文の料紙牛王宝印について」（『相田二郎著作集　一』名著出版）において、一九四〇年段階の研究の到達点をみることができる。相田氏は本宮牛玉宝印の認定の基準として「那智、新宮両者の特徴を持たず、「熊野山宝印」の五字を表した牛玉宝印は本宮のものと認める」としている。今回の調査では、鳥羽藩起請文群に使用された牛玉宝印が現行の熊野本宮大社配布の熊野山牛玉宝印と同じ図様をとることから、相田氏の見解に従って、本宮牛玉宝印と判断し、調査を進めた。

（4）千々和到氏註（3）論文。

（5）福井松平家の事例については、『福井県史　通史編三』参照。延岡内藤家の事例は、明治大学博物館所蔵内藤家文書三―一一四大目付役返り誓詞。

（6）斉藤壽胤「秋田の牛王宝印―その行方」（『牛玉宝印―祈りと誓いの呪符―』町田市立博物館図録第七八集、一九九一年）。

（7）「御旅館より京橋口迄御行列御試帳」文政八年（一八二五）（鳥羽市立図書館所蔵加藤家文書三七）。
「文政九年八月大坂御加番御城出御行列帳」（鳥羽市立図書館所蔵加藤家文書四〇）。

「江戸勤向心得方控」天保十五年（一八四四）（『鳥羽市史　上巻』）。

「定府分限帳」嘉永二年（一八四九）・慶応四年（一八六八）（『鳥羽市史　上巻』）。

「志州鳥羽藩禄高控付明細帳」安政四年（一八五七）（『鳥羽市史　上巻』）。

「大坂加番日記」安政四年（鳥羽市立図書館所蔵加藤家文書三五）。

「御供諸事留帳」天保十三年（一八四二）（国文学研究資料館所蔵志摩須藤家文書六）。

（8）それぞれ定府が確認できる史料は以下のとおり。酒井俊平＝「定府分限帳」嘉永二年（以下「定府嘉永二」と略記）。酒井進左衛門＝「御家中分限帳」元治元年、「定府慶応四」。酒井忠衛門＝「定府嘉永二」。酒井與三郎＝「定府慶応四」。鈴木小三郎＝「定府嘉永二」。鈴木仲右衛門＝「江戸勤向心得方控」、「武鑑」文久元年・慶応二年・三年、「定府慶応四」。

（9）以下の三通がある（冒頭の数字は鳥羽藩起請文群整理番号）。

一寛政元年（一七八九）四月十八日付上嶋宗佐・鈴木休甫起請文（若殿様御坊主）、二寛政元年九月付佐藤元右衛門等起請文（若殿様御剣術御稽古に関して）、三寛政元年九月付鈴木休甫等起請文（若殿様御剣術御稽古に関して）。なおここでいう「若殿様」とは、天明七年（一七八七）二月二十七日稲垣家養子となった越後高田城主榊原式部大輔政永六男栄之助（のち鳥羽藩四代藩主となる長続）を指すと思われる。

（10）このほか島津家に対し琉球王家から提出された起請文群の中に本宮牛玉宝印が確認される。これらは図様も刷りも大変美しく、ここにあげた本宮牛玉宝印とは明らかに配布元が異なると思われる。王家で用いられた起請文の料紙でもあり、琉球で刷られた可能性もあるので、ここでは検討対象から外した。

（11）みくまの総合資料館研究委員会編『熊野年代記古写』（熊野三山協議会、一九八九年）八七頁。「於江戸表、当春ヨリ本宮尾崎坊、本山方山伏ノ牛王為売弘候間」とある。太田直之氏のご教示による。

（12）三輪修三氏「江戸時代の起請文覚え書き」（『神道及び神道史』二九、一九七六年）、平野明夫氏「徳川将軍家代替わりの起請文」（『國學院大學日本文化研究所紀要』第八八輯、二〇〇一年）など。

（13）千々和到氏「「書牛玉」と「白紙牛玉」」（石井進氏編『中世をひろげる—新しい史料論をもとめて』吉川弘文館、一九九一年）。

Ⅲ　江戸幕府起請文と牛玉宝印

第一章　紀州熊野三山配布の牛玉宝印

はじめに

第Ⅰ・Ⅱ部では、幕府起請文と大名家家中起請文を取り上げ、その書式や制度を検討することで、起請文が幕府政治の中でどのような役割を果たしたのかを考えてきたが、第Ⅲ部では、起請文料紙である牛玉宝印の配布・流通について検討を行っていく。

江戸幕府起請文は、管見の限りでは、ほぼ例外なく白紙に前書を書き、そこに牛玉宝印を翻して貼り継ぎ・神文・年月日・署判（血判）・宛名を記す、という体裁をとる。ところが、そもそも発生期の起請文は牛玉宝印を用いず、牛玉宝印が起請文の料紙として使われた初見は、文永三年（一二六六）である。(1) 牛玉宝印が起請文の料紙として一般的になるのは、主として戦国時代からであり、その後も必ず牛玉宝印が用いられるということではなく、理由は不明だが、しばしば牛玉宝印を用いない起請文も書かれたのである。

近世に入ってからも、牛玉宝印を料紙とする起請文と、白紙のみを料紙とする起請文は併存し、交代寄合高木家や岡山池田家・延岡内藤家などの家中起請文にその具体例をみることができる。(2) しかし、今のところ幕府起請文には牛玉宝印を料紙としない事例は確認できず、この点も幕府起請文の特徴といえる。いわば、牛玉宝印なくして幕府起請文は成立せず、牛玉宝印の流通や入手方法は、幕府起請文を検討するうえで重要な問題だと考えている。

幕府起請文に用いられた牛玉宝印は熊野牛玉宝印で、最大の配布元は紀州熊野三山本願所である。本章ではまず紀州熊野三山本願所を取り上げ、江戸の町で紀州熊野三山本願所がどのように牛玉宝印配布を行い、幕府起請文料紙として使用されていったのか、その経緯を明らかにしていく。

一　幕府起請文と紀州熊野三山配布の牛玉宝印

私が確認した範囲では、幕府起請文に使用される牛玉宝印は、熊野牛玉宝印である。ただし町民身分の長崎阿蘭陀小通詞の起請文には彦山御宝印が使用されているので(3)、熊野牛玉宝印を必ず使用することは、大名・幕臣の起請文に限られるようである。

ここであらためて確認しておくと、熊野牛玉宝印とは、紀州熊野三山勧請社から発行される牛玉宝印の総称で、版面に「那智滝宝印」「熊野山宝印」（本宮系・新宮系）「神蔵牛玉宝印」と刻まれた、四つのタイプがある(4)。近世の熊野牛玉宝印では、「那智滝宝印」「熊野山宝印」「神蔵牛玉宝印」の文字が鳥と宝珠（鳥点宝珠）でデザイン化されて描かれているが、このうち「熊野山宝印」について本書では、現行の熊野本宮大社発行の牛玉宝印（「熊」の四つの点を表す四羽の鳥が二羽ずつ向かい合って一つの輪のようになっている）の特徴を有するものを「本宮牛玉宝印」、同じように現行の熊野速玉大社発行の牛玉宝印（「熊」に□が二つデザインされている）の特徴を有するものを「新宮牛玉宝印」と呼ぶことにする。

内閣文庫多聞櫓文書の慶応三年（一八六七）の代替り誓詞や役職就任起請文をはじめ、現存する幕府起請文の中では、那智滝宝印の使用事例が圧倒的に多いが、本宮・新宮牛玉宝印も一例ずつ確認され、基本的には熊野牛玉宝印であれば四種類のどれでも料紙として問題はなかったと考えられる。(5)

熊野牛玉宝印は紀州熊野三山本願所（以下本願所と呼ぶ）が最も大きな配布元で、本願所発行の牛玉宝印の配布を希望する山伏・比丘尼・寺社は、本願所の願職になって初めてその熊野牛玉宝印を配布することができた。(6)しかし、宝永七年（一七一〇）に寺社奉行所へ提出した本願所の口上覚(7)によれば、元禄年間になると本願所に無許可で本願所発行の熊野牛玉宝印に似た牛玉宝印を配布する寺社・山伏が増えたため、本願所は元禄九年（一六九六）ごろから無許可の熊野牛玉宝印の取り締まりを繰り返し寺社奉行に訴えていくことになる。これは、第Ⅰ部第四章で明らかにしたように、おおむね代替り誓詞は綱吉期から、役職就任時起請文は家綱期から、それぞれ制度が整い、その影響で熊野牛玉宝印の需要が増えたため、熊野牛玉宝印を配布する寺社が急激に増えたことが原因と考えられる。

本願所は右の口上覚の中で、しきりに熊野三山に許可を得ていない寺社発行の牛玉宝印を「紛敷類板」「類板之牛玉」と呼び、取り締まりを訴え、さらに監視のために江戸に常駐する目代を置くことにしたと述べているが、本願所のみが熊野牛玉宝印配布権を持つ、という論理は、あくまでも本願所の論理であり、幕府がそれを保証していたわけではない。本願所は口上覚の中で「先年茂御府内町々ニ而熊野牛玉ニ紛敷類板有之、水野右衛門大夫様（寺社奉行水野忠春）御勤役之節相願、御吟味被遊被下候、年久布儀故御吟味之御書付等焼失仕無御座候へ共」と記し、「水野忠春が寺社奉行だったとき（延宝九年〈一六八一〉～貞享二年〈一六八五〉）に類板の牛玉の違法性について吟味を行ってもらい、書付も得ていた」と述べているが、肝心の書付については「昔のことなので火事で焼失してしまった」とも述べており、あたかも寺社奉行水野忠春から本願所のみが熊野牛玉宝印の配布権を保障してもらったかのような言い方をしているが、何も証拠はなかったのである。

江戸にはすでに古くから、本願所発行の牛玉宝印とは別の熊野牛玉宝印を配布してきた寺社や山伏がいたと考えられる。たとえば、北区の王子神社が、領主豊島氏によって元亨二年（一三二二）に紀州熊野三山を勧請し創建された、との伝承を持つことは広く知られている。王子神社が熊野牛玉宝印を配布していたかどうかについては不明だが、同社には巻末に「奉施入、武州豊多摩郡熊野権現御宝前、文保二年戌午初春大施主右衛門尉平行泰　敬白」と書かれた大般若経が所蔵されており、少なくとも文保二年（一三一八）までには勧請されていたことが確実で、伝承はおおよそ事実と考えられ、牛玉宝印の配布も行われていた可能性が高い。また、考証随筆家でもあった山東京伝は『近世奇跡考』の中で、天和年間（一六八一〜一六八四）、神田多町に熊野比丘尼がいたこと、熊野比丘尼は万治年間以前（一六五八年以前）には「烏牛王」を配布していたこと、などを『艶道通鑑』（増穂残口）・『紫の一本』（戸田茂睡）を引用して考証しており、江戸の町には早い時期から独自に熊野牛玉宝印を配布する寺社や比丘尼が存在したことが予想される。(8)本願所が主張するような、本願所の願職と名を語って偽の熊野牛玉を配布する、違法な寺社・山伏ばかりではなかったのである。

確かな例を一つあげてみよう。江戸飯倉の熊野権現は古くから独自の熊野牛玉宝印を配布していた寺社の一つと考えられ、別当正宮寺が配布した那智滝宝印は、大名家や幕臣の起請文料紙として広く使用されていた（表14）。『御府内寺社備考』(9)によれば、江戸飯倉の熊野権現は、元禄十六年（一七〇三）十一月十八日の火災によって社伝旧記が失われたが、応永年間に慶祚阿闍梨が熊野権現を勧請し正宮寺を創建した、との故事が代々伝わっているという。別当寺は東叡山末正宮寺で、家康の江戸入国ごろに周阿闍梨という僧が正宮寺に住居して諸侯の尊崇を集め、正宮寺発行の牛玉宝印は諸侯の誓詞料紙に使われ、家康から秀忠への代替りに際しては正宮寺の牛玉宝印が献上された、ということである。寺に伝わる話では、正宮寺ではかなり古くから熊野牛玉宝印を発行していたことになる。

表14　正宮寺牛玉使用起請文一覧

年月日	西暦	文書名	「江戸飯倉正宮寺」の有無	出典	所蔵	備考
享保15年4月12日	一七三〇	御乱舞方御役誓詞	無	伊達家文書古記一九―一三	仙台市博物館	
延享2年	一七四五	代替誓詞控	〃	宇土細川家文書写真帳一九〜二一	永青文庫	
延享3年1月25日	一七四六	〃	〃	宇土細川家文書写真帳三〜二五	〃	
安永2年5月12日	一七七三	勘定奉行書継誓詞	有	島津家文書七〇―一四―五	史料編纂所	
安永2年7月19日	〃	寺社奉行町奉行書継誓詞	〃	島津家文書七〇―一四―四	〃	
〃	〃	寺社使番役書継誓詞	〃	島津家文書七〇―一四―一三	〃	
寛政6年5月20日	一七九四	判帳附返神文	〃	内藤家文書三―二―九三	明治大学附属博物館	
享和1年9月11日	一八〇一		〃	個人蔵		前書欠
文化7年	一八一〇	御役誓詞	〃	真田家文書き四九	国文学研究資料館	
文化13年11月	一八一六	〃	〃	久松家文書一三一	〃	
天保7年	一八三六	〃	〃	真田家文書き四一	〃	
天保8年10月16日	一八三七	代替誓詞控	〃	伊達家文書古記七七―二	仙台市博物館	
天保13年	一八四二	御役誓詞	〃	真田家文書六―一三―四―四三	真田宝物館	
万延1年閏3月	一八六〇	〃	〃	大判座後藤家文書三六	史料編纂所	
万延2年1月11日	一八六一	〃	〃	大判座後藤家文書三八	〃	
〃	〃	〃	〃	大判座後藤家文書三九	〃	
文久2年2月12日	一八六二	〃	〃	大判座後藤家文書三〇	〃	
慶応3年4月3日	一八六七	代替誓詞	〃	多聞櫓文書〇一三四七	内閣文庫	
慶応3年10月19日	〃	〃	〃	多聞櫓文書〇一二〇八七	〃	
慶応3年4月3日	〃	〃	〃	多聞櫓文書〇一三五八	〃	
〃	〃	〃	〃	多聞櫓文書〇一三六四	〃	
〃	〃	〃	〃	多聞櫓文書〇一三六三	〃	
慶応3年4月7日	〃	〃	〃	多聞櫓文書〇一三七三	〃	
〃	〃	〃	〃	多聞櫓文書〇一三七四	〃	

〃	〃	〃	〃	多聞櫓文書〇三三八一	〃	
慶応3年4月9日	〃	〃	〃	多聞櫓文書〇三二九四	〃	
慶応3年5月25日	〃	〃	〃	多聞櫓文書〇三三〇〇	〃	
慶応3年4月3日	〃	〃	〃	多聞櫓文書〇三三四九	〃	
				大判座後藤家文書三七	史料編纂所	

※上記のほか、内藤家文書　三—二—五八・六〇・六三・六四・六五・六六・六七・七三・七六・七七・七八・八四・九〇・九九・一〇四・一三九など使用例多数。

現在正宮寺はすでになく、熊野権現も社伝旧記が失われている以上、伝えの真偽は定かではないが、飯倉の熊野権現には裏面に墨書で「寛永弐十癸未五月拾九日奉造立熊野神社三所大権現　本願和泉境佳南海別行敬向」とある掛仏が所蔵されており、寛永二十年（一六四三）ごろまでには飯倉に鎮座していたと思われる。

正宮寺は、延享四年（一七四七）二月から五月にかけて、本願所から「似せ牛玉」を発行しているとして訴えられることになる。(10) この訴訟は結局和議となるが、その際取りかわされた一札には「(五月六日)今日山名因幡守様御内寄合於御列席被仰渡候者、正宮寺儀、熊野権現勧請之上者、紀州熊野之牛王請候而差出候儀者勝手次第、只今迄手前ニ有之板行者、紀州之牛王ニ紛敷候間、一切相止させ可申候得共、年久敷有来候牛王之儀、其上金剛院儀茂紀州熊野之牛王ニ不相紛、聢と目印被　仰付候ハヽ、其通り之由申上候付、向後牛王之内江江戸飯倉正宮寺と申文字を認入可申候、此段不得心ニ候ハヽ、一向ニ牛王相止可申旨被仰渡之奉畏候」とあり、延享四年五月六日に寺社奉行山名豊就が内寄合に出席し、「正宮寺は熊野権現を勧請しているので紀州熊野牛玉宝印を配布することは勝手次第のことであるが、今まで刷られてきた正宮寺の牛玉宝印は（図様が）紀州熊野三山の牛玉宝印と紛らわしいので、いっさいやめさせるべきところである。しかし、正宮寺の牛玉宝印は古くから配布されてきたので、紀州熊野本願所惣代金剛院も紀州熊野の牛玉宝印と紛らわしくないよう目印を付けるようにと（寺社奉行から）仰せ付けてくだされば、おっしゃるとおり、正宮寺が牛玉宝印を配布しても結構ですといってきたので、今後は牛玉の版面に「江戸飯倉正宮寺」と文字を入れなさい。このことに従わない場合は、牛玉宝印の配布はいっさい禁止する」との申し渡しがあったことがわかる。つまり、正宮寺は古くから牛玉宝印を配布してきたことが認められ、紀州熊野三山発行の牛玉宝印と紛らわしくないように、牛玉版面に「江戸飯倉正宮寺」と刷り込みさえすれば、牛玉宝印の配布をしてもよい、との幕府の許可を得たのである。

正宮寺が本願所との訴訟の中で、どのようにして和議にこぎつけることができたのか、関連史料が「和議一札」しか残っていないため詳細は不明だが、正宮寺が上野寛永寺の末寺であったことが有利に働いたといえるのかもしれない。「和議一札」の末尾には、上野執当代修禅院が奥印を捺して申し渡しの遵守を保証しており、寛永寺の力が何らかの形で訴訟に影響をおよぼしたと考えられる。

また、正宮寺は「和議一札」の中で自らの歴史を「当社開闢之儀、先年類焼之節旧記致焼失候得共、公儀御帳面ニ茂有之、凡四百年余ニ罷成、牛王之儀往古より差出、所々御大名方牛王御用、前々より被仰下差出来候儀、紛無御座候段、答上之候」と述べているが、傍線部の言葉に偽りはなく、明治大学博物館所蔵の内藤家文書には、宝永六年六月十一日付起請文（三―二―一〇六）の料紙に使われた正宮寺牛玉宝印が残っている。宝永六年（一七〇九）は和議の前なので、版面には「江戸飯倉正宮寺」の文字はなく、今のところ確認できる正宮寺牛玉宝印のいちばん古いものである。また、伊達家文書にも宇土細川家文書にも享保十五年（一七三〇）・延享二年・三年の起請文に使われた正宮寺牛玉宝印が残っており、正宮寺牛玉宝印が古くから大名家に広く使われていたことが確認できる。(11)

正宮寺はこの申し渡しを忠実に守ったようで、現在「江戸飯倉正宮寺」と版面に刷り込まれた那智滝宝印を、方々でみかけることができる。

このように、延享四年ごろまでは、江戸の町には紀州熊野三山の目代と、幕府から認められた正宮寺のような本願所非配下寺社によって熊野牛玉宝印が配布され、幕府起請文の料紙として利用されたと考えられるが、しだいに幕府起請文の料紙といえば、本願所江戸目代が発行する熊野牛玉宝印、とイメージされるほど独占されていくようである。幕末には本願所江戸目代所の牛玉宝印を使用する大名がかなりの数にのぼったようで、幕府奥右筆を務めた父親を持つ松平太郎氏は、『江戸時代制度の研究』の中で、「牛王は御用誓詞牛王所なる熊野山目代覚泉院神田横大工町にて発行し、便宜上評定番これを鬻ぐと雖、自身購ひ持参するもあり」と記している。[12] また、諸大名家の代替り誓詞留書や諸記録にも江戸目代代役覚泉院から購入した旨が記されており、[13] おおよそ天明年間（一七八〇年代）ごろから幕末までの間に、本願所江戸目代が「公儀御用」を務めているかのごとく、独占的に配布を行うようになっていった様子がうかがえる。先行研究の中で、紀州熊野三山および配下寺社の牛玉宝印が「公儀御用之牛玉」として独占的に発行され、諸大名・幕臣はそれを用いて幕府起請文を書いた、との認識が一般化しているのは、江戸中期後半から幕末までの、右のような状況があるからだろう。[14]

ではなぜ、本願所江戸目代は牛玉宝印の独占的な配布に成功したのだろうか。繰り返しになるが、紀州熊野三山は幕府の尊崇を受けてはいたが、そのことと江戸における熊野牛玉宝印の独占的な配布とは別であり、本願所非配下寺社であっても幕府が認める由緒や歴史があれば、どんなに本願所が反対しても、幕府は牛玉宝印の配布を正式に認めたのである。そして、紀州熊野三山本願所発行の牛玉は「公儀御用」と幕府が認めたわけではなく、幕府起請文に使う熊野牛玉宝印は、必ずしも紀州熊野三山配下寺社発行でなくともよかった。

黒田家文書に残る『宝永六年御誓詞一巻』（『黒田家文書　第三巻』二二七）と題する家宣代始めの代替り誓詞に関する記録には、表右筆飯高七左衛門の言葉として、「一、前書ほとむら（程村）ニ調、牛玉ハ大牛玉宜候、大牛玉有合不申候者、小キ牛玉ニ而も不苦候、何方ノ牛玉ニても御構無之候」と記されており、「どこの牛玉（どこの寺社から発行された牛玉であっても、御使いになって）構いません」と述べていることがわかる。

黒田家では宝永六年綱吉代始めの代替り誓詞提出の際、先代（延宝八年綱吉代始め）に提出した誓詞案文が見当たらないため、表右筆飯高七左衛門に問い合わせ、案文その他の情報の提供を受けているが、右の引用部はその際飯高が黒田家に教えてくれた事柄の一部である。傍線部を言葉どおりに解釈すると、「牛玉宝印であればどこの寺社のものでもいい」ということになるが、現存する事例から勘案すると、この場合「熊野牛玉宝印であればどこの寺社のでもよい」という意味になるだろう。

以上のことから、幕府起請文料紙は紀州熊野三山発行の牛玉宝印に限る、というような幕府の公式な見解はなかったことが確認できたが、あらためて、なぜ本願所江戸目代は牛玉宝印の独占的な配布に成功したのかを考えてみよう。

考えられる理由の一つは、紀州熊野三山が、熊野牛玉宝印の独占的な配布を主張して延宝九年ころから訴訟を繰り返し、紀州熊野三山非配下寺社配布の熊野牛玉宝印を「類板之牛玉」として、配布停止に追い込んだことである。この件は第二章と重なるのでこれ以上は触れないが、このため、江戸の町で熊野牛玉宝印を配布する寺社が少なくなり、覚泉院の独占的な配布が可能になったものと考えられる。

もう一つの理由は、牛玉宝印を刷り出す、紙の問題である。

先に引用した飯高七左衛門は「牛玉ハ大牛玉宜候、大牛玉有合不申候者、小キ牛玉ニ而も不苦候」と述べ、大名が使う牛玉は大牛玉がよい、といっている。多聞櫓文書に残る役職就任起請文群には、奉書に刷り出された牛玉宝印を使った起請文と、半紙大の紙に刷り出された小さな牛玉宝印を使った起請文の二種類が存在するので、この「大牛玉」は奉書紙に刷り出した牛玉宝印を、「小キ牛玉」は半紙大の紙に摺り出された牛玉宝印を、それぞれ指すと思われる。(15)

通常大名家では奉書刷りの牛玉宝印を使用したと考えられるが、大名家によってはその厚さや紙の種類にこだわりがあったものとみられる。たとえば、仙台伊達家では天明七年（一七八七）の家斉代始めでは薄様を代替り誓詞に使いたいがいかがなものか、と老中松平康福用人と大目付大屋正富に問い合わせている[16]。代替り誓詞の牛玉の紙をめぐる類似の事例は蜂須賀家や内藤家でもみられ、当時大名家では紙にも家の格式や代々の慣例があり、牛玉宝印を刷り出す紙を発行元に指定する傾向があった。

慶応三年の代替り誓詞正文群の牛玉宝印は、本願所発行と思われる牛玉宝印と正宮寺牛玉宝印とに大別できるが、正宮寺牛玉宝印が紙の大きさも厚さも皆ほぼ同じで均等であるのに対し、本願所発行と思われる牛玉宝印は紙の厚さも大きさもさまざまで、紙に対する要望に柔軟に対応していたと考えられる。このことを示す事例を一つ示そう。

蜂須賀家の天明七年（一七八七）の家斉代始めの代替り誓詞記録[17]には「右御用（代替り誓詞）之牛王指上候様、同人（江戸藩邸留守居岩村春平）へ申聞置候処、宝積院へ申付、指上来候得とも、御用ニ難相成候、其子細ハ、右之者捨手（ママ）許ニ有之牛王ハ、是迄御家中誓紙等ニ相用ひ候計ニて、多分半紙摺ニて有之候、此度之御用故改る様申達旨ニハ候ても、漸杉原麁紙ニて候故、程村帋ニ継足見苦敷」とあり、今まで牛玉を調達してきた宝積院の牛玉は半紙刷り（小キ牛玉）なため、（もっと高級な）紙に変えるように、と命じても、杉原麁紙に刷るのがせいぜいで、見苦しくて（代替り誓詞料紙として）使えない、と記されている。困った蜂須賀家は次のように綴っている。「全体　御公用ニ可相用儀、宝積院ニ不拘詮議、有程出申、早刻　大膳大夫様（毛利斉房）類役へ承合候由之所、御本丸・西御丸御用牛王所上野寺中覚泉院ニ者、奉書摺之牛王有之趣ニ付、早速采寄候旨ニ而差出置相見候」。この部分は「今まで牛玉を調達してきた宝積院には関係なく、代替り誓詞に使用できる牛玉をどのように調達するか詮議し、事情を毛利家の類役（留守居役など）に話したところ、御本丸・西御丸御用牛王所上野寺中覚泉院には奉書刷りの牛玉がある、と教えてくれたので、さっそく取り寄せた」というように解釈でき、覚泉院（熊野本願目代所代役）が大名家の要望に広く対応していたこと、そのことが留守居役などによる評判となって広がり、覚泉院の牛玉を利用する大名家が増えたこと、が確認できる。

紀州熊野三山では牛玉をどんな紙にでも刷るということはなく、刷る紙の種類が決まっていたようである。安永七年（一七七八）五月に、那智山宿坊実方院・社家が寺社奉行所に提出した口上書[18]には、各地の旦那には天満村で漉いた紙（那智紙）、または小々森で漉いた紙に刷った牛玉を配布し、参詣者には那智紙・小々森漉き以外の紙に刷った牛玉を配布したとある。しかし、覚泉院は紀州熊野三山の規定にこだわらず、できる限り大名家の要望に応える柔軟な対応をとり、そのことによって諸大名家の誓詞牛玉の御用を獲得していったと思われる。

これまでの検討によって、①本願所発行の牛玉宝印だけが幕府起請文に使われたわけではなかったこと、②本願所非配下寺社の中には、古い歴史を持ち、本願所とは別の図様の牛玉宝印を発行し、それは古くから大名家の起請文料紙として使われてきたこと、③本願所発行の牛玉宝印が「幕府公式牛玉宝印」というわけではなかったこと、の三点が明らかになった。次に、こうした状況の中で江戸における独占的な牛玉宝印配布に成功していった、熊野本願三山目代所代役覚泉院について検討したい。

二　熊野本願目代所代役覚泉院

覚泉院は、意外にも「似セ牛王」を発行した罪で処罰を受けた七名の山伏の一人として史料の上に登場する。『熊野本願所史料』所収の「似せ牛玉裁定願済一件写[19]」と名付けられた一連の史料の中で、「市谷左内坂当山方覚泉院」

は、享保十五年（一七三〇）四月に、似せ牛玉を取り扱った罪で訴えられ、同年五月、科料三貫文を徴収され、売れ残りの牛玉を供出させられ、二度と似せ牛玉を取り扱わないよう、証文を書かされている。

この「市谷左内坂当山方覚泉院」が熊野本願目代所代役覚泉院と同じものかどうかは不明だが、山伏である点や、文政四年（一八二一）時点の覚泉院の息子長橋右膳（のち覚泉院を継ぐ）の墓所域（根津長久院）に「享保六丑歳八月二十二日　覚仙院貴誉□雄大師」「覚□院□厳祐長」「覚泉院（以下判読できず）印」「覚泉院（以下判読できず）良法印明□（和カ）□年七月八日」などの銘のある墓碑が並び、「覚泉院」が世襲の院号だったことが推察される。そうだとすると、享保十五年の「市谷左内坂当山方覚泉院」はのちの熊野本願目代所代役覚泉院のことであり、似せ牛玉の一件後、どこかの時点で熊野本願目代所代役に転じたと考えられる。

覚泉院が次に史料上で確認できるのは、宝暦八年（一七五八）八月十二日である。「熊野年代記古写」に「江戸此方役所覚泉院方ヨリ六月出之書状来ル、右牛王外ヨリ相広ル事是初也、覚泉院ハ新宮附之山伏江戸目代役所之代役也」とあり[20]、宝暦八年の時点で、覚泉院が熊野新宮付の山伏だったこと、本願所の江戸目代役所の代役だったこと、がわかる。

前述のように本願所の江戸常駐の目代は、宝永七年（一七一〇）から置かれたが、正徳五年（一七一五）の江戸熊野方目代源正坊[21]、享保十四年の御前庵主養雄（『熊野本願所史料』二〇七。以下『本願史料』と略記）、延享四年（一七四七）の紀州熊野本願中惣代中静延（『本願史料』二一一）と変遷し、寛延二年（一七四九）三月三日に静延が神田役所で病死したあと（『熊野年代記』）、宝暦八年八月十二日までの間に覚泉院が江戸目代役所の代役として神田役所に常駐することとなったようである。

「歳代記第壹」（『熊野年代記』二四一頁）に「江戸神田代役覚泉院其外山伏両人同道登山ス、同日十八日帰ル」とあるように、当初覚泉院は定期的に熊野へ行き、峰入りを行って山伏としての役目を果たしていたようであるが、しだいに熊野を訪れなくなり、勝手に牛玉宝印を配布し始めたとして本願所との関係が悪化していく。このことは本章の検討テーマと異なるので、また別の機会に詳しく検討することにしたいが、ここで注目されるのが、文政四年に覚泉院を継ぐ、先代覚泉院の息子長橋右膳である。

『熊野年代記　第弐』(二七三頁)文政四年五月晦日条には、「江戸目代所覚泉院倅長橋右膳目代役継目ニ来ル、先ッ此度ハ院号之補任遣候へ共、俗躰ニて帰国いたし、江戸ニて剃髪之筈故、書附取置申候、六月六日那智本願支配人奥下幸定《(カ)》同道ニて那智山へ行、尤大禅院支配故也、右覚泉院ハ荘《(ママ)》年より出家を相立《(定カ)》、手蹟者勿論見事ニて東原と申候也」と書かれており、文政四年五月晦日に先代覚泉院の息子長橋右膳が江戸目代役を継ぎ、院号の承認を得るため熊野を訪れたこと、俗体なので江戸で剃髪する旨の書付を右膳からとったこと、右膳は那智山大禅院の配下であること、書が見事で東原の雅号を持つこと、などがわかる。

宝暦八年段階では、覚泉院は「新宮附きの山伏」であったが、文政四年の覚泉院(右膳)は那智山配下となっている。この変化の理由は不明だが、これは幕府起請文料紙が熊野牛玉のうち、那智滝宝印であることが関係するのではないかと思われる。

右の記録にも書かれているが、覚泉院長橋右膳は書家でもあり、江戸では知られた存在だったようである。文化十二年(一八一五)発行の「書画番付」には東の前頭十二枚目として名を連ねている。[22]覚泉院長橋右膳はこのほか人名録にも名が記されており、それによれば文政三年には神田紺屋町に住んでいたことが確認できる。

その後天保十三年(一八四二)の人名録「公益諸家人名録　二編　全」[23]には名が載っておらず、死去したものと思われる。代わりに右膳の息子の長橋徳輔が画家として名を連ねているが、住所は本所御舟蔵前と書かれており、神田から転居している。徳輔は翌十四年四月三日死去するが（長久院墓碑による）、覚泉院の院号はほかの兄弟が継いだのか、長久院には元治元年（一八六四）二月二十六日に亡くなった「覚泉院立斎法印」の墓碑があり、幕末まで右膳子孫の覚泉院による熊野本願目代所代役は続いたと思われる。

以上が、文政四年から天保十三年のどこかの時点まで熊野本願目代所代役を務めた覚泉院長橋右膳に関する情報であるが、興味深いのは、覚泉院長橋右膳が書家で、当時の文化人たちと親交があった可能性が高いことである。文化〜天保期は書画会と称する席書・席画の会が隆盛で、多くの文化人たちが集まった。この時期の文化人たちには右筆や勘定所役人などの幕臣、大名家の留守居・公用人を務める人々も多く、書画会などを通じて一種のサロンを形成していたとのことである。(24)

江戸期の随筆に「長橋東原書画の会に断申遣すとて今日無拠断に君が牛王をのまんとぞ思ふ、東原は神田紺屋二町目牛王を出す家なり。」の一節があり、(25)また、明治四十年に刊行された永井菊治著『日本肖像大観』には長橋右膳の弟子の篆刻家増田遇所の記事が載っているが、そこには「牛王所長橋主膳（右膳の誤記と思われる）ノ門ニ入、学ふ」とあり、覚泉院長橋右膳が牛玉を配布していたことは有名だったようである。

右膳の弟子増田遇所もそうだったが、書や絵・篆刻などに秀でたものは時に幕府の御用を務めることもあり、右膳の場合も書を通して幕臣と親交を深め、覚泉院の牛玉は役人を通してより広範囲に広まっていった可能性がある。たとえば、函館奉行御雇医師館野瑞元が蝦夷ソウヤ（宗谷）に向かった際の紀行文「蝦夷紀行」(26)は、「長橋右膳」宛の日記形式の書簡という体裁をとっており、年次からいって、宛所の長橋右膳は覚泉院長橋右膳と考えられる。これらのことから覚泉院長橋右膳と幕臣との活発な交流がうかがわれる。右膳と幕臣の交流によって覚泉院発行の牛玉宝印が広く使われていったと考えられるとともに、右膳自身も右筆や評定所役人といった、牛玉を取り扱う幕臣と交流することによって、大名の欲しがる牛玉についての情報をいち早く得ることができた、という利点があったのではないだろうか。

ま と め

以上、紀州熊野三山と江戸幕府や幕府起請文との関係を検討してきたが、明らかになったのは次の点である。

一　紀州熊野三山本願所（以下本願所）はおおむね元禄ごろから、非配下寺社による熊野牛玉宝印の配布を寺社奉行所に訴え出ることで停止させ、独占的な牛玉の配布を図るが、それはこのころから幕府起請文制度が整備され、起請文料紙である熊野牛玉宝印の需要が一挙に増大し、熊野牛玉宝印を配布する寺社が増えたためと思われる。

二　江戸の町では正宮寺に代表される、古くから熊野牛玉宝印を配布してきた寺社があり、幕府起請文には本願所発行の牛玉宝印だけが必ずしも独占的に使われていたわけではなかった。

三　本願所発行の牛玉宝印が「御用牛玉」のように思われるほど大名家をはじめ幕臣たちからも使われるようになるのは、おおむね天明年間ごろからと考えられ、それは諸大名家の要求（紙の問題など）に柔軟に応える体制をとっていたことが理由の一つと考えられる。

四　山伏覚泉院は、寛永二年（一七四九）から宝暦八年（一七五八）までの間に熊野本願目代所代役となり、幕末まで目代所代役を務めた。院号は長橋家が幕末まで受け継いだと思われる。本願所発行の牛玉宝印が江戸期後期から幕末にかけて隆盛をみた時期は、覚泉院が目代所代役になった時期とほぼ合致し、覚泉院が果たした役割は大きかったと思われる。とくに書家でもあった長橋右膳が覚泉院を名乗った文政四年（一八二一）から天保期ごろにかけて、勢力の伸張が著しかったのではないだろうか。

註

（1）文永三年十二月二十日付東大寺世親講衆等連署起請文。千々和到氏「東大寺文書にみえる牛玉宝印」（『日本古文書学論集十』吉川弘文館、一九八七年、初出一九七七年）の指摘による。

（2）たとえば、交代寄合高木家の場合、正徳元年十二月二十日付大嶽仁兵衛起請文など御側役の一連の起請文（名古屋大学附属図書館所蔵高木家文書C―二―二―一う〜お）、同じく御側役就任起請文と思われる明和五年十二月一日付起請文（C―二―二―四と・な）は白紙で書かれている。いずれも神文・花押・血判をともない、正文であることは確実である。しかし、明和五年十一月付の大目付・御近習の起請文は那智滝宝印を使用して書かれており、白紙の起請文と牛玉宝印の起請文とが併用されていたことが確認できる。また、岡山池田家の場合、白紙に書かれた起請文の註記に「服中白紙」と書かれ、神文が書かれない起請文（宝暦九年三月二七日付仮御膳奉行誓詞、E三―五八）があるので、服忌中は神文を書かず白紙で誓詞を書き、あとで取り替えた可能性がある。ただし、同じ白紙でも神文が書かれている事例もあり、白紙誓詞となる条件や書式にはいくつかのパターンがあったと思われる。

（3）明和八年三月六日〜安政二年七月四日付吉雄佐次郎外二十八名起請文（東京大学史料編纂所架蔵写真帳『長崎県立図書館所蔵史料』、六一七〇・九三・八・一一）。明和八年三月六日から始まる牛玉第一紙と、嘉永四年（一八五一）九月十六日から始まる牛玉第五紙（最終）が、ともに彦御山宝印である。神文も式目神文に「当所氏神諏訪大明神」の文言が入り、正確な式目神文とは異なる。したがって、長崎地役人や手代など代官下僚といった非幕臣身分については、幕府起請文書式の適用外だったと思われる。

（4）神蔵牛玉宝印については、千々和到氏が「神蔵牛玉宝印について―生島足島神社所蔵起請文料紙牛玉宝印の再検討―」（『千曲』第六九号、東信史学会、一九九一年）の中で初めて指摘した。なお、同論文の註で、五番目の熊野牛玉宝印ともいうべき「滝本牛玉宝印」について触れられているが、私はこの牛玉を実見したことがなく詳細も不明なので、本書では熊野牛玉宝印は四種類とした。なお、近世の神蔵牛玉宝印は、交代寄合高木家の家中起請文料紙に大量に使われている。

（5）本宮牛玉宝印の使用例は、享保十九年（一七三四）十二月二日付福嶋左兵衛御小姓組番頭就任起請文控（豊橋市美術博物

館所蔵松平家文書A―四三二、埼玉県文書館所蔵マイクロフィルム紙焼)、新宮牛玉宝印使用例は元文五年(一七四〇)四月六日付酒井忠恭大坂城代就任時起請文控(姫路市立城郭研究室所蔵酒井家文書一一六三)。

(6)太田直之氏「本願所と社役・社法」(『中世の社寺と信仰　勧進と勧進聖の時代』弘文堂、二〇〇八年)による。

(7)熊野新宮本願庵主文書二〇六(『熊野本願所史料』清文堂、二〇〇三年)。

(8)根井浄・山本殖生氏編『熊野比丘尼を絵解く』(法蔵館、二〇〇七年)熊野比丘尼の文献史資料27。

(9)『御府内寺社備考　第一冊』(名著出版、一九八六年)。

(10)熊野新宮本願庵主文書二一一(『熊野本願所史料』)。

(11)伊達家文書は、仙台市博物館所蔵伊達家文書古記一九―一三。宇土細川家文書は、延享二年細川大之丞代替り誓詞控・延享三年一月二十五日付細川豊前守代替り誓詞控(東京大学史料編纂所架蔵写真帳『宇土細川家文書』)。いずれも版面に「江戸飯倉正宮寺」の文字はない。

(12)松平太郎氏『校訂江戸時代制度の研究』(進士慶幹氏校訂、柏書房、一九七八年、初出一九一九年)八七頁。

(13)幕末の秋田藩士石井忠行は『伊豆園茶話』の中で、秋田藩は国元で使う牛玉を江戸で購入したことを記し、「牛王処熊野目代覚泉院(神田皆川丁二丁目)と有り」と、覚泉院の名をあげている(齊藤壽胤氏「秋田の牛玉宝印―その行方―」、『牛玉宝印―祈りと誓いの呪符―』町田市立博物館図録第七八集、一九九一年)。このほか幕末代官を務めた安藤博は『徳川幕府県治要略』の「雑部」誓詞の項で、「該書(誓詞)は末尾に熊野牛王と称する一種の神符(牛王所、江戸神田皆川町二丁目、熊野目代覚泉院に就て之を受く)を貼付、(以下略)」と記している(青蛙房、一九八一年、初出一九一五年)。また、上杉家は天保八年(一八三七)、家斉代始めの代替り誓詞では、牛玉宝印は覚泉院から購入した、と記している(『上杉家御年譜』天保八年五月二日条)。このほか内藤家(「天保八丁酉年就御代替御誓詞一件帳」、内藤家文書三―二三―五―十二)、牧野家(茨城県立歴史館所蔵笠間牧野家文書一一六・一一七・一一九)、本文中で引用した蜂須賀家・毛利家など、天明期ごろから覚泉院から牛玉を購入した旨が記された留書が増える。

(14)『徳川幕府事典』(東京堂出版、二〇〇三年)三二一頁(太田尚広氏執筆分)、太田直之氏『中世の社寺と信仰　勧進と勧進聖の時代』(弘文堂、二〇〇八年)二二五・二三二頁。

(15) 姫路市立城郭研究室所蔵酒井家文書には、上書に「宝暦十辰年被成御用候牛王控」「熊野大牛王　神田鍋町目代所覚泉院(黒印)」とある包紙に包まれた那智滝宝印が所蔵されており(一一七二)、本資料が宝暦十年(一七六〇)に覚泉院から発行された大牛玉であったことがわかる。なお、覚泉院はたびたびの火災によって神田・上野など移転を繰り返していることが『熊野年代記』や『武鑑』の記述から確認でき、松平氏の指摘された覚泉院と本資料の覚泉院は住所は異なるが、同じ覚泉院である。

(16) 「天明七年公義《ママ》御代替ニ付而御誓詞諸首尾合留」(仙台市博物館所蔵伊達家文書古記七七—一四)。

(17) 「御誓紙之御留書」(国文学研究資料館所蔵蜂須賀家文書九一)。

(18) 新宮市編『新宮市誌』(一九三七年)九九九～一〇〇〇頁。

(19) 熊野新宮本願庵主文書二〇八(『熊野本願所史料』)。

(20) 『熊野年代記古写』(『熊野年代記』熊野三山協議会・みくまの総合資料館研究委員会、一九八九年)二三二頁。

(21) 熊野新宮本願庵主文書「後証一札之事」(根井浄・山本殖生氏編『熊野比丘尼を絵解く』法蔵館、二〇〇七年)二一四～二一五頁。

(22) 揖斐高氏『江戸の文人サロン』(吉川弘文館、二〇〇九年)図一九。

(23) 「諸家人名録　全」(国文学研究資料館所蔵ヤ〇—五〇—一)、「公益諸家人名録　二編」(国文学研究資料館所蔵ヤ三—二—二)。

(24) 江戸東京博物館二〇一一年夏連続講座「江戸の文人たち」(講師石山秀和氏)による。

(25) HP「谷中・桜木・上野公園路地裏徹底ツアー」管理人上谷桜池氏から御教示いただいたが、上谷氏は出典を覚えていないとのことで、現在出典を探しているところである。

(26) 文化四年(一八〇七)九月二十九日付長橋右膳宛館野瑞元書状が原本の紀行文。文化五年九月十八日に抄写した旨の奥書がある。北海道立文書館所蔵。右膳は文政四年(一八二一)に覚泉院を継いでいる。

第二章　紀州熊野三山非配下寺社配布の牛玉宝印

はじめに

前章では、幕府起請文料紙である熊野牛玉宝印の最大の配布元である紀州熊野三山本願所が、おおよそ天明期（一七八一〜一七八九）以降、江戸において熊野牛玉宝印を独占的に配布していく過程を検討したが、本章・次章では、紀州熊野三山非配下寺社による牛玉宝印配布の様相を具体的に検討していく。

熊野牛玉宝印は紀州熊野三山本願所のみが配布していたわけではなく、古来から存在する各地の紀州熊野三山勧請社も配布していた。前章で述べたように、これらの寺社のうち紀州熊野三山非配下寺社は、元禄年間（一六八八〜一七〇四）から紀州熊野三山側の激しい妨害により、牛玉配布権を奪われていくことになるが、自らの牛玉配布権を正当なものと主張し、牛玉配布権を維持し続けた寺社も存在した。次章ではそうした紀州熊野三山非配下寺社の一つである碓氷峠熊野社を取り上げ、どのような図様の牛玉宝印を配布していたのか、また、どのように牛玉配布権を維持していったかを検討する。

本章では、検討に先立って、まずは碓氷峠熊野社に現在保管されている史資料の調査結果をまとめておきたい。碓氷峠熊野社の牛玉宝印関連資料については、今まで論じられたことがなく、どのような史資料が残されているのかさえ明らかではなかった。私は二〇〇七・二〇〇八年に碓氷権現熊野神社宮司曽根恒季氏・熊野皇大神社宮司水澤光男氏のご協力を得て、両神社に現在保管されている版木と朱印のハンコについて調査を実施したが、これらは公開されたことのない貴重な情報なので、本章に写真・拓本を掲載し、記録としたい。また、國學院大學と古美術収集家長谷

表15　熊野皇大神社版木一覧

	版木（タテ×ヨコ）チセン	版面（タテ×ヨコ）チセン	彫りの深さチセン	「日本太一」	「吉」	裏面墨書	備考
ラベル1	一六・三×二〇・〇	一四・〇×一九・〇	〇・一五	有	無	無	
ラベル2	一五・三×一九・三	一五・三×一九・三	〇・一未満	〃	〃	〃	二番目に古いか。板が反り返っている。裏面中央に二・五×二・九深さ〇・二の四角い穴あり。
ラベル3（A面）	一六・一×二三・二	一四・〇×一九・〇	〇・一未満	〃	〃	〃	
ラベル3（B面）	一六・〇×二三・二	一五・〇×二一・七	〇・一	〃	〃	〃	印の部分の図様が変っている。丸ノミで周りを削っている。
ラベル4	一五・六×一九・七	一四・二×一八・〇	〇・二五	〃	〃	「弁用」	三番目に古いか。
ラベル5	一六・五×一九・七	一四・〇×一八・〇	〇・二八	〃	〃	無	右上部に埋め木。
ラベル6	一六・三×二〇・七	一四・一×一八・七	〇・一未満	〃	〃	〃	
ラベル7	二〇・七×二七・八	一七・〇×二三・三	〇・六	〃	有	〃	平ノミで周りを削っている。最も古い版木か。
ラベル8	七・二×七・八	六・二×七・八	〇・一	〃	無	〃	版面は「熊野山宝印」。
ラベルなし	一六・五×二〇・八	一四・〇×一八・一	〇・一未満	〃	〃	「昭和五年／四月□／懸社熊野神社／社務所」	
朱印	六・〇×六・〇						

ラベル 1（23% 大）

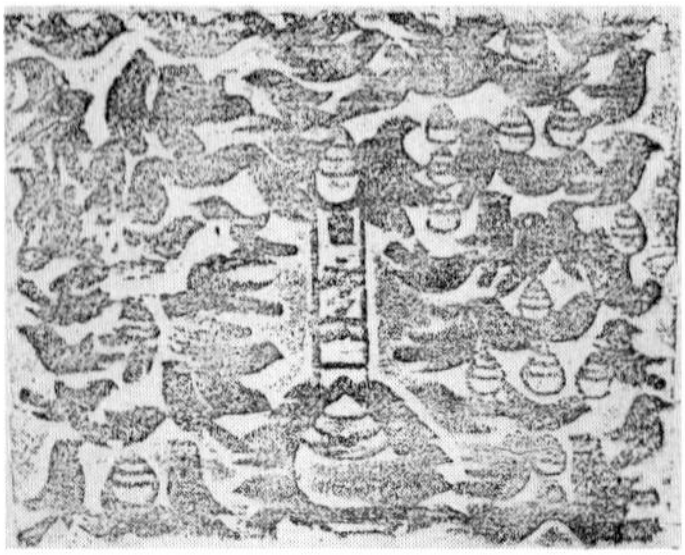

ラベル 2（23% 大）

ラベル 3A（23% 大）

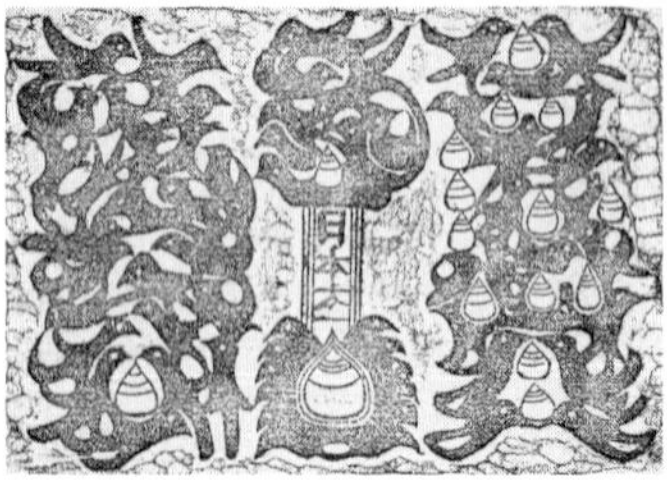

ラベル 3B（20% 大）

ラベル 4（24% 大）

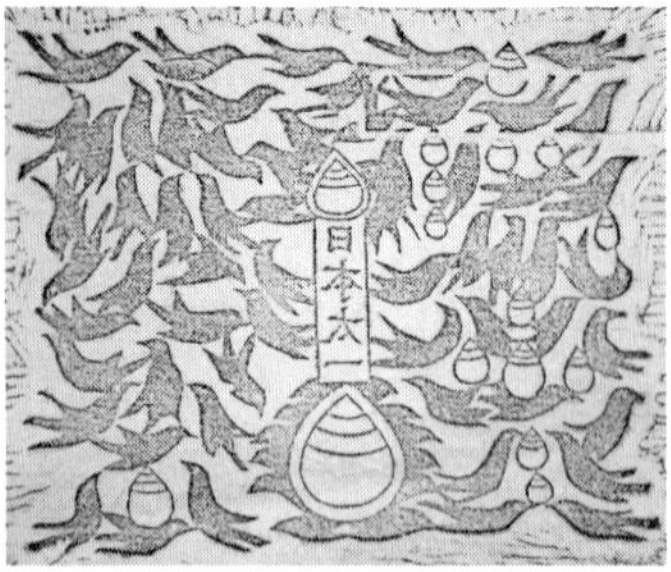

ラベル 5（24% 大）

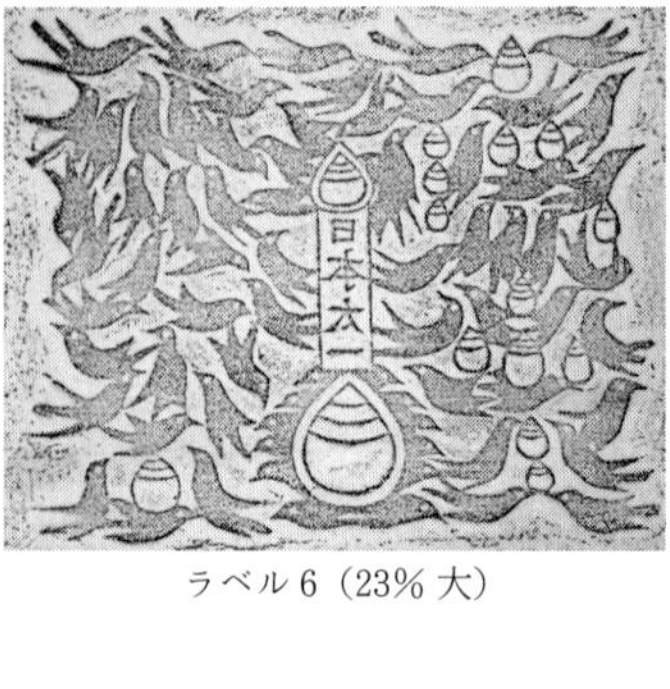

ラベル 6（23% 大）

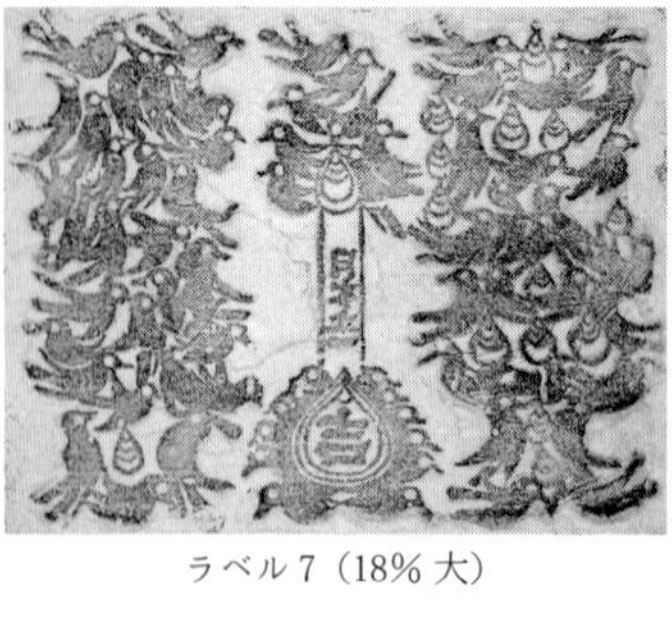

ラベル 7（18% 大）

無番（24% 大）

ラベル8（55% 大）

図26　熊野皇大神社保管の牛玉宝印版木（拓本）

川雄一郎・伊藤豊孝両氏の御協力を賜り、所有されている碓氷峠熊野社の護符版木や牛玉宝印を調査することができたので、これらの成果もあわせてまとめてみたい。なお、掲載した拓本は、千々和到氏にとっていただいたものである。

一　碓氷峠熊野皇大神社保管の牛玉宝印版木と朱印判

旧碓氷峠頂上に鎮座する碓氷峠熊野社は、群馬・長野の県境に本宮、群馬県側に新宮、長野県側に那智宮の社殿が建ち、群馬県側は碓氷権現熊野神社と呼ばれ、長野県側は熊野皇大神社と呼ばれている。日本武尊が紀州熊野三社を勧請したとの伝承を持つ古社で、正応五年（一二九二）の銘のある鐘が残っていることから、正応五年以前にはすでに碓氷峠に祀られていたと考えられている。[1]

長野県側の熊野皇大神社には、九枚の牛玉宝印版木と一個の朱印ハンコが保管されている。宮司水澤光男氏のお話では、明治になって廃業したかつての社家から集まってきたものが含まれているとのことである。版木のほとんどには、ラベルが貼られており、ラベルのないものは一枚だけで、裏面の墨書に「昭和五年四月」とある。熊野皇大神社には過去に複数回自治体による調査が実施されており、ラベルはその際付されたようである。昭和五年（一九三〇）四月の墨書銘のある版木は、近代のものとして調査から除外されたのかもしれない。

版木・朱印ハンコの詳細を一覧表にしたものが表15である。無番の版木以外には年代を示す記述はなく、八枚の版木が作られた年代は不明である。しかし、ラベル7は寛政三年（一七九一）□月十六日付八木二太夫起請文の料紙牛玉宝印（江川文庫所蔵江川家文書S五九一）と図様が酷似しており、この起請文の牛玉宝印に拓本を重ねてみるとほぼ重なる。つまり、江川家文書に所蔵されている、寛政三年に書かれた起請文の料紙はラベル7から刷り出された牛玉宝印であると断定することができ、ラベル7は寛政三年までさかのぼりうる、最も古い版木と考えられる。ラベル8は熊野山宝印の小型版木で、近代に蚕の守札として作成された版木である可能性がある（後述）。

九枚の版木すべての図様は烏点宝珠で刻まれ、「那智滝宝印」（ラベル1〜7）と「熊野山宝印」（ラベル8）の二種類ある。現在の熊野皇大神社では「那智滝宝印」の牛玉宝印だけが配布されているが、過去には「熊野山宝印」も配布していたことが確認できる。また、版木にはいずれも中央の「印」の字の軸部に「日本太一」と刻まれている。

表16　碓氷権現熊野神社護符版木一覧

No.	版木の種類・図様	版木（タテ×ヨコ）チセン	彫りの深さチセン	「印」部文字	「吉」	作成年代	朱印の形	印文	備考
1	牛玉宝印（那智滝宝印）	一六・七×二二・〇	〇・一以下	日本大一	なし	昭和十八年以降			曽根恒季氏が宮司就任後作成。
2（オモテ）	牛玉宝印（熊野山宝印）	六・七×八・二		〃	〃	不明			下部に釘穴が二ヶ所あいているが、No.7と連結することはできない。
2（ウラ）	「九」他判読不能な文字・記号が二つ刻まれている	〃				〃			

3(オモテ)	牛玉宝印(那智滝宝印)	六・〇×六・五	〇・一以下	日本太一	なし	〃			下部に釘穴が二ヶ所あり、一ヶ所には釘がさしてある。No.7の穴に差し込むことができ、連結して使用したか。
3(ウラ)	「判事」の一部	〃	〃			〃			
4A	三元十八神道陰陽行儀御祓	三八・九×一〇・〇(最大部)				〃			剣のような形。
4B	熊野宮代参五穀成就御祓	〃				〃			〃
5A	熊野宮御祈禱大麻	二七・〇×六六・〇(上部)				〃			「碓氷嶺神主源清賢謹行」とある。
5B	碓氷熊野宮御祓	〃				〃			「祠官水澤備後守」とある。
6	熊野宮代参五穀成就御祓	三八・二×七六・〇(下部)				〃			「碓氷嶺祠官水澤備後守」とある。
7	神籬行事病離除真守	一五・六×五八・〇				〃			上部に二ヶ所釘穴があいており、一ヶ所には釘がさしてある。No.3の穴に差し込むことができ、連結して使用したか。No.2とは連結できない。
8	朱印判	五・二×五・二				〃	ひし形	文字	
9	〃	七・七×七・八				〃	〃	〃	
10	〃	七・五×七・五				〃	〃	〃	
11	〃	三・四×三・八				〃	八角形	〃	

「那智滝宝印」の図様はおおよそ、ラベル1・2・3A面・4・5・6・無番のグループと、ラベル3B面、そしてラベル7、の三種類に分類できる。ラベル1をはじめとするグループの図様はどれも烏が版面いっぱいに広がって「那智滝宝印」と判読できない現行の図様に近い。ラベル3B面は烏のデザイン化が顕著で、全体に曲線が強調された図様である。寛政三年に使用されたことが確認できるラベル7は、紀州熊野三山発行の那智滝宝印の図様に類似している。

なお、朱印ハンコは近代の神璽である。

二　碓氷権現熊野神社保管の牛玉宝印版木と朱印判

群馬県側の碓氷権現熊野神社（以下熊野神社と呼ぶ）については、熊野神社が現在保管している護符版木・朱印ハンコのうち、整理が終わっているものについて調査を行った。調査時には宮司曽根恒季氏も同席してくださり、あわせて聞き取り調査も実施することができた。

調査した版木・朱印ハンコをまとめたものが表16で、内訳は牛玉宝印版木が三枚（No.1〜3）、護符版木が四枚（No.4〜7）、朱印ハンコが四点（No.8〜11）の計十一点となっている。

この調査で注目すべき点は、那智滝宝印の小型版木（No.3）が確認されたことである。熊野山宝印の小型版木の存在はすでに熊野皇大神社の調査時に確認したが、今回の調査で那智滝宝印にも同様の版木が存在したことがわかった。また、No.2・3には釘穴や差し込まれた釘が残っており、No.7のような版木と連結させて刷るという、護符の作成方法についても知ることができた。このほか、熊野神社には朱印ハンコが数多く残されており（No.8〜11）、このことも大きな発見であった。現在は牛玉宝印に捺されていない朱印を、過去においては捺して配布していたことがうかがえ、貴重な情報となった。朱印ハンコは四つのうち三つがひし形（斜め正方形）、一つが八角形で、いずれも印文は文字である。熊野権現勧請社では宝珠形で印文は梵字、の朱印を用いるのが一般的なので、熊野神社所蔵の朱印ハンコは

図27　碓氷権現熊野神社の護符版木（拓本）、朱印ハンコ（印影）
※各図版のNo.は、表16のNo.と対応している。

No.1（34％大）

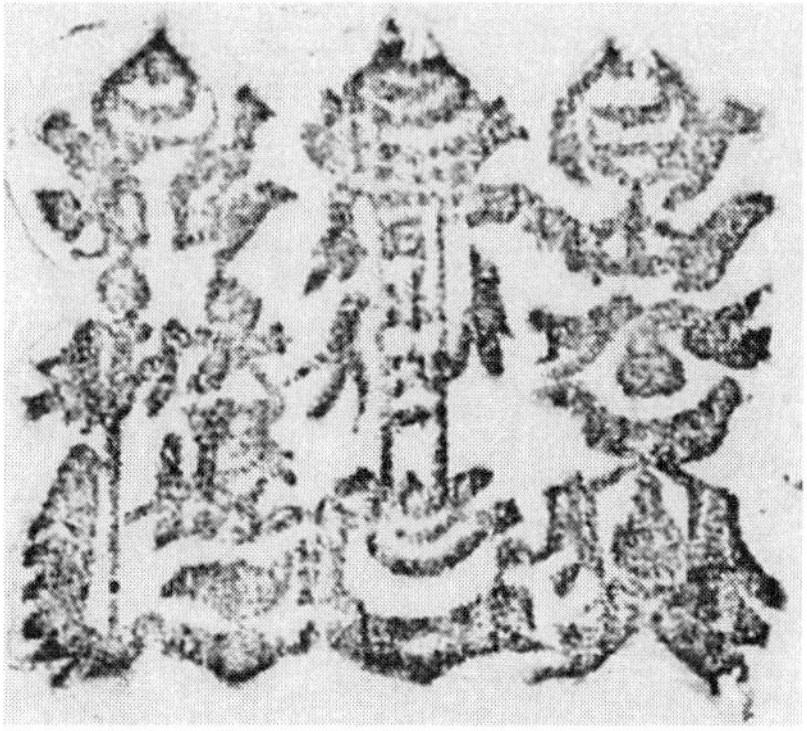

No.2 オモテ（68％大）

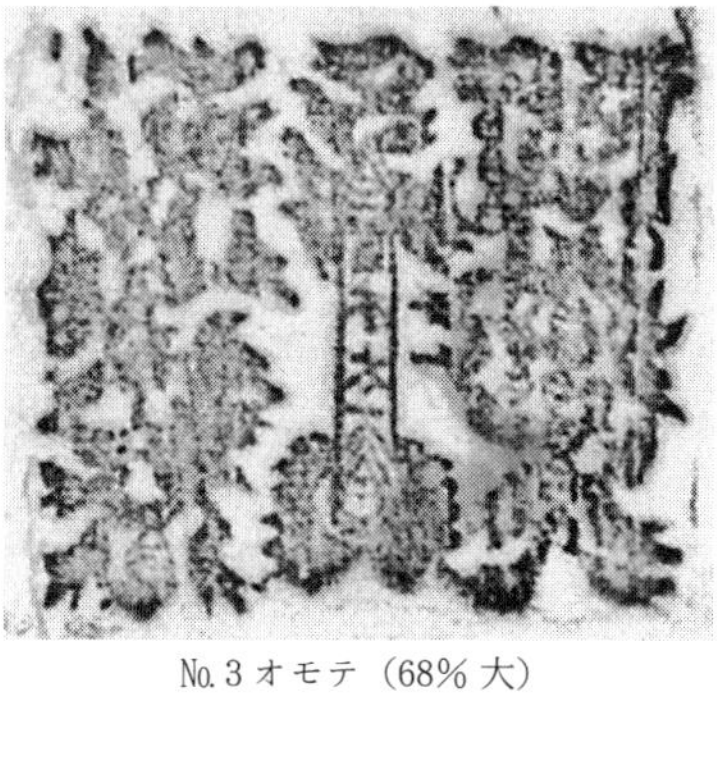

No.3 オモテ（68％大）

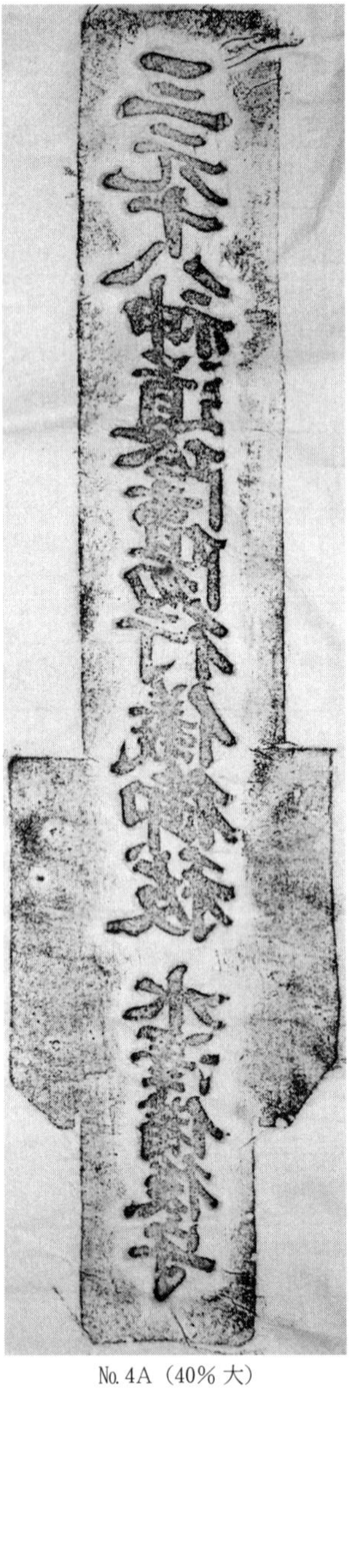
No.4A（40％大）

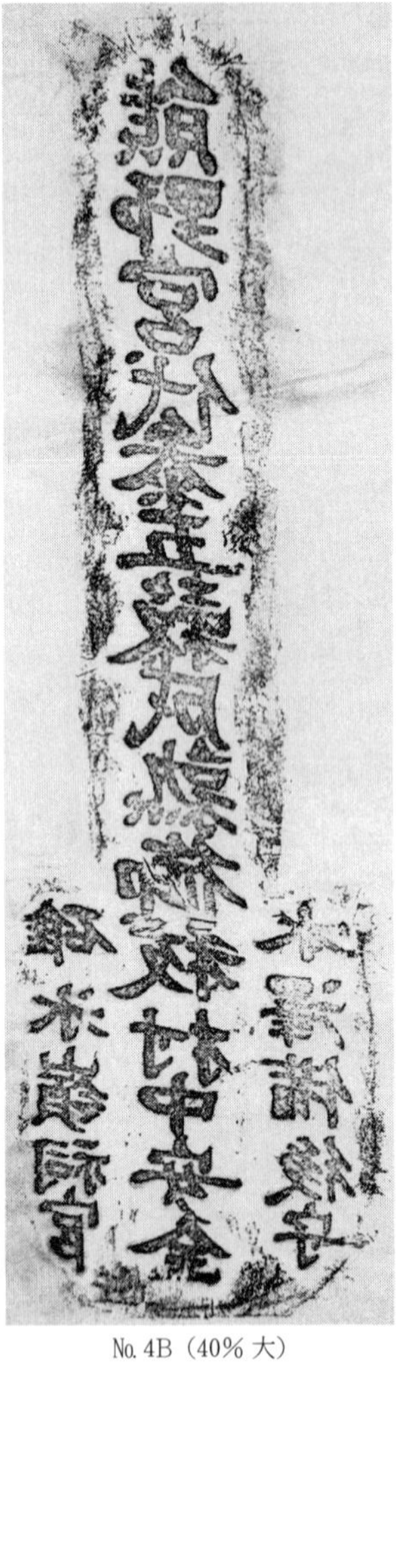
No.4B（40％大）

No.5A（40％大）

No.5B（40％大）

No.6（40％大）

No.7（40％大）

No.8（40％大）

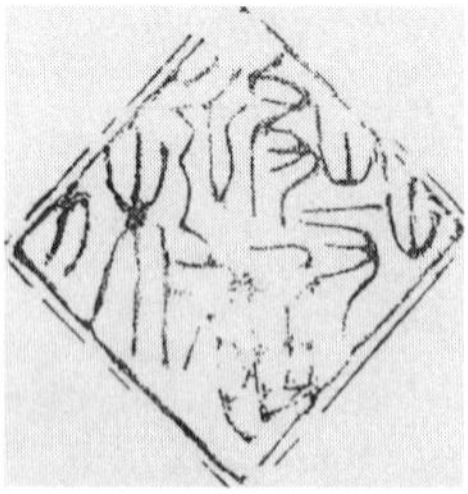
No.9（40％大）

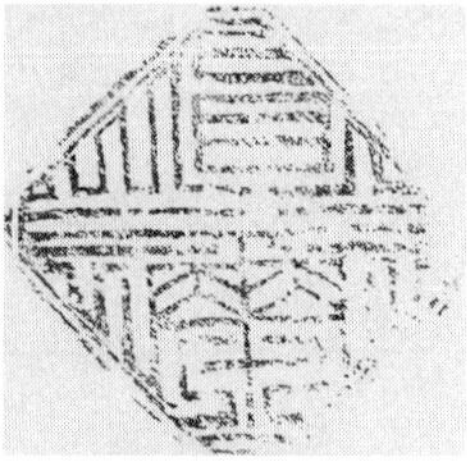
No.10（40％大）

No.11（40％大）

形・印文ともに特色あるものといえよう。

版木はいずれも成立年代など詳細は不明であるが、曽根氏の話によれば、No.1は御自身が作成されたものということである。幼少期からの記憶によれば神主が自分で版木を彫ることはよくあることだったそうで、このお話は、碓氷峠熊野社における版木の作成・管理について考えるうえできわめて示唆的であつた。

三　個人・諸機関所蔵の碓氷峠牛玉宝印原本

古美術収集家の長谷川雄一郎氏と伊藤豊孝氏の護符コレクション、そして國學院大學の護符コレクションには、碓氷権現熊野神社・熊野皇大神社の両社が現在配布している那智滝宝印に図様がよく似た牛玉宝印が数多く所蔵されている。それらの牛玉宝印の中には、版面や牛玉宝印の包紙に「碓氷嶺」「碓氷嶺神主」などの文言が刷り込まれていて、碓氷峠熊野社配布の牛玉宝印（以下碓氷峠牛玉と呼ぶ）であることが確実なものや、熊野皇大神社保管のラベル3B版木とよく似た図様のものが含まれている。そこで、長谷川・伊藤両氏、國學院大學のご協力を得て、三つのコレ

表17　碓氷峠熊野社配布牛玉宝印一覧

No.	年代	図様	「印」部文字	中央下宝珠部文字	碓氷峠牛玉宝印と認定した根拠	紙の寸法(タテ×ヨコ)センチ	版面の寸法(上×下×「印」部分)センチ	朱印の形	朱印の中の図様	朱印の数	朱印の捺し方	所蔵保管者	図様の特徴など
1	不明	那智滝宝印	日本太一	なし	版面に「碓氷嶺神主曽根出羽亮」とある。	一六・五×一九・九	一七・二×一七・〇×一四・五	火焔宝珠	宝珠	3	上一列	伊藤豊孝氏	
2-ア	〃	〃	〃	〃	版面に「碓氷嶺御師」とある。		一七・六×一七・一×一三・四	〃	〃	〃	〃	國學院大學保管	
2-イ	〃				版面に「碓氷嶺御師佐藤薩摩亮」とある。	三一・六×一〇・五		ひし形	文字	1	包紙の上	〃	2-アの包紙。上書「日本太一熊野宮御祓碓氷嶺御師佐藤薩摩亮」。
3	〃	那智滝宝印	日本太一	なし	皇大神社保管版木ラベル3B面とほぼ同じ図様。	一七・六×二六・一	計測せず	四角	丸の中に文字	〃	真ん中	伊藤豊孝氏	朱印は明治以降の神璽。
4	〃	〃	〃	〃	〃	一九・四×二五・二	二一・五×二一・四×一五・〇	〃	〃	〃	〃	國學院大學保管	〃
5	〃	熊野山宝印	〃	〃	「碓氷嶺神主坂西山城督」とある。	三一・四×一一・九	四・九×不明×六・〇	ひし形	文字	〃	包紙の上	〃	皇大神社保管版木ラベル8と同版か、ほぼ同じ図様。朱印は小さい牛玉宝印のためか、版面に朱印は捺さず、真下に牛玉宝印が来るような位置に包紙の上から一つ捺してある。
6	〃	〃	〃	〃	「碓氷嶺」とある。	三一・四×一一・七	四・八×三・〇×六・〇	八角形	〃	〃	〃	〃	〃
7	〃	〃	〃	〃	版面に「神主曽根出羽亮」とある。	二四・五×八八・〇	四・八×七・八×六・〇	ひし形	〃	〃	牛玉の下	伊藤豊孝氏	皇大神社保管版木ラベル8と同版か、ほぼ同じ図様。牛玉下に「疫神斎　神主曽根出羽亮」とある。

No.	年代	図様	「印」部文字	中央下宝珠部文字	碓氷峠牛玉宝印と認定した根拠	紙の寸法（タテ×ヨコ）センチ	版面の寸法（上×下×「印」部分）センチ	朱印の形	朱印の中の図様	朱印の数	朱印の捺し方	所蔵保管者	図様の特徴など
8	不明	熊野山宝印	日本太一	なし	版面に「碓氷嶺神主」とある。	二五・七×一〇・五	四・八×七・七×五・五	円形	文字	1	牛玉の下	伊藤豊孝氏	皇大神社保管版木ラベル8と同版か、ほぼ同じ図様。牛玉下に「疫神斎　碓氷嶺神主」とある。
9	〃	〃	〃	〃	「碓氷嶺」とある。	三一・七×一二・〇	計測できず	ひし形	〃	〃	包紙の上	長谷川雄一郎氏	皇大神社保管版木ラベル8と同版か、ほぼ同じ図様。朱印は小さい牛玉宝印のためか、版面には朱印は捺さず、真下に牛玉宝印が来るような位置に包紙の上から一つ捺してある。
10	〃	那智滝宝印	〃	〃	包紙に「碓氷嶺神主」とある。	一三・七×七・七	牛玉の「印」部分のみ使用	長方形	〃	〃	〃	伊藤豊孝氏	朱印は小さい牛玉宝印のためか、版面には朱印は捺さず、真下に牛玉宝印が来るような位置に包紙の上から一つ捺してある。
11	〃	〃	〃	〃	「熊野皇大神碓氷嶺」とある。	六七・八×二五・八	二〇・一×二二・六×一四・九	四角	「蚕神御璽」	〃	真ん中	〃	掛け軸。皇大神社保管版木ラベル3B面と同版か、ほぼ同じ図様。朱印は明治以降の神璽。
12	〃	熊野山宝印	〃	〃	「熊野宮大前碓氷嶺神主」とある。	三一・五×一一・九	四・八×六・九×六・一	八角形	文字	〃	包紙の上	國學院大學保管	皇大神社保管版木ラベル8と同版か、ほぼ同じ図様。小さい牛玉宝印のためか、版面に朱印は捺さず、真下に牛玉宝印が来るような位置に包紙の上から一つ捺してある。包紙上書「熊野宮大前五穀成熟蠶倍盛諸難消除璽碓氷嶺神主」。
13	寛政三年	那智滝宝印	〃	「吉」	皇大神社保管版木ラベル7と同版。	計測せず	二二・一×二一・九（「印」部分は計測せず）	〃	〃	3	上一列	江川文庫所蔵江川文書S兲一	寛政3年□月16日付八木二太夫起請文の料紙。6・12と朱印の図様が同じ。

※「國學院大學」とあるのは、同大千々和研究室保管のものである。

クションから碓氷峠熊野社から配布されたことが明らかな牛玉宝印だけ取り出して、調査を行った。加えて、第一節で碓氷峠牛玉であると指摘した江川家文書の寛政三年（一七九一）の起請文に使われている那智滝宝印についても調査を行い、結果を表17として一覧表にしてみた。

調査項目は「図様」・「印」など九項目、総数は十三点である。内訳は、那智滝宝印が七点、熊野山宝印が六点である。No.3・4・11は皇大神社保管版木ラベル3Bと同版かほぼ同じ図様であるが、これら三点の牛玉宝印には、近代の神璽が捺されており、なかでもNo.11には印文が「蚕神御璽」とある朱印が捺されている。したがって皇大神社保管版木ラベル3Bは近代に作成され、蚕の守札として作成された版木である可能性も出てきた。

牛玉宝印十三点には、すべて朱宝印が捺されており、現在では朱宝印を捺さずに配布されている碓氷峠牛玉も、近代以前には捺して配布されていたことが牛玉宝印原本でも確認できた。

ま と め

以上、本章では熊野皇大神社・碓氷権現熊野神社・國學院大學・古美術収集家長谷川雄一郎・伊藤豊孝氏ご所蔵の牛玉宝印版木・原本・朱印ハンコに関する情報をまとめてみた。表15・16・17で碓氷峠牛玉と確定できた牛玉宝印の図様と朱宝印についての検討は次章で行うので、ここでは表15・16の牛玉宝印版木と、一覧表には記載することができなかったが、かつて碓氷峠熊野社の神主家であった安中市の曽根家に残る牛玉宝印版木と原本についてまとめておきたい。

表15・16に掲載した牛玉宝印版木は全部で十二枚あり、碓氷峠牛玉は版木が多く残る牛玉宝印であるといえるのではないだろうか。碓氷峠熊野社の版木と比定できる決定的な根拠を確認できなかったため表への掲載を見送った、現行の図様によく似た牛玉宝印版木は、私が把握しているだけでもこのほか二枚ある。さらに、前述の安中市の曽根家

にも版木が一枚所蔵されている。[2]このような版木の多さは、神主が江戸時代には六十人以上、明治に入ってからも数十人はいた、との曽根・水沢両宮司のお話を裏付けるものであり（後述）、碓氷峠熊野社の活発な牛玉宝印配布活動をうかがわせる。

安中市の曽根家には、牛玉宝印版木のほかに本宮系熊野山宝印（以下本宮牛玉宝印と呼ぶ）原本も一枚残され、その版面「印」部分には「日本大一」と刷り込まれており、注目される。[3]配布された時期は不明だが、版面に朱宝印が捺されておらず、霊符が記されていることから、明治以降配布されたものと考えられる。碓氷峠牛玉の「印」部分の文言は「日本太一」がほとんどで、現在ではこの文字が碓氷峠牛玉かどうかを見分ける指標にすらなっている。この、「日本大一」と刷りこみ、霊符を記した本宮牛玉宝印が、碓氷峠熊野社によって明治以降に配布されたものであったとしたら、それは朱宝印を捺さずに牛玉を配布する現行のあり方とどこかで関わってくるのではないか。安中市曽根家が所蔵するこのような牛玉宝印を、今後他でも見つけられるかどうかが、この問題を考えるうえで重要になってくるだろう。

註

（1）近藤義雄氏「熊野信仰伝播の一考察」（『上州の神と仏』煥乎堂、一九九六年、初出『信濃』一九巻一号、一九六七年）。
（2）『碓氷郡の神と仏』（安中市学習の森ふるさと学習館、二〇一二年）四六頁に、版木の写真が掲載されている。安中市学習の森ふるさと学習館佐野亨介氏の御教示による。
（3）（2）四七頁。

第三章　碓氷峠牛玉宝印の基礎的検討

はじめに

本章では、碓氷峠熊野社が江戸時代に配布していた牛玉宝印の図様の確定と、牛玉配布権をめぐる紀州熊野三山との争いの経緯を通して、紀州熊野三山非配下寺社による牛玉宝印配布の具体相を明らかにする。

旧碓氷峠頂上に鎮座する碓氷峠熊野社は、江戸時代には峠を越える大名・幕臣・公家などに「御祓牛玉」として熊野牛玉宝印を配布し（以下碓氷峠熊野社配布の牛玉宝印を「碓氷峠牛玉」と呼ぶ）、現在も配布が続けられている。(1)

紀州熊野三山の勧請社で、熊野牛玉宝印の古版木や牛玉原本を所蔵する神社は全国に数多く存在するが、江戸時代に熊野牛玉宝印を配布していたことが史料などで確認でき、なおかつ現代にいたるまで配布し続けている神社はそう多くない。碓氷峠熊野社の場合、熊野皇大神社に所蔵される「加州御家中様方御通行書抜帳」慶安四年（一六五一）三月二十七日条に「小松中納言様（前田利常）江奉申牛王御祓献上」とあり、慶安四年にはすでに牛玉宝印の配布を行っていたことが明らかで、貴重な事例といえる。

江戸時代の熊野牛玉宝印配布について体系的に論及した研究はなく、わずかに萩原龍夫氏が熊野比丘尼による配布が確認できる志摩・備中・佐渡など地方の事例について言及しているに過ぎない。(2)とりわけ起請文料紙としての熊野牛玉の一大消費地である江戸をはじめとして京都・大坂・長崎など幕府直轄の大都市における熊野牛玉配布のしくみについての研究は、まったく未開拓の分野で、先行研究は皆無といってよい。

さらに、従来大名誓詞や幕臣による役職就任起請文（御役誓詞）の料紙に使用されている熊野牛玉宝印は、紀州熊野三山（熊野本願目代所代役覚泉院を含む）から発行されたものと漠然と考えられてきたため、紀州熊野三山発行の牛玉宝印は幕府の公式起請文料紙であるかのように解釈されてきた。[3] しかし実際には紀州以外の熊野社から配布されたものも大名誓詞や御役誓詞にはかなり広範囲に使われており、[4] 紀州熊野三山が自ら主張する「公儀御用之牛玉」の実態は、じつは大いに検討を要することなのである。[5]

つまり、現時点では江戸時代の大名誓詞や御役誓詞に使用された熊野牛玉宝印はどこから配布されたものなのか、という点についての研究はまったく手付かずの状態であり、大都市における熊野牛玉宝印供給のしくみを研究するうえでまず取りかからなくてはならない基本的な課題なのである。

碓氷峠牛玉も江戸時代の起請文の料紙に使われた可能性は大きいが、江戸時代に配布された碓氷峠牛玉の見分け方がいまだ確定されたとはいいがたいため、確かめる術がない。そこで本章では江戸時代の熊野牛玉配布に関する研究の一環として、まず碓氷峠牛玉の見分け方の確定を試みたい。そして、『安中志』[6] によれば紀州熊野三山配下ではなく、吉田神社配下であった碓氷峠熊野社がいかにして配布権を獲得していったのかについてもあわせて検討し、江戸時代の熊野牛玉配布のしくみの一端を明らかにしたいと思う。

一　碓氷峠牛玉の図様と朱印

現在碓氷峠熊野社から配布されている熊野牛玉宝印は、那智滝宝印のみである。その図様は、烏点宝珠による「那・智・瀧・寶・印」の五つの文字が判読不可能なほど版面いっぱいに広がり、中央の「印」部分には「日本太一」と刻まれているという非常に特徴的なものである（図28）。とくに「日本太一」の文言は、碓氷峠牛玉のシンボルともいえるものであり、現在では多くの研究者や古美術愛好家によって、碓氷峠熊野社配布の牛玉宝印であるかどうかを見分けるしるしとして広く活用されている。

図28　碓氷権現熊野神社から配布されている現行の牛玉

つまり現在のところ、版面いっぱいに広がる図様と「日本太一」の文言が碓氷峠牛玉を確定する根拠になっているといえるが、これはあくまでも現行の碓氷峠牛玉を基とした判断に過ぎず、実証に基づいた根拠とはいいがたい。なぜならば、碓氷峠牛玉の図様について検証したうえでの根拠ではないからである。現行の図様と「日本太一」の文言が過去に配布された碓氷峠牛玉を確定するしるしとなりうるかどうか、あらためて検討する必要があろう。

また、通常牛玉宝印の版面には朱印が捺されるが、現在の碓氷峠熊野社では朱印は捺さずに配布している。千々和到氏の研究によれば、本来牛玉は、朱印にこそ呪力がこめられており、版面の図様よりも重要な要素であるとのことである(7)。この考えに立てば、碓氷峠牛玉の朱印の有無についても詳細に検討する必要がある。

私は碓氷権現熊野神社宮司曽根恒季氏・熊野皇大神社宮司水澤光男氏をはじめ、國學院大學や碓氷峠牛玉収集家の方々のご協力を得て、版面に「碓氷嶺神主」「碓氷嶺御師」「碓氷嶺」と刷り込まれているなど、文字史料から碓氷峠牛玉と確定できる牛玉と、碓氷峠熊野社が所蔵している版木、およびこれらの版木と同版と考えられる牛玉、の三種類について調査を実施したが、その詳細は前章で述べたとおりである。この調査結果を踏まえて、過去において碓氷峠熊野社から配布された牛玉の図様と朱印について検討してみたい。

1　碓氷峠牛玉の図様

調査の結果、碓氷峠牛玉と確定できたのは牛玉宝印原本十四点（碓氷峠牛玉のスケッチを含む）・版木十四点の計二十八点で（表18）、版面の図様は「那智滝宝印」と「熊野山宝印」（新宮系）の二種類があった。現在の碓氷峠熊野社では「那智滝宝印」の牛玉宝印だけ配布しているが、過去においては「熊野山宝印」の牛玉宝印も配布していたことが明らかとなった。また、安永二年（一七七三）に描かれた碓氷峠牛玉のスケッチ（表18―1）には「印」部分に「日本大一」の文言があり、安永二年には「日本大一」と刷られた碓氷峠牛玉が存在したことがわかる。しかし、寛政三年（一七九一）の起請文に使われた表18―14をはじめ、26・27（近代のもの）以外の残り二十五点にはすべて「日本太一」の文字があり、寛政三年までには版面の文字が「日本太一」に統一されたのではないか、と予想される。

版木十四点のうち十一点は、明治に入って離職する神主が続出し、神社に版木を返してきた結果集積されたもの（熊野皇大神社宮司水澤光男氏のお話）で、残り三点のうちには碓氷権現熊野神社宮司曽根恒季氏が古版木を手本に自ら作成されたものもあったという。

那智滝宝印原本および版木は十九点あるが、このうち現行とは異なる図様が三種類あり、碓氷峠牛玉がかつて多様な図様の牛玉宝印を配布していたことがわかる。しかも、おおむね同じ図様のようにみえても厳密に観察すると烏文

表18　碓氷峠熊野社配布と確定できる牛玉宝印および版木一覧

	年代	図様	「印」部文字	根拠	朱印の形	印文	保管者または出典
1	安永二年(一七七三)ごろ	那智滝宝印	日本大一	熊野新宮本願庵主文書(二一九)。	八角	卍	熊野新宮本願庵主文書二一九(註1)
2	不明	〃	日本太一	版面に「碓氷嶺神主曽根出羽亮」とある。	火焔宝珠	宝珠	伊藤豊孝氏
3	〃	〃	〃	版面に「碓氷嶺御師」とある。	〃	〃	長谷川雄一郎氏
4	〃	〃	〃	18とほぼ同じ図様。	明治以降の神璽	文字	伊藤豊孝氏
5	〃	〃	〃	〃	〃	〃	國學院大學
6	〃	熊野山宝印	〃	24と同版ではないが、ほぼ同じ図様。「碓氷嶺神主坂西山城督」とある。	ひし形	〃	〃
7	〃	〃	〃	24と同版ではないが、ほぼ同じ図様。「碓氷嶺」とある。	八角	〃	〃
8	〃	〃	〃	24と大きさが違い、同版ではないがほぼ同じ図様。	ひし形	〃	伊藤豊孝氏
9	〃	〃	〃	24と同版ではないが、ほぼ同じ図様。「碓氷嶺神主」とある。	円形	〃	〃
10	〃	〃	〃	「碓氷嶺」とある。	不明	不明	長谷川雄一郎氏
11	〃	那智滝宝印	〃	「碓氷嶺神主」とある。	長方形	文字	伊藤豊孝氏
12	〃	〃	〃	「熊野皇大神碓氷嶺」とある。	明治以降の神璽	〃	〃
13	〃	熊野山宝印	〃	「熊野宮大前　碓氷嶺神主」とある。	八角	〃	國學院大學
14	寛政三年(一七九一)	那智滝宝印	〃	22と同版か。7・9の朱印の印文と同じか。	〃	〃	江川文庫所蔵江川家文書S五九一
15	不明	〃	〃	皇大神社保管版木(註2)。			皇大神社ラベル1
16	〃	〃	〃	皇大神社保管版木。			皇大神社ラベル2
17	〃	〃	〃	〃			皇大神社ラベル3 A面
18	〃	〃	〃	〃			皇大神社ラベル3 B面
19	〃	〃	〃	〃			皇大神社ラベル4
20	〃	〃	〃	〃			皇大神社ラベル5

	年代	図様	「印」部文字	根拠	朱印の形	印文	保管者または出典
21	不明	那智滝宝印	日本太一	皇大神社保管版木。			皇大神社ラベル6
22	〃	〃	〃	〃			皇大神社ラベル7
23	昭和五年〜	〃	〃	〃			皇大神社無番
24	不明	熊野山宝印	〃	〃			皇大神社ラベル8
25	〃	〃	〃	〃			軽井沢町歴史民俗資料館保管（註4）
26	昭和十八年以降	那智滝宝印	日本大一（註3）	熊野神社保管版木。			熊野神社No.1
27	不明	熊野山宝印	日本大一	〃			熊野神社No.2
28	〃	那智滝宝印	日本太一	〃			熊野神社No.3

（註1）　熊野本願文書研究会編『熊野本願所史料』（清文堂出版、二〇〇三年）所収。
（註2）　碓氷権現熊野神社は熊野神社、熊野皇大神社は皇大神社と略記。
（註3）　26は昭和十八年以降に碓氷権現熊野神社現宮司曽根恒季氏が古い版木を元に作成。
（註4）　皇大神社寄託版木。

字の位置や向きなどに細かな異同があり、ものによっては同じ図様かどうか判断に迷うものも存在する。

曽根・水澤両宮司によれば、明治時代数十人いた神主は各々自分の版木を持っていたということである。曽根宮司のように自分用の版木を自分の手で彫った神主もいたであろう。すると神主が六十人以上在職した江戸時代には、(8)碓氷峠熊野社の神主はそれぞれ自分用の版木を持ち、個性豊かな碓氷峠牛玉が配布されていたとも考えられる。

以上、図様についてみてみたが、今度は捺されている朱印について検討してみたい。

2　碓氷峠牛玉の朱印

前述したように、現行の碓氷峠牛玉には朱印が捺されていないが、今回調査した碓氷峠牛玉原本十四点は、折りたたまれ糊付けされているため版面を詳しくみることができない一点を除き、すべて朱印が捺されている。また、碓氷権現熊野神社・熊野皇大神社の両神社には現在計五個の朱印のハンコそのものが所蔵されており、かつて碓氷峠熊野社では朱印を捺して牛玉宝印を配布していたことは確実である。今のところ碓氷峠熊野社で使用されたと確認できる朱印は二十点あるが、このうち四点は近代に使われた神璽と同じ形状をしているため、新しいものと考えられる。そのためここでは除外し、残りの十六点の朱印を検討対象としたい。

十六点の朱印の形状は八角形（五点）・宝珠形（二点）・ひし形（斜め正方形、七点）・円形（一点）・長方形（一点）の五種類に分けられ、印文はすべて文字である。

熊野牛玉宝印の場合、明治以前は紀州熊野三山のものにしても地方の勧請社のものにしても、捺される朱印は宝珠形で、印文は梵字であるのが一般的である。しかし、碓氷峠熊野社の場合、宝珠形は十六点のうちの二点と少なく、角型の朱印が過半数を占めている。とくにひし形は角型全体の半数を占めており、ひし形が碓氷峠熊野社の朱印の形の主流だったことが予想される。私の確認している限りにおいて、熊野牛玉に捺されたひし形の朱印は比較的珍しく、碓氷峠熊野社の特徴といってよいのではないかと思われる。

また、梵字の印文がないことも特徴的である。『軽井沢町志』(9)によれば、熊野社にあった神宮寺は寛文二年（一六六二）以降退転し、以後神宮寺は置かれなかったということである。このことと梵字の印文がないこととは関連があるのではないだろうか。

3 碓氷峠牛玉の図様と朱印 まとめ

碓氷峠熊野社のものと確定できる熊野牛玉・版木二十八点と牛玉に捺された朱印および朱印のハンコ計二十点につ

いて検討した結果、次の四点が明らかとなった。

① 「那智滝宝印」の牛玉宝印ばかりでなく、「熊野山宝印」の牛玉宝印も配布していた。
② 「那智滝宝印」の図様はかつては現行の図様を含め四種類の図様があった。
③ 安永二年と近代の計三点を除き、あとはすべて「日本太一」と版面に刻まれている。
④ かつては朱印を牛玉宝印の版面に捺していた。そしてひし形の朱印が碓氷峠熊野社の代表的な朱印だった可能性が高い。また、印文に梵字は使われない。

今回の検討では牛玉の図様は四種類存在したことが確認できたが、これ以外にも異なった図様が存在した可能性は大いにある。また同じ図様でも細かな点で異同が多く、図様は必ずしも碓氷峠牛玉かどうかを決める決定的な根拠とはなりえないことがわかった。

これに対し、「日本太一」の文言はほとんどすべての碓氷峠牛玉に刷られており、碓氷峠牛玉を特定する根拠となりそうである。また、捺されている朱印は他の熊野牛玉宝印にはみられないひし形が多く、ひし形の朱印もまた碓氷峠牛玉を特定する根拠となりそうである。「日本太一」とひし形朱印について、さらに検討を続けてみたい。

二　碓氷峠熊野社と「日本太一」

1　「日本太一」をめぐる先行研究

碓氷峠牛玉には、安永二年の一点と近代の二点を除き、すべて「日本太一」の文言が入っていたが、このことを先行研究ではどのようにとらえているのだろうか。

碓氷峠牛玉に早くから注目し、研究してこられた嶋津宣史氏は「熊野信仰と那智瀧宝印」(10)の中で、安永元年（一七七二）～四年に起こった紀州熊野三山と碓氷峠熊野社との牛玉配布権をめぐっての相論は碓氷峠熊野社の敗北に終わったが、「日本大一」の文言を「日本太一」に改変するだけで、従来どおり在地での配札は許された、と「碓氷峠熊野社のつたえ」を根拠に説明されている。つまり、碓氷峠熊野社では安永二年までは「日本大一」を刷り込んでいたが、相論終了後の安永四年以降、「日本太一」と刷り込むようになったことになる。この嶋津氏の説は現在碓氷峠牛玉の図様を説明する場合そのまま引用されることが多い。

しかしながら、碓氷峠熊野社の『由緒記』（『軽井沢町志』所収）には「当社神璽として古来日本太一熊野牛王と称し烏鳥の群れたる形の刷り物を出す、是れ其八咫烏の因縁なり」とあり、また『安中志』の「碓氷嶺熊野大権現三社」の項には「一、鎮座社説に云、人皇十二代景行天皇の皇子日本武尊御帰路之勧請し給ふと云、夫より日本太一と大祓にもしるせりとなん」とあり、両者とも「日本太一」は神社創建当時から使用してきた、と主張している。『由緒記』や『安中志』の記述を信じるならば、「日本太一」は「日本大一」の文言とともに碓氷峠熊野社では古来から使用されてきたことになる。

また、安政年間に熊野新宮本願から幕府寺社奉行所に提出された『万世亀鑑』（熊野新宮本願庵主文書三〇三、『熊野本願所史料』所収。以下文書番号のみ記す）には「安永七年碓氷峠牛王一件」の記述があり、『安中志』には「一、牛王当社（碓氷峠熊野社）よりも出す事久し、寛政年中紀伊国熊野の出張江戸覚泉院出訴し出入に及ひたる時」と記述されていることから、紀州熊野三山との相論は安永四年には終結せずその後再燃し、安永七年と寛政年間（一七八九～一八〇一）にも相論があったことが確認できる。

嶋津氏が「熊野信仰と那智瀧宝印」を発表されたのは一九九一年で、当時は『熊野本願所史料』はいまだ刊行されず、熊野新宮本願庵主文書の全貌が明らかになっていなかった。近年明らかになった史料に基づいて「日本太一」をめぐる事情を再検討する必要があるように思われる。そこで、『熊野本願所史料』所収の関係史料を中心に、まずは紀州熊野三山と碓氷峠熊野社の相論について再検討を試みたい。

2　紀州熊野三山との相論

相論の始まりは次の史料から確認できる（二一二）。

先月十八日之来書相達令披見候、然者六月十四日寺社御奉行牧野越中守様へ、其元御召有之被仰聞候ハ、信州臼井峠熊野権現より此度烏牛王流布仕度旨、別而京・大坂ニ而相弘メ度願出候、尤臼井峠熊野権現者古昔より紀州熊野権現勧請ニ而、牛王之儀も前々より差出候と申之候、今般ハ殊ニ雷除・痘瘡・五穀成就之守牛王と名目相改差出度願出候、其方牛王ハ誓詞ニ相用候、右願ハ守牛王ニ而差別有之候間、為差出苦間敷旨被仰聞候、乍去誓詞牛王ニ守牛王ニ而差障り候謂レ、或ハ烏牛王ハ紀州熊野一山ニ相限、余ハ守牛王と名付候而も一切出シ申事不罷成由緒ニ而も有之哉、聢と証拠可申出旨被仰聞候由、紙面之趣委細令承知候、（以下略）

右の史料は「辰七月廿二日覚泉院へ遣候ひかへ　本願中」との端裏書により、「辰」すなわち安永元年（一七七二）七月廿二日に紀州熊野本願から「覚泉院」すなわち紀州熊野三山本願の目代所代役である江戸の覚泉院へ出された返書の控であったことがわかる。

安永元年六月十四日、覚泉院に寺社奉行牧野越中守（貞長）から、「碓氷峠熊野社から京・大坂で雷除・痘瘡・五穀成就の守牛王を配布したいとの願いが出ているが、このことについて紀州熊野三山では差しさわりがあるか」との問い合わせがあった。

熊野三山本願では、延宝九年（一六八一）ごろから、江戸の町で紀州熊野本願以外の寺社・御師が配布した熊野牛玉を「類板之牛玉」として、配布停止を求めて寺社奉行に繰り返し訴え出ていた（二〇六）。今回碓氷峠熊野社は用途が限定された「守牛王」を配布する旨を願い出たため、寺社奉行からあらためてこのような問い合わせがあったものと思われる。

これに対し熊野三山本願では、社家も含めて協議した結果、同年八月「守牛王・誓詞牛王と申差別有之品ニハ無御座候」と述べ、「今般信州臼井峠熊野権現勧請社より鳥牛王相弘メ候儀者、何分急度御停止被為　仰付被下候様仕度、幾重ニも御願申上候」とする願書を寺社奉行所に提出した（二一三）。要するに三山の牛玉は守牛玉でもあるのであり、守牛玉だからといっても他社のものを認めることはできないというのである。

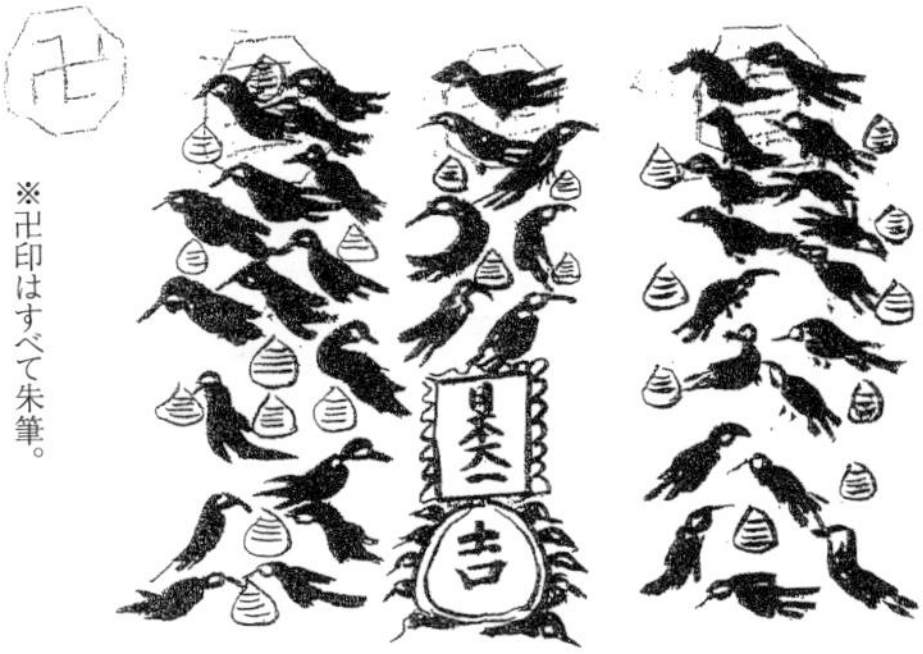

※卍印はすべて朱筆。

図29　安永２年ごろの碓氷峠牛玉スケッチ
（『熊野本願所史料』204 頁より）

翌安永二年五月、寺社奉行所は碓氷峠牛玉を覚泉院に提示した。覚泉院は奉行所でそれを熟覧したのち、スケッチを紀州に描き送っている（二一五・二一九）。このスケッチが表18―1の「日本大一」が刷り込まれている牛玉である（図29）。

従来このスケッチから、安永二年以前には碓氷峠熊野社では牛玉に「日本大一」とのみ刷り込んでいた、と解釈されてきた。しかし、このスケッチは碓氷峠熊野社が京・大坂で売り出そうとしている守牛玉の雛型であったととらえるべきであろう。そして、前述したように、碓氷峠では多数の神主が各々自分の版木で刷った牛玉を配布していたと考えられ、牛玉の図様も多種さまざまであったはずである。つまり、安永二年に寺社奉行所が覚泉院に提示した牛玉は、たくさんある碓氷峠牛玉の中の一種類に過ぎず、碓氷峠熊野社が「日本大一」を安永二年までは牛玉に刷り込んでいたことの証明にはなるが、「日本太一」を刷り込んでいなかったとまではいえないのである。

ともあれ紀州熊野三山では、このスケッチによって碓氷峠牛玉の図様を知ることとなったが、この結果新たな問題となったのが「日本大一」の文言であった。紀州熊野三山の主張は次のとおりである。

将又此度臼井峠之烏牛王、代役覚泉院へ御見せ被為遊候由ニ而、右荒増写差越一覧仕候処、牛王之中ニ日本大一と申文字御座候、右日本第一之号ハ、往古熊野三山へ下賜り候　勅号ニ而、則　勅額之文ニ日本第一大霊験所根本熊野三所権現と御座候、仍之日本第一之文字ハ、古より熊野三山御札烏牛王等へ書載せ来、天下御安泰之御祈禱執行仕、毎年三山社家より　公儀江御札烏牛王献上之仕、且諸国壇所へ差出来候、然処右熊野牛王同様之烏牛王外々より流布仕候而ハ、大切成御守護誓詞ニも相用候熊野牛王ニ相紛、甚迷惑至極ニ奉存候間、（前後の文章は省略）

右の史料は安永二年六月、覚泉院が書き送ったスケッチを見たうえで紀州熊野三山本願から寺社奉行所に提出された口上書の一部である（二二二）。紀州熊野三山では昔拝領した勅額の文を根拠として牛玉に「日本第一」と刷り、この文言は紀州熊野三山だけに許されたものであると主張していたことや「日本大一」も「日本第一」も違いはないと考えていたことがわかる。そのうえで、「日本大一」を刷り込んだ牛玉は紀州熊野三山の牛玉と紛らわしいので迷惑至極である、と述べている。とすると、紀州熊野三山では安永四年まで一貫して「日本第一」と紛らわしい文言はすべて拒絶しており、安永四年以後「日本大一」の文言を「日本太一」に改変するだけで従来どおり、在地での配札は許されたという碓氷峠熊野社の伝えは、真実を伝えていないのではないかという疑問が生じるのである。

やがて安永四年十月、相論は一応の決着をみる。『熊野年代記』[11]には「碓氷峠牛王之儀相済」（安永四年十月条）と記されている。同年十一月十四日付熊野新宮三方社中・那智山社中宛和歌山寺社奉行三宅平（兵）右衛門書状には「去々巳年（安永二年）被申出候信州臼井峠熊野権現烏牛王弘之儀、右は江戸表は不及申、其外所々へ相弘候事堅く不相成旨被為仰付候段、牧野越中守殿役人より本願目代所覚泉院へ被申聞候旨、同院より去月出状に申来候」[12]とあり、碓氷峠牛玉配布の全面禁止という結果となった。つまり、碓氷峠熊野社は「誓詞牛王」ではなく「守牛王」を配布するとの理由で配布の許可を得ようとしたが、紀州熊野三山から拒絶され、寺社奉行所の許可を得ることはできなかった。

三　生島足島神社所蔵武田信玄家臣起請文と碓氷峠牛玉

1　生島足島神社所蔵武田信玄家臣起請文の登場

前述したように訴訟はこの後も続き、安永七年（一七七八）・寛政年間（一七八九〜一八〇一）にも相論が行われた。この相論についての関連史料が曽根家古文書（安中市曽根家〈通称あづまや〉所蔵）に残されている。[13]断簡ではあるが次のようなものである。

【史料一】（曽根家古文書八九―一）

乍恐以書付御訴訟奉申上候

神田紺屋町三丁目嘉兵衛店牛王所　訴訟人　覚泉院

信州上州之境碓氷峠熊野権現　相手　社人中

一御誓詞牛王類板出入

右牛王所覚泉院奉申上候、碓氷峠熊野権現之社人中乍恐御用御誓詞牛王致類版専相弘候由、中山道往来之者ニ聞伝候ニ付、私方江当夏迄差置候家来、信州松本在出生之者ニて御座候所、親病気ニ付、去辰十一月在所江罷越候砌、碓氷峠往来仕候ニ付乍参詣為立寄則宮番之社人ニ牛王差出（後欠）

右の史料は後欠のため年次が不明だが、覚泉院（熊野本願目代所代役）が訴訟人なので、寛政の相論に関する史料だと考えられる。

安永の相論で敗訴した碓氷峠熊野社は、「誓詞牛玉」（誓詞の料紙として用いる牛玉）はもちろんのこと、「守牛王」（雷除け・疱瘡・豊作祈願などのお守りの牛玉）も配布することを全面的に禁止された。しかし判決を守らず、碓氷峠で誓詞牛玉を配布していたところ、そのことが、覚泉院の家来で信州松本出身の者が帰郷する途中で碓氷峠熊野社に参詣した際、明らかになったらしい。そのため覚泉院が訴え出たものと思われる。

また、『安中志』「碓氷嶺熊野大権現三社」の項には次のような記述がある。

一、牛王当社よりも出す事久し、然るに寛政年中紀伊国熊野の出張江戸覚泉院出訴し出入に及ひたる時、永禄年中武田家にて誓詞ある時当社の牛王を用ひられたる證、今猶信濃国下郷村生嶋足嶋神社に数通有事を訴ふ、

右の史料から、寛政の相論では、碓氷峠熊野社は自社の牛玉は永禄の昔から武田信玄の家臣たちに用いられてきた古い歴史を持つ牛玉であると主張し、武田家家臣との由緒に自社の牛玉配布の正統性を求めたことがわかる。そしてその証拠として、次にあげる書付【史料二】と起請文の写を奉行所に提出したようである。

【史料二】（熊野皇大神社所蔵四四五）

前書奉差上候、写之儀ハ信州小県郡下郷村生嶋足嶋神社江信玄公信州西上野甲州三ヶ国之諸士誓詞奉納之時節、碓氷熊野権現牛王被相用、右神前江奉納有之由申伝聢と及承、其上近国ニ而も右之趣兼々流布仕候処、今般出入ニおよひ候処、神主工藤市正江奉納之誓詞拝礼仕度趣懸合之上拝見仕候処、牛王面ニ日本太一と有之分当社牛王ニ相違無御座候、尤永禄年中之儀ニ而凡弐百三拾年余相立申候由、是又市正申聞候儀ニ御座候、勿論従往古碓氷熊野権現烏牛王誓詞ニ茂御取用被成候義ニ付証拠ニ可相成哉と乍恐奉存候依之乍恐右之始末相認、奥書連印仕奉差上候、以上、

この書付は無年号で署名もないが、「今般出入ニおよひ候処」とあり、また信州小県郡下郷村生嶋足嶋神社（現生島足島神社）に奉納された武田信玄家臣起請文（以下生島足島神社起請文と呼ぶ）の料紙のうち、「日本太一」とある牛玉は碓氷峠牛玉である、と主張していることから、寛政の相論時に碓氷峠熊野社において作成されたものと考えて間違いないだろう。そして右の史料から、安永の相論時にはまったく言及されなかった「日本太一」の文言が寛政の相論では新たに登場し、この文言を通じて生島足島神社起請文との関係が強く主張されたことがわかる。

後述するように、この結果、碓氷峠熊野社は牛玉配布権を獲得したと考えられるが、それほどの力を持つ生島足島神社起請文とはいったいどのようなものか、また、碓氷峠熊野社では生島足島神社起請文料紙に自社の牛玉が使われたことをどのように証明したのか、以下確認していきたい。

2　生島足島神社起請文と「日本太一」

生島足島神社は長野県上田市下之郷に鎮座する神社で、永禄九年（一五六六）と翌十年に武田信玄に提出された信

玄家臣の起請文八十三通が所蔵されている。この起請文群は、長くその存在が知られず、延宝九年（一六八一）神社修復の折、下之郷の僧侶によって初めて発見された、との経緯を持つ。その後徐々にその知名度を高め、宝永元年（一七〇四）には上田藩主仙石氏により写本が作られたのをはじめとして、寛保元年（一七四一）には将軍家にもその写本が所蔵されるにいたった(14)。

生島足島神社起請文料紙については、『信玄武将の起請文』や千々和到氏の論文「神蔵牛玉について」による分析がある(15)。八十三通すべてに神蔵牛玉宝印を含む熊野牛玉宝印が使われていることや、おそらく「日本太一」の牛玉宝印は一通も含まれないことが、これらの研究成果により明らかとなっている。私自身も二〇〇六年、千々和ゼミ生一同とともにこの起請文群を熟覧させていただいたが、傷みが激しく「印」部分の文字を確認できない起請文を除き、確認できる分については、先行研究が明らかにしているとおり「日本太一」の牛玉は一通も見当たらなかった。つまり、現在肉眼で確認できる範囲では生島足島神社起請文に「日本太一」の牛玉は存在しないのである。

では、なぜ碓氷峠熊野社では「生島足島神社起請文料紙のうち「日本太一」の文字を持つ牛玉は碓氷峠牛玉である」と主張できたのであろうか。前掲【史料二】には「前書奉差上候、写之儀ハ信州小県郡下郷村生嶋足嶋神社江信玄公信州西上野甲州三ヶ国之諸士誓詞奉納之時節」とあり、生島足島神社起請文の写が【史料二】とともに証拠として寺社奉行所に提出されたことがわかる。そして、提出された起請文写の覚書あるいはリストと思われるもの【史料三】が皇大神社に、なぜそれらの写が選ばれたのか理由を記したメモのようなもの【史料四】【史料五】が曽根家古文書に、それぞれ残されている。これらの史料から、碓氷峠熊野社がどのように生島足島神社起請文と自社の牛玉を結びつけたのか考えてみよう。

【史料三】　（熊野皇大神社所蔵六二一三）

敬白起請文

一奉対　当御屋形様、聊も不存述懐不挟不忠を之事、

（以下前書略）

右偽候者、蒙

（神文略）

酉寅壬八月廿一日　　三枝宗次郎昌貞書判

山縣三郎兵衛殿

永禄十年卯八月七日　　松本丹後守吉久書判（以下二名略）

熊井土対馬守殿御中

永禄十卯八月八日　　片切二兵衛尉為政書判（以下一名略）

山縣三郎兵衛尉殿

永禄十卯八月十日　　浦野弥三右衛門政吉書判（以下一名略）

浦野源右衛門殿

種長

【史料四】（曽根家古文書一五—一）

日本太一

永禄十年卯八月七日　浦野弥三右衛門政吉

同　新右衛門

浦野源右衛門殿

種長

八十五通不残碓氷之牛王也、其内別而日本太一相分り候儀少々書記申之、

【史料五】（曽根家古文書一五―一二）

日本太一

永禄十年卯八月七日　　松本丹後守

熊井土対馬守殿　　吉久書判

御中　（以下二名略）

永禄十年卯八月八日　片切ニ兵衛尉

為政書判

（以下一名略）

此御誓詞之内ニ

熊野三社権現と有、

山縣三郎兵衛尉殿

【史料三】は四通の起請文を書き継ぎ起請文の形で写したものであるが、碓氷峠牛玉を料紙とする生島足島神社起請文のリストとして作成し、清書の上寺社奉行所に提出したものと思われる。

この四通の起請文のうち、二番目の永禄十年卯八月七日付松本丹後守吉久等連署起請文の牛玉は一見すると「日本

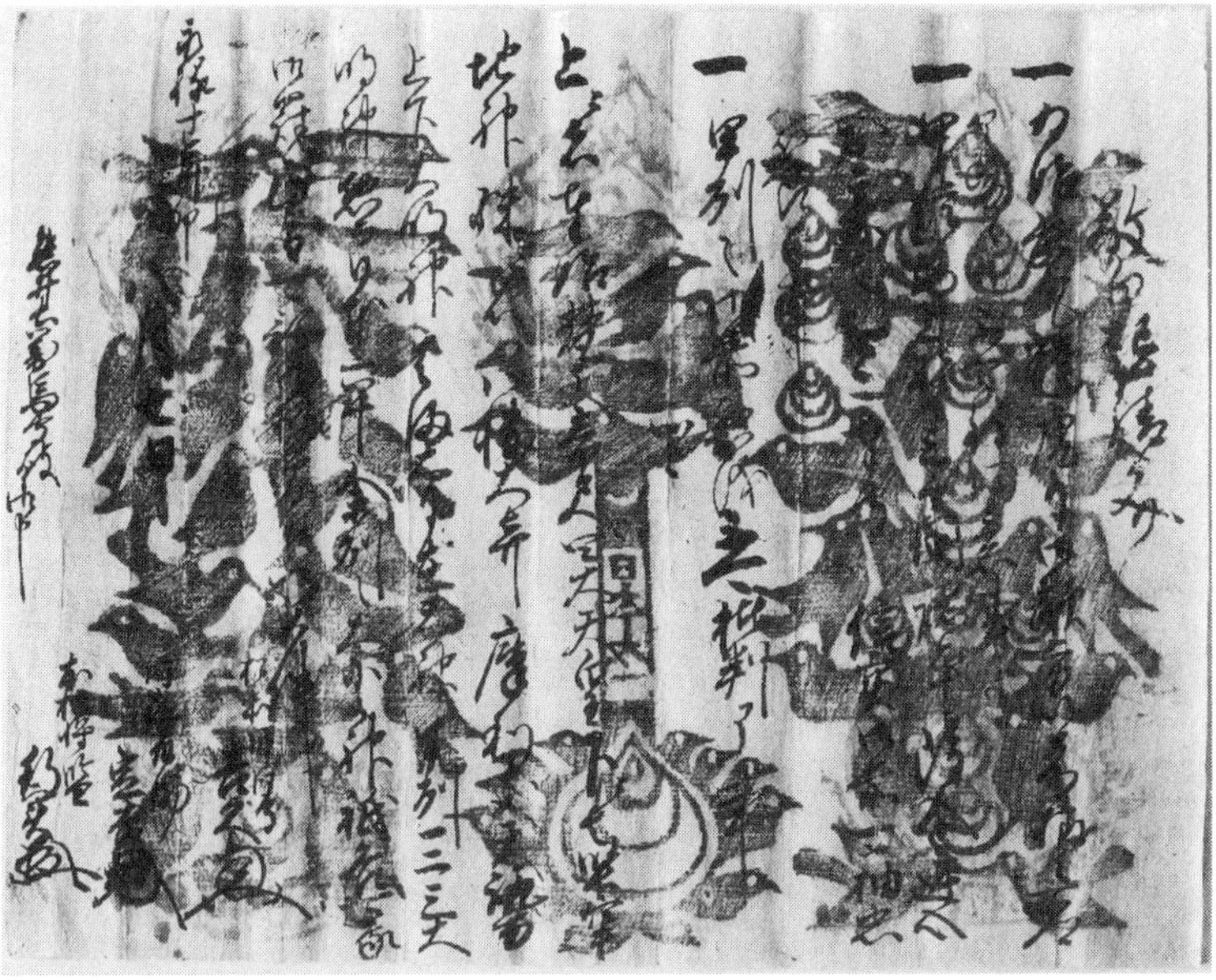

図30　永禄10年8月7日付松本丹後守吉久等連署起請文（『起請文にみる信玄武将』より）

太一」の牛玉にみえる（図30）。この牛玉は版面からみると「日本大一」であることが明らかであるが、文書の面からみると「大」の字に神文の「四大天皇」の「天」の字の四画目の線がかかり、まるで「太」の字のようにみえるのである。このような牛玉は生島足島神社起請文にはこれ以外一通もなく、碓氷峠熊野社が「日本太一」の牛玉であると主張するためにこの起請文を選んでリストに載せたことは確実である。

他の三通は、いずれも牛玉の図様がまったくみえないほど傷んでいるか（三枝宗次郎《マヽ》〈原本では「宗四郎」〉起請文）、「印」部分に文字があるのかどうか確認できない（片切二兵衛尉等起請文・浦野弥三右衛門等起請文）牛玉であるため、なぜリストに載せたのか、【史料三】の文面ではわからない。しかし、【史料五】をみると、片切二兵衛尉等起請文について、「此御誓詞之内ニ熊野三社権現と有（このご誓詞の（神文）の中に熊野三社権現と（書いて）ある）」と記されており、神文中の「熊野三社権現」を碓氷峠熊野社になぞらえるためにリストに載せたことがわかる。そう考えて生島足島神社起請文中の三枝宗次郎《ママ》起請文正文と浦野弥三右衛門等起請文正文の神文をみてみると、三枝宗次郎《ママ》起請文には「熊野三社権現」、浦野弥三右衛門等起請文には「飯綱・戸隠・四阿」と信濃の修験の神々に続いて「三所権現」と記されており、碓氷峠熊野社を連想させる神名が書かれているため、それを証拠としてこれらのリストを提出したことがわかる。

松本丹後守吉久等連署起請文の牛玉は明らかに「日本太一」の牛玉ではなく、他の三通の神文にみえる「熊野三社権現」「三社権現」が碓氷峠熊野社を指すとは必ずしもいえない。また、神文に熊野三社を勧請していても熊野牛玉宝印を料紙としない起請文の例はいくらでもあり、正確にはこれら四通の起請文は「日本太一」の牛玉や、碓氷峠熊野社の牛玉である証拠とはいえないが、【史料二】によれば「日本太一」牛玉の確認には生島足島神社神主工藤市正が介在しており、傍線部の表現はあたかも生島足島神社神主が「日本太一」牛玉が存在すると保証したかのような印象を与える。このような印象が功を奏したのか、寺社奉行所は「日本太一」牛玉について配布を認めたと考えられる。

熊野皇大神社には文化十四年（一八一七）五月、碓氷峠熊野社社人水沢河内が書き上げた「諸家様方牛王祓献上覚帳」（以下「覚帳」と略記）が残されており、寛文五年（一六六五）から文化十四年までの百五十二年間のおおまかな牛玉配布状況を知ることができる。降幡浩樹氏はこの「覚帳」をもとに碓氷峠熊野社の百五十二年間の牛玉配布数を一覧表としてまとめておられるが、この表によれば、寛文五年から安永六年（一七七七）までの牛玉配布数は毎年ゼロ～三枚であったが、安永七年から七枚に急増し、さらに天明三年（一七八三）には五十六枚と飛躍的にその数を伸ばし、以後文化十四年までほぼ数十枚のレベルでの配布が続けられていくことがわかる(16)。安永七年は紀州熊野三山との二度めの相論が終結したと思われる時期であり、配布数の急増は、碓氷峠熊野社がこのときは勝訴して「守牛玉」の配布を許された可能性をうかがわせる。そうだとすれば、寛政の相論は、安永七年の結果を不服とした紀州熊野三山側が周到に証拠集めをしたうえでの出訴であったのかもしれず、覚泉院家来の信州松本への帰郷云々という話も、証拠集めのための方便だった可能性もあろう。

いずれにしても碓氷峠熊野社は寛政年間には紀州熊野三山に完全に勝訴し、その結果毎年数十枚におよぶ安定的な牛玉の配布が明治四年（一八七一）まで続けられたと考えられる。(17) つまり、武田信玄の家臣たちにも使われた歴史ある牛玉である、という碓氷峠熊野社の主張した由緒は寺社奉行所に受け入れられ、紀州熊野三山の反対を押し切ることができたに違いない。以来碓氷峠熊野社では「日本太一」の由緒を強調し、広く宣伝したことだろう。

とすれば、牛玉に必ず「日本太一」と刷り込むようになったのは寛政の相論以降であろうし、生島足島神社起請文料紙に碓氷峠牛玉が使われた、との由緒も広く信じられるようになった。江戸時代には生島足島神社起請文の写や偽文書が盛んに作られたが、牛玉を料紙として作成された写は今のところ、永禄二年九月朔日付佐藤一保斉起請文写（軽井沢町追分宿郷土館所蔵）・同九年八月二十三日付佐藤民部小輔起請文写（同上）・同二年八月十七日付下村与左衛門満幸起請文写（長野県飯田市個人所蔵）・同九年八月二十三日付桜井平内左衛門綱吉起請文写（同上）の四通を確認できる。これらの前書はいずれも生島足島神社起請文の中の一通、長坂昌国起請文とほぼ同文で、生島足島神社起請文にたびたび登場する宛名人吉田左近・浅利右馬助を宛名としており、年月日が永禄二年となっているものを二通含むものの、生島足島神社起請文の写あるいはそれを装ったものであると考えてよいだろう。これらの中で生島足島神社に正文が残されているのは桜井平内左衛門綱吉の起請文写であるが、前書・神文・署名の書式・日付・宛名すべて正文とは異なっている。したがって、起請文の写や偽文書を作成する際、重要視されたのは前書や神文・宛名ではなかったと考えられよう。

図31　永禄2年9月朔日付佐藤一保斉起請文写（軽井沢町追分宿郷土館所蔵）

四通の起請文に使われている牛玉には、みな例外なく不自然なほど「日本太一」とひし形の朱印がくっきりと刷り出されている。図31はそのうちの一通、佐藤一保斉起請文写であるが、三つ並んで捺されたひし形朱印と「日本太一」の文字をはっきりと読み取ることができる。おそらく、これは碓氷峠牛玉に書かれた起請文であることがすぐわかるように施された工夫であろう。だとすれば、碓氷峠牛玉と一目みてすぐわかる牛玉を使用することが、より「本物らしい」写を作るための最も重要なポイントであったことが想像できる。

これら四通の生島足島神社起請文写は、寛政年間以降「日本太一」とひし形の朱印が碓氷峠牛玉の目印として人々の間に定着していたことを示している。そして同時に、生島足島神社起請文と碓氷峠牛玉との関係が人々の間に広まり、定着したことをも示している。

3　なぜ「日本太一」が選ばれたか

寛政の相論で碓氷峠熊野社が勝訴したということは、「日本太一」の文言は碓氷峠牛玉である証である、と寺社奉行所が認めたということである。それは言い換えれば「日本太一」と刷り込んだ牛玉は珍しく、碓氷峠熊野社以外の寺社では使われていなかった文言だった、ということではないか。

では、牛玉に刷り込む文言としては珍しい「日本太一」は、いったいいつから碓氷峠牛玉に刷り込まれるようになったのだろうか。寛政の相論で紀州熊野三山に勝つために新たに作り出された文言だったのか、それとも『由緒記』や『安中志』に記されているように、神社創建時から刷り込まれてきた文言だったのだろうか。

永青文庫所蔵細川家文書（熊本大学附属図書館寄託）の二通の起請文は、このことを考える一つの手がかりとなる。二通ともに細川家に提出された役職就任起請文で、一通は寛永十六年（一六三九）閏十一月二十四日付明石玄碩起請文（一〇五―一六―二七―九）、もう一通は寛文八年（一六六八）五月朔日付村瀬玄的起請文（一〇五―一六―八―二四）である。この二通の起請文料紙には「日本太一」の文字が刷り込まれており、明石玄碩起請文は那智滝宝印で宝珠（印文は梵字のキリーク）の朱印、村瀬玄的起請文は熊野山宝印にひし形（印文は文字）の朱印で、それぞれ五個捺されている（図32）。

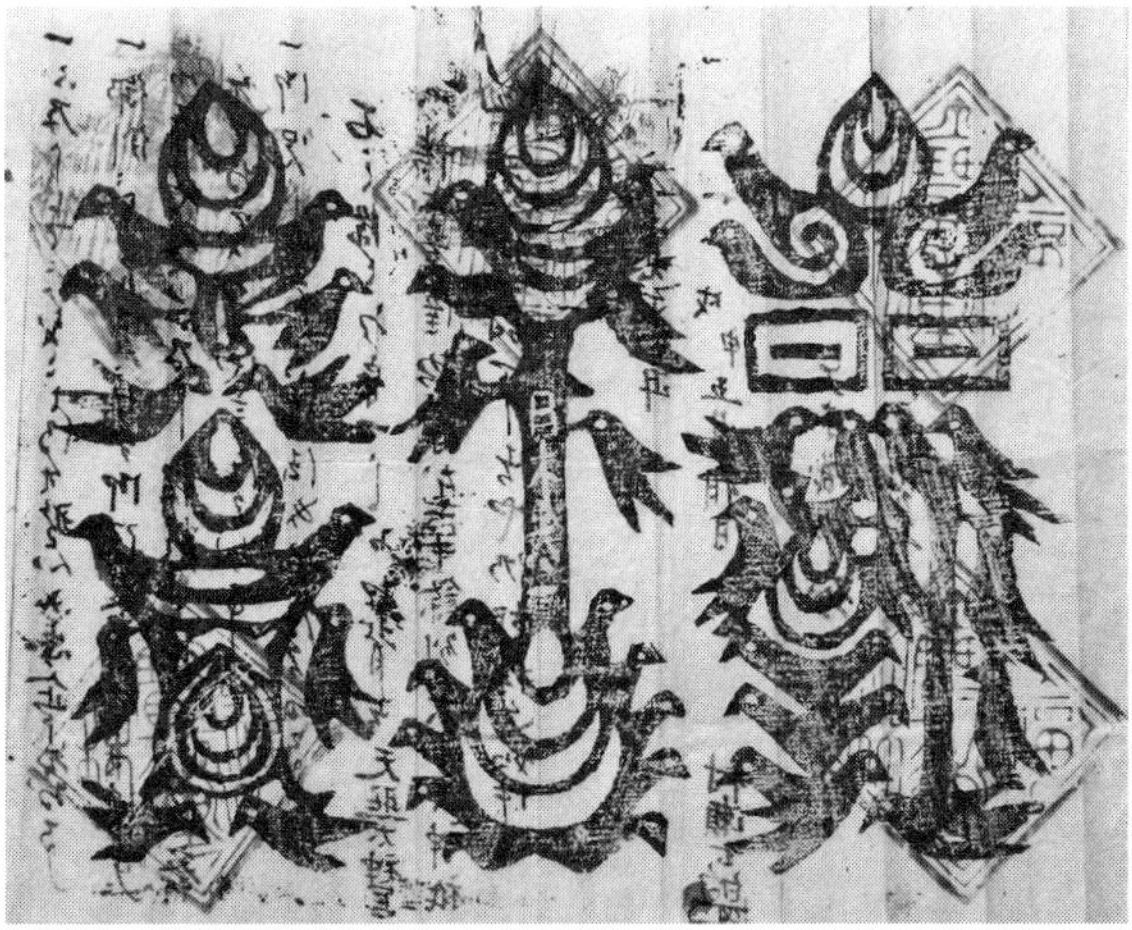

図32　寛文8年5月朔日付村瀬玄的起請文（永青文庫所蔵）

今までの検討結果に従えば、「日本太一」とひし形朱印（印文は文字）が碓氷峠牛玉の指標と考えられるので、条件を満たす村瀬玄的起請文は碓氷峠牛玉、朱印が宝珠で印文が梵字である明石玄碩起請文は非碓氷峠牛玉、となる。しかし、寛永十六年段階では碓氷峠熊野社のうち那智宮には神宮寺が存在するため(18)、印文が梵字である宝珠の朱印が捺されていても不思議はなく、明石玄碩起請文も碓氷峠牛玉である可能性は十分考えられるのである。

そして、熊野皇大神社に所蔵されている記録「肥州熊本殿様并ニ御家中様方書抜帳」から、細川家では参勤交代の途中碓氷峠において寛文十年には御祓牛玉の配布を受けていることが確認できる。冒頭で指摘したように、加賀の前田家では慶安四年（一六五一）にすでに碓氷峠牛玉の配布を受けているから、細川家の場合も寛文十年よりもっと早い時期から参勤交代を媒介として配布を受けていた可能性がある。また、年代は下るものの、伊豆賀茂郡妻良村在住の江川代官所浦役八木二太夫の役職就任起請文（表18―14、寛政三年〈一七九一〉）には碓氷峠牛玉が使われている。この牛玉の入手ルートについては今のところまったく不明である。しかし、碓氷峠牛玉は中山道の要衝碓氷峠に位置するがゆえに、関東のみならず東海・西日本のかなり広い範囲に伝わっていた証左としてとらえることができる。(19)

現時点では明石玄碩起請文の料紙が碓氷峠牛玉であると確定することはできないが、その可能性は高いであろう。これが碓氷峠牛玉であるとすれば、碓氷峠熊野社では寛永十六年にはすでに「日本太一」の牛玉も配布していたことになり、神社創建時から「日本太一」を刷り込んでいたとする『由緒記』や『安中志』の記述はあながち偽りではないということになる。

『安中志』には碓氷峠熊野社末社に「大星の宮」があることを記録しており、(20)「大星」すなわち北極星（太一）信仰が碓氷峠熊野社には古くから存在していたことがわかる。このことは従来注目されることがなかったが、「日本太一」の起源を考えるうえで、もっと注目してもよいことかもしれない。今後は碓氷峠牛玉の「日本太一」と北極星（太一）信仰について、注意していく必要があるだろう。

以上の検討結果を勘案するならば、紀州熊野三山との相論に勝つために「日本大一」の文言が「日本大一」の代替として考え出され、急に牛玉に刷り込んだとするよりも、もともと碓氷峠熊野社では「日本大一」とともに「日本太一」の文言も用いられており、寛政の相論で生島足島神社起請文に使われたとする由緒が作り出された結果、「日本太一」に一本化していったと考えるほうが自然ではないだろうか。そして、紀州熊野三山に「日本大一」を禁止されたために安永四年（一七七五）以降「日本太一」と改変したとの従来の説は、一考を要するであろうということを指摘できる。(21)

ま　と　め

碓氷峠熊野社の牛玉について基礎的な検討を行ってきたが、結論をまとめると次のようになる。

一　碓氷峠牛玉と確定するしるしは「日本太一」の文言とひし形の朱印である。この二つが刷り込まれた牛玉宝印はまず一応はかなりの確率で碓氷峠牛玉と考えてよいだろう。

二　「日本太一」の文言は「日本大一」を改変したものではなく、碓氷峠熊野社で古来から「日本大一」同様に刷り込まれてきた文言である可能性が高い。

三　碓氷峠熊野社では紀州熊野三山との牛玉宝印配布権をめぐる寛政の相論の際、「日本太一」の文言を自社の牛玉宝印が武田信玄家臣の起請文に使われた証拠と位置付け、このことを強力に主張した。その結果勝訴することができ、以来、碓氷峠牛玉の由緒を表す重要な文言として「日本太一」が必ず刷り込まれていくことになったと思われる。

四　紀州熊野三山は熊野牛玉宝印の独占的な配布を図り、非配下勧請社の牛玉宝印配布権を訴訟によって次々に奪っていったが、紀州熊野三山非配下勧請社でも幕府を納得させる由緒を持てば、紀州熊野三山が反対しても牛玉宝印配布権が認められたと考えられる。紀州熊野三山は牛玉宝印配布権に関して必ずしも幕府から圧倒的な保護を受けていたわけではなかった。

五　熊野牛玉の「印」部に刷りこまれた、「日本太一」「日本大一」などの文字は、江戸時代には配布元を確定できるほど一種の「シンボル」的な意味を持つ場合がある。

碓氷峠牛玉と認定する条件が一応確定したことで、江戸時代の起請文料紙の分析が、若干ではあるがやりやすくなった。このような寺社ごとの牛玉宝印識別の条件を確定していく作業は、江戸時代における熊野牛玉宝印配布のしくみを明らかにするうえで必須の作業である。解明にいたるには遠い道のりであるが、今後もこうした作業を地道に継続していきたい。

また、本章の検討により、熊野牛玉宝印の場合、「日本第一」などの版面の文字が牛玉宝印配布寺社の由緒を語る場合があることがわかった。このことは、熊野牛玉宝印に文言が刷り込まれているのかどうか、刷り込まれているとすればどのような文言なのか、を追及すれば、ある程度配布した寺社や年代が特定できる可能性が出てきたことを意味する。今まで配布年代・発行寺社を特定することが難しかった熊野牛玉宝印を歴史資料として活用できるようになれば、牛玉宝印の研究、さらには起請文研究に、大きな力となるだろう。

註

（1）護符としての牛玉宝印はしばしば「御祓牛玉」「守牛玉」などの名称で呼ばれた。
（2）萩原龍夫氏『巫女と仏教史』（吉川弘文館、一九八三年）一三一～一七一頁。
（3）『徳川幕府事典』（東京堂出版、二〇〇三年）三二一頁（太田尚宏氏執筆分）、太田直之氏『中世の社寺と信仰　勧進と勧進聖の時代』（弘文堂、二〇〇八年）二二五・二三二頁。
（4）紀州熊野三山以外で熊野牛玉を発行していた寺社に、江戸飯倉熊野権現別当正宮寺がある。ここから発行された牛玉宝印を使用した起請文については、第Ⅲ部第一章表14を参照されたい。

（5）「御用牛玉差上由来答書」（熊野新宮本願庵主文書二二六、『熊野本願所史料』清文堂、二〇〇三年）。覚泉院が配布した牛玉の包紙上書には「御本丸西御丸御用御誓詞牛王所覚泉院」と書かれており（「御誓紙之御留書」、国文学研究資料館所蔵蜂須賀家文書九一）あたかも幕府の公式起請文料紙であるかのような印象を与えるが、その実態については第Ⅲ部第一章を参照されたい。

（6）『群馬県史料集　第一巻』所収。「安中志」は天保二（一八三一）～四年に安中藩主板倉勝明の命により編纂された。なお、本章引用部分については、安中市学習の森ふるさと学習館佐野亨介氏の御厚意により、猪狩健一郎氏所蔵「安中志」より写真の提供を受け、校訂を行った。記して感謝の意を表したい。

（7）「「書牛玉」と「白紙牛玉」」（石井進氏編『中世を広げる―新しい史料論を求めて―』吉川弘文館、一九九一年）。

（8）たとえば天明三年（一七八三）に書かれた「浅間山焼往還御普請砂除仕立方写」（群馬県立文書館所蔵曽根あき家文書、マイクロH54―7―1）には、信州側二十九人・上州側三十人とある。

（9）『軽井沢町志』（軽井沢町志編纂委員会、一九五四年）。

（10）『牛玉宝印―祈りと誓いの呪符―』（町田市立博物館図録第七八集、一九九一年）。

（11）『熊野年代記』（熊野三山協議会・みくまの総合資料館研究委員会、一九八九年）。

（12）新宮市編『新宮市誌』（一九三七年）九九八頁。

（13）安中市学習の森ふるさと学習館佐野亨介氏の御教示による。

（14）「（寛保二年）青木文蔵様詮議につき覚書」（工藤文書、生島足島神社・東信史学会・塩田文化財研究所編『信玄武将の起請文―重要文化財・生島足島神社文書―』信毎書籍出版センター、一九八八年、一七六～一七八頁）の寛保元年七月五日条に「今度下之郷御書付とも御写不残御公義様ニ有之、文蔵様御持参被遊候由、則拝見仕候、」とある。

（15）千々和到氏「神蔵牛玉宝印について」（『千曲』第六九号、東信史学会、一九九一年）。なお、生島足島神社起請文は二〇〇六年、現代語訳とともに『起請文にみる信玄武将』として、同神社から発行されている。

（16）降旗浩樹氏「熊野皇大神社の牛王祓札―その檀那と信仰圏」（『浅間山と祈り―追分宿と山の信仰―』追分宿郷土館第一回特別企画展図録、二〇〇一年）。なお「諸家様方牛王祓献上覚帳」は、宝暦二年（一七五二）までは大名・幕臣の区別や役職名を記さず、宝暦三年以降は幕臣と公家の記載が主で参勤交代の大名の名がみえないなど、記載にばらつきがあり、牛玉配布数が必ずしも総数を記したものではないと予想されるが、配布数の推移の大まかな目安にはなると考える。

(17) 熊野皇大神社所蔵「書抜帳」による。

(18) 曽根あき家文書四四二（『群馬県史　資料編10　中世4』）。

(19) 碓氷峠熊野社『由緒記』（『軽井沢町志』軽井沢町志編纂委員会、一九五四年、二七二頁）に、文化五年（一八〇八）、天正三年に碓氷峠熊野社を勧請したとの伝えのある土佐東寺熊野権現社神主が訪ねてきたとある。また神社敷地内には寛政年度（一七八九〜一八〇〇）西国講中献納の石灯籠一対がある。

(20) 『安中志』に「一、末座社頭に数多ありといへど記すに不遑其一二をあぐ、大武士の宮又大星の宮とも称　祭神　日本武命　仁王の傍より北へ弐町入りて社あり」とある。

(21) 本章では生島足島神社起請文に「日本太一」の碓氷峠牛玉は使われていないことを指摘したが、これは同起請文の中に碓氷峠牛玉を用いた起請文がないという意味ではない。「日本大一」と刷られている牛玉の中に碓氷峠牛玉が含まれている可能性は十分ある。

終章　結論にかえて

第Ⅰ部江戸幕府起請文の資料論、第Ⅱ部大名家の起請文、第Ⅲ部江戸幕府起請文と牛玉宝印、の三部に分けて、近世の起請文——江戸幕府の起請文——について検討を重ねてきたが、あらためて各部の要旨をまとめておきたい。

第Ⅰ部　江戸幕府起請文の資料論

第一章では、徳川将軍代替り誓詞神文を資料論的視点から検討を行った。幕府起請文の神文が式目神文に定式化されている、ということはすでに広く知られていたが、実際に史料を集め、本当に定式化しているのかどうか、代替り誓詞正文・写・控その他関連資料で確認作業を行った。同時に、定式化はいつから始まるのか、なぜ式目神文が選ばれたのか、といった点についても検討した。

代替り誓詞書式の定式化がいつから始まるのか、という点については、家光期までは、いまだ幕府起請文書式は確立しておらず、大名家によって、端作り文言や神文はばらばらであったことがわかった。その後、おおむね家綱期に神文は式目神文がふさわしいとの幕府の意向が示され、それを受けて、綱吉期にはほぼ式目神文に定式化されるが、この時期は式目神文にはない文言を入れるなど、不正確な式目神文を使用する大名家も若干みられた。ほぼすべての大名家が正確な式目神文による代替り誓詞を提出するようになるのは、家宣期以降のことであることを明らかにした。

幕府起請文神文になぜ式目神文が選ばれたのか、という問題については、大坂の陣誓詞において幕府から諸大名に示された雛型の神文が、式目神文ではなく、霊社起請文の神文であったことを再確認し、幕府が当初から式目神文を幕府起請文神文として適当であると思っていたわけではないこと、そしてそれは家康の意思でもあったと考えられること、の二点を明らかにした。そして、家綱期にいたり方針が転換し、式目神文の定式化につながった。しかし、このことが「鎌倉幕府の後継者であることを誇示する」意識と直結するかどうかについては、確定するにいたらなかった。

このほか、幕府起請文の書式が定式化されるにあたって、幕府は高圧的な力による強制を行っていないことも明らかになった。大名から幕府へ提出する書類は、事前に月番老中や懇意にしている老中（自家取次の老中）にまず内覧に入れる当時の風潮にのっとり、起請文案文を内覧に入れる大名はかなりあったとみられる。その際、式目神文や端作り文言などの書式が老中から示され、それらがゆるやかに大名家に広がっていったと思われる。

ただし、綱吉期以前においては、起請文書式や宛名など、細かな部分について老中間でも意思統一がなされておらず、老中ごとに大名に提示する書式が異なっていたため、書式に正確さが欠けていた可能性がある。しかし、綱吉期になると、各老中は表右筆などから代替り誓詞の案文を提供される仕組みが成立し、正確で統一された書式が間違いなく大名たちに伝達されていくことになる。いわば、起請文制度を支える役人の役割分担が整ったために定式化は進んだともいえる。また、そのような情報は殿席を同じくする「御並」などと呼ばれた大名間のつながりで共有されることが多かったので、大名間での問い合わせ、相談によって、いっそう幕府起請文書式は広がっていったと考えられる。

第二章では、近世起請文の血判位置と端作り文言が大名家の歴史の中でどのような意味を持つのか、という点について、内閣文庫多聞櫓文書に所蔵される代替り誓詞正文や大名家家中起請文正文を主な素材として検討した。

しておらず、むしろ新将軍による武家諸法度などの法令発布時にその遵守を誓うことのほうが重要視されていた可能性がある。

二　綱吉期から、前将軍の死去・隠居時を代替りとし、起請文を提出する（させる）ことが幕府・大名双方に定着したと思われる。

三　役職就任時に起請文を提出する制度は家綱期から始まり、綱吉期には提出の手続きや日程、担当役人、提出場所などがおおむね定まり、制度化したと考えられる。ただし、初期の提出儀礼では、起請文提出と同役同士の結束を強めたり申し合わせを確認するための儀礼（かため）がセットになっている事例が確認され、役職就任時に起請文だけを提出するようになったのは江戸中期以降である可能性がある。

第Ⅱ部　大名家の起請文

第Ⅱ部では、幕府起請文書式や制度と比較するために、大名家家中起請文の検討を行った。第一章では、岡山池田・熊本細川家をはじめとした大名二十一家の家中起請文を検討し、神文と牛玉宝印の使用状況の巨視的な傾向を探った。第二・三章では、第一章で取り上げた大名家二十一家のうち、江戸時代初期から後期までに書かれた、ある程度まとまった数の家中起請文を原本で調査することができた大名二家（延岡内藤・鳥羽稲垣家）の家中起請文を具体的に検討した。

第一章で明らかになったのは、江戸時代初期の大名家家中では、京都の霊社を勧請し、現世と来世の罰を記した霊社起請文神文と、式目神文に勧請された神仏などに自国の鎮守・氏神を加えた準式目神文が併用され、式目神文が大名家家中で使用され始めるのは、幕府が式目神文の使用が望ましいと示し始めた家綱・綱吉将軍期（一六〇〇年代後半）からが最も多いということであった。このことから、式目神文をそのまま家中起請文で使用する、という発想はけっして一般的ではなかったことが察せられる。戦国時代においても式目神文を使用した大名や武士はいなかったわけではないが、いずれも他の種類の神文も併用しており、式目神文一種類だけを幕府起請文に使わせた江戸幕府の方針が特異なものであったことが際立つ結果となった。牛玉宝印については際立った特徴を導き出すことができなかったが、いずれの大名家家中にも共通していたのは、幾種類の牛玉宝印が使用されていることであった。神文同様、牛玉宝印もその使用を熊野牛玉宝印（とくに那智滝宝印）に事実上限定していた幕府起請文の特異性がここでも確認された。

第二章では、延岡内藤家家中起請文について検討した。内藤家では、江戸藩邸では式目神文で熊野牛玉宝印、国元では八幡・稲荷を勧請した神文で八幡宮牛玉宝印といったように、神文と牛玉宝印とがセットの形で使い分けがなされていたことが確認できた。江戸藩邸での式目神文の使用は、江戸幕府の書式にならったものと考えられる。また、火事で焼失した書き継ぎ起請文を作成し直していることも確認された。国元で使用された牛玉宝印は新規に作られたか採用された可能性もあり、磐城平から日向延岡への転封によって混乱をきたした家中の結束や忠誠心を高めるため、藩独自の牛玉宝印や神文をセットで採用し、新たな起請文書式を創出しようとしたとも考えられる。

第三章では、鳥羽稲垣家家中起請文について検討した。鳥羽稲垣家の起請文作成の事情は今のところ知られていない。そこで、牛玉宝印の図様が似通っている他藩や代官領で書かれた牛玉宝印の情報を集め、鳥羽藩が使用していた牛玉宝印の配布元や場所を検討した。その結果、稲垣家の牛玉宝印は、紀州熊野本宮御師尾崎大夫か、その配下の御師などが江戸で配布した牛玉である可能性が高いことが判明した。さらに分限帳などで差出人・宛名人の居所を確定し、差出人と宛名人は江戸詰の人間が多いこと、江戸で配布された牛玉を料紙としていることの二点から、現在國學院大學博物館が所蔵する稲垣家起請文は江戸藩邸で書かれた分であるとの結論に達した。このほか、稲垣家江戸藩邸では熊野山宝印（本宮系）を一括購入し、各部局へ支給していた可能性を指摘した。第三章では史料の不足を補うため、牛玉宝印や版面に捺された朱宝印の図様そのものに注目し、トレースを実施したうえで類似した他家の牛玉宝印・朱宝印を探すという検討方法をとった。牛玉宝印や朱宝印の図様から配布元を探すことは従来の起請文研究ではあまり行われてこなかったが、牛玉宝印の配布組織が淘汰され、整備された近世では有効な検討手段になりうることを示した。

第Ⅲ部　江戸幕府起請文と牛玉宝印

第Ⅲ部では、幕府起請文書式の重要な要素である、熊野牛玉宝印について検討した。従来幕府起請文に使われている牛玉宝印の配布元は、紀州熊野三山（江戸目代所代役覚泉院を含む）であろうと思われてきたが、この点についてあらためて検討を行った。

第一章では、幕府起請文には、熊野牛玉宝印は那智滝宝印ばかりではなく、新宮系や本宮系の熊野山宝印も使用されたことを確認した。加えて、紀州熊野三山およびその配下寺社・御師の配布牛玉ばかりではなく、江戸飯倉の熊野権現別当正宮寺をはじめとする、紀州熊野三山非配下寺社から発行された那智滝宝印もかなり広範囲で使用されていたことを明らかにした。正宮寺配布の牛玉宝印（正宮寺牛玉宝印）が幕府起請文に使用されたことは相田二郎氏がすでに指摘されていたが、本章では使用例を一覧表で示し、正宮寺牛玉宝印の具体相を初めて示した。このほか、紀州熊野三山本願所が「幕府御用牛玉」と自称するにいたる経緯を検討した。そして、江戸目代所代役を務めた山伏覚泉院の働きによって天明年代以降、大名・幕臣による紀州熊野三山配布牛玉宝印の使用例が増加し、あたかも唯一の「御用牛玉」であるかのような様相を呈していく様子を明らかにした。

第二章では、紀州熊野三山非配下寺社の一例として、吉田社配下であった軽井沢碓氷峠熊野社に注目した。碓氷峠熊野社では江戸時代から牛玉宝印を配布していたことが史料上から確認できるが、それがどのような図様であったのか不明で、確認のしようがなかった。そこで、碓氷峠熊野社が保管する史資料をはじめ、碓氷峠牛玉宝印（以下碓氷峠牛玉と呼ぶ）を所蔵している機関や個人コレクターのご協力を得て、碓氷峠牛玉と認定できる牛玉を集めた。牛玉宝印・朱宝印・各種護符の版木・ハンコは拓本にとり、法量や墨書裏書などのデータとともに資料として掲載した。本章は碓氷峠牛玉の資料集となっている。

第三章では、第二章でまとめたデータをもとに、明治以前の碓氷峠牛玉の図様の確定を行った。その結果、版面に「日本太一」と刷り込まれ、梵字をともなわないひし形の朱印が捺されている牛玉宝印は、碓氷峠牛玉と考えられる、との結論に達した。さらに、版面の「日本太一」の文字に注目し、この文字が牛玉配布権をめぐる紀州熊野三山との訴訟の中で碓氷峠牛玉のシンボルとして強調されていく過程を明らかにした。そして、信州の生島足島神社に所蔵される武田信玄家臣の起請文に碓氷峠牛玉が使用されている、と自社の由緒を主張することで牛玉配布権を幕府に認めさせ、牛玉配布を継続することに成功した碓氷峠熊野社の歴史も掘り起した。

以上が第Ⅰ部から第Ⅲ部までの要旨である。全体を総括すると、次のようになる。

完成した時点の江戸幕府起請文の書式を整理すると、端作り文言が「起請文前書」、神文が式目神文、血判位置が花押の丸の中、料紙は熊野牛玉宝印、ということになる。血判位置は少し遅れるが、おおむね家綱期から定式化の動きが始まり、綱吉期にほぼ完成していくことになる。こうした書式の定式化は、大名家家中起請文の書式と比較するときわめて異例であり、幕府による起請文書式の定式化が政治的意図をともなったものであったことが察せられる。

幕府が起請文書式を定め、それに基づいた起請文を諸大名や幕臣から出させたのは、諸大名に対し、権力の誇示や支配の証の表現、といった効果があったためと思われる。室町・戦国時代以来の歴史を持つような外様大名家ほど、独特の起請文書式を持っており、そうした諸家が幕府の書式に従って起請文を書くことに違和感があっただろうことは容易に想像できる。上杉家があくまでも端作り文言に「前書」の文言を使わなかったことや、鍋島家が家督相続起請文に自家の端作り文言を使い続けたことなどは、その表れとみてよいだろう。

江戸幕府起請文が形式的である、という従来の評価は、「書式が定式化している」という意味であったなら、それはまさしく正しかった。しかしそれは、「形骸化している」「意味がない」ということではない。同じ書式で書かせることこそが幕府にとって重要であり、諸大名家にとっては服属の証となったのである。

一方、幕府役人による役職就任起請文はなぜ幕末まで継続したのだろうか。その答えは本書では十分明らかにできなかったが、たとえば、本書で明らかにした書き継ぎ起請文の作成の様子をみると、役職の遵守を起請文で誓約することは江戸時代前半期の人々にとって、現代のわれわれが想像する以上に「重い」ことだったことがわかる。起請文の持つ、本来的な「誓う」という機能の効果を、江戸時代前半期については再評価してもよいのではないかと思われる。また、江戸時代前半までは役職起請文には「かため」の儀礼がともなっていた可能性があることも重要であろう。「かため」は寛政期までには実施されなくなっていく役職が多かったため江戸幕府の役職就任時の儀礼では、起請文の奉呈のみが独立して行われたかのような印象となっている。しかし今回「かため」の存在を確認したことで、役職就任時にどのような儀礼が行われたのか、じつはあまり明らかになっていない可能性がでてきた。事実、目付や小姓組番頭・書院番頭・書院番組頭は仲間内の起請文を新役就任時に継続して行っており、こうした、公的な記録には残りにくい仲間内だけの儀礼や、途中で廃絶してしまった儀礼を丹念に掘り起こし、役職就任時の儀礼の全体像を明らかにしたうえで起請文の意味を考え、評価することが必要だろう。

このほか、幕府起請文と大名家家中起請文を概観して明らかになったのは、中世以来の伝統を遠い記憶としてとどめている、起請文の姿である。これは、従来「形式的」「儀礼的」と評価されてきた近世起請文の、まことに思いがけない姿であった。とくに、役職就任時の起請文儀礼が、書き継ぎ起請文と仲間内の「かため」の儀礼とセットになっていたことや、「一紙で共に誓う」といった、書き継ぎ起請文の本質は、まさに中世における一揆の思想を連想させる。また、起請文提出の儀礼では、幕府でも大名家でも必ず起請文を読み上げるが、この行為も神々を勧請したのち誓約するための、中世では必須の作法であった。中世以来の起請文の本質をどこかにとどめながらも、起請文を支える新たな思想を生みだし、それに基づいた、合理的な運用を目指そうとしたのが幕府・大名家の起請文であったのではないだろうか。

本書で明らかにしたことは、主として江戸中期までの幕府・大名家の起請文の具体相であり、中期以降の具体相については触れることができなかった。今後さらなる史・資料の掘り起こしに努めながら、江戸時代中期・後期の幕府や大名家の起請文について検討し、近世社会にとって起請文とはどのようなものだったのか、という問題を明らかにしていきたいと考える。

あとがき

本書は二〇一三年九月に國學院大學大学院文学研究科へ提出した博士学位申請論文「中・近世起請文の資料論的研究」の一部を加筆・修正したものである。本書に収録した論文の初出一覧は次のとおりである。

序　章　本書の問題関心について　新　稿
第Ⅰ部　江戸幕府起請文の資料論
第一章　将軍代替り誓詞の再検討　『国史学』第一八六号・二〇〇五年四月
第二章　近世の起請文にみえる血判と端作り　『古文書研究』第六七号・二〇〇九年十一月
第三章　連署・書き継ぎ起請文の再検討　新　稿
第四章　江戸幕府の起請文制度　新　稿
第Ⅱ部　大名家の起請文
第一章　諸大名家の起請文　新　稿
第二章　延岡内藤家の起請文　新　稿
第三章　鳥羽稲垣家の起請文　「鳥羽藩御側坊主等起請文群にみる熊野本宮牛玉宝印について」（千々和到氏編『日本の護符文化』二〇一〇年）を加筆修正。初出國學院大學二十一世紀COEプログラム『神道と日本文化の国学的研究発信の拠点形成　研究報告Ⅱ』二〇〇七年一月

第Ⅲ部　江戸幕府起請文と牛玉宝印
　第一章　紀州熊野三山配布の牛玉宝印　　新稿
　第二章　紀州熊野三山非配下寺社配布の牛玉宝印　「軽井沢における版木等の調査」（『護符・起請文研究』一・二〇〇八年三月）、「軽井沢碓氷峠熊野社の護符調査」（『護符・起請文研究』三・二〇一〇年三月）を加筆修正
　第三章　碓氷峠牛玉宝印の基礎的検討　『日本歴史』第七五一号・二〇一〇年十二月
終　章　結論にかえて　新　稿

私が起請文と出会ったのは、大学一年生の時であったと思う。当時中世文書研究会に所属していた私は、先輩たちから与えられたテキストで起請文を初めて知ったのだが、その起請文が何文書であったのかさえ、今となっては全く覚えていない。しかし、料紙に使用されていた牛玉宝印のことはよく覚えている。ただし、これは関心を持ったために覚えているということではなく、牛玉宝印なるものがよく理解できなかったために記憶に残っているという意味である。とにかく名前が不思議だった。先輩たちから「ごおうほういん」と呼ばれる護符の一種だと教えられても、「変な名前」と思うばかりで図様や配布元に関心を持つことはなかった。

中世文書研究会には卒業まで所属していたが、熱心に勉強するというようなこともなく、卒業と同時に都立高校の社会科教諭となった。学生時代同様、ここでも研究とは縁のない生活を送ったが、転機となったのはそれから二十年あまりもたって、思いがけず鳥羽藩御側坊主等起請文群（鳥羽藩起請文群）の整理をさせていただいたことである。その時ももちろん起請文や牛玉宝印に特別な興味はなく、熊野牛玉宝印の図様（那智・本宮・新宮）の見分けすらおぼつかない状況であったが、調書を作成するため鳥羽藩起請文の牛玉宝印や捺されている朱宝印を見続けるなかで、二種類ある朱宝印のうち派手で目立つ図様の朱宝印をふと、江戸で捺されたものではないかと考えるようになった。江戸

の人々は派手な朱宝印を捺した牛玉宝印を好むのではないかと勝手に想像したのである。全く根拠のないことではあったが、私には確実なことのように感じられ、何とかこの想像が正しいことを証明したいと思うようになった。今思えばこの気持ちがきっかけとなって、私は近世起請文と料紙である牛玉宝印にのめり込むことになったのである。

研究を始めた当初の私は、各地の近世起請文をむやみやたらとただ見て歩いていたにすぎない。しかし、原本の力は偉大なもので、起請文原本を数多く見ていくうち、いつしか問題意識が芽生えるようになった。第Ⅰ部第二章の血判や第三章の書き継ぎ起請文への問題意識は、原本を見ていくなかで生まれたものである。

原本から得られる血判など書式の情報は貴重なものであるが、ともすれば個人的な印象や感想と受け取られがちである。客観的な事実として認定され、歴史研究の素材として活用していくには文字情報による裏付けが欠かせない。そのため、当初は代替り誓詞や役職就任起請文についての記述がありそうな史料を、「起請文」「誓詞」「留書」などのキーワードで各地の文書館や旧大名家文庫の目録やデータベースで探し、片端から見ていった。しかし、それらは数としてはさほど多くなく、記述は類型的で似通っていたため、もっと違う種類の史料を探す必要が生じた。そこで次に、「起請文」「誓詞」などの直接的なキーワードでは行き当たらない関連史料を目録から見つけ出すため、幕府・大名家のどのような役人が起請文関係の記事をどのような記録に残すのかという点を真剣に考えるようになった。この結果、老中や大目付の日記類まで目を通すようになり、それまでは主として大名家の視点から幕府起請文を見ていたが、幕府側の史料からも幕府起請文に光を当てることが出来るようになった。

このようにして探した記録や幕臣・大名家家臣の公私にわたる日記などを通覧していくなかで、起請文に関する記述は短いけれど記事自体はどの史料にも記されていることがほとんどで、近世社会において起請文は自分の想像以上に人々の暮らしに親しいものであったことを知った。そして支配のありようを類推する「物差し」になりうると思われた。このあたりから近世起請文を研究することは意義あることだと確信し、迷わず研究に打ち込むことが出来るようになったように思う。

以上が大雑把な研究の経緯であるが、つまるところ私は、当初から研究の目的や意義を自覚していたわけではなく、その時々に面白いと感じたことや必要に迫られて行った作業を積み重ねてきただけだった。そして、ふと気がつくと、バラバラなことだと思っていた個々の検討事項が、実は互いに連関し近世起請文の本質を明らかにするための有用な作業であったというのが実情である。しかし、これは決して偶然のたまものというわけではなく、大学院での先生方やゼミの方々からいただいた様々な刺激や助言によって、私の知識や意識が深まっていった結果だと感じている。そもそも、学部卒業後十数年もたってから大学院に入学し、博士課程前期を終了してから後期課程に入学するまでさらに十数年もブランクがあるといった変則的な私の大学院生活は、ご指導を賜った先生方のご配慮やお許しがなければ成立しなかった。

卒業後十数年で退職し、大学院博士課程前期に入学した私を指導教授として受け入れてくださった二木謙一先生。鳥羽藩起請文群の整理というチャンスを与えてくださり、起請文研究へと導いてくださった千々和到先生。このお二人のお力がなければ、この本を出すことなどありえなかった。特に千々和先生は、ご自身の研究成果や最新の情報を惜しみなく与えてくださり、COEや科研の調査にたびたび参加させてくださるなど、いちいちあげればきりがないほどのご配慮・ご指導を賜った。私にとって先生は、恩師であると同時に相田二郎・佐藤進一氏に並ぶ起請文研究の畏敬すべき先達であり、親しく指導していただけたことは、本当に幸運であったと感じている。

近世起請文を研究テーマと決めてからは根岸茂夫・大友一雄両先生の講義にも参加し、何度も研究報告を聞いていただいた。根岸先生には、政治史との関連を常に意識することをご教示いただき、大友先生からはアーカイブズの視点から史料を読み解く重要性を教えていただいた。第Ⅰ部第四章や第Ⅱ部第二章は根岸・大友両先生のご指導が刺激となって出来あがったものである。

私は年をとってから大学院に入ったため、若い方々は付き合いづらかったろうし、やりにくいことも多かったろうと思う。大学院生としての仕事もほとんど分担することがなかった。しかし、二木ゼミ・千々和ゼミ・根岸ゼミの方々はそんな私を許し、温かく遇してくださった。この場をお借りして、心からお礼を申し上げたい。また、快く調査に協力してくださった各地の文書館・大学・博物館・寺社・個人の史料所蔵者の方々のことも忘れられない。ここにお名前を挙げることは差し控えるが、ひとつひとつ思い出すと、今でも感謝の気持ちで胸が熱くなる。調査させていただきながら、活用しきれていない史料やデータはまだたくさんあるので、今後研究を進めて、ご恩返しをしたいと思っている。

なお、本書は平成二十五年度國學院大學課程博士論文出版助成金の交付を受け、出版したものである。また、本書の作成にあたっては、二〇〇三〜五年度科学研究費補助金基盤研究（Ｂ）「護符の文化的・社会的意味に関する基礎的研究」（研究代表者千々和到氏）、二〇〇七〜九年度科学研究費補助金基盤研究（Ｂ）「日本における護符文化の解明」（同上）、二〇一一〜一四年度科学研究費補助金基盤研究（Ｃ）「中・近世起請文の様式についての研究」（同上）によって得られた知見を一部使用している。

二〇一三年十二月二十三日

大河内千恵

索　　引

本索引は，Ⅰ事項，Ⅱ人名，Ⅲ研究者名に分類のうえ，採録した。

Ⅰ　事　　項

あ　行

か　行

さ　行

た　行

な　行

は　行

ま　行

や～わ行

Ⅱ 人　　名

あ 行

か 行

さ 行

た 行

な 行

は 行

ま・や行

Ⅲ 研究者名

著者略歴

一九六〇年　東京都に生まれる
二〇一三年　國學院大學大学院文学研究科日本史学専攻博士課程後期修了　博士（歴史学）
現在　國學院大學大学院特別研究員

〔主要論文〕
「将軍代替り誓詞の再検討」（『国史学』第一八六号、二〇〇五年）
「近世の誓詞にみえる血判と端作り―起請文に関する資料論検討の基礎作業―」（『古文書研究』第六七号、二〇〇九年）
「碓氷峠牛玉の基礎的検討」（『日本歴史』第七五一号、二〇一〇年）

近世起請文の研究

二〇一四年（平成二十六）三月十日　第一刷発行

著　者　大《おお》河《こう》内《ち》千《ち》恵《え》

発行者　前田求恭

発行所　株式会社　吉川弘文館
郵便番号一一三―〇〇三三
東京都文京区本郷七丁目二番八号
電話〇三―三八一三―九一五一〈代〉
振替口座〇〇一〇〇―五―二四四番
http://www.yoshikawa-k.co.jp/

印刷＝株式会社 理想社
製本＝株式会社 ブックアート
装幀＝山崎　登

ISBN978-4-642-03462-3